脱贫攻坚口述史丛书

贵州卷

脱贫攻坚口述史

主　　编　杜　丹

副 主 编　覃爱华

执行主编　宿　凌

中共党史出版社

图书在版编目（CIP）数据

脱贫攻坚口述史 . 贵州卷 / 杜丹主编；覃爱华副主编；宿凌执行主编 . -- 北京：中共党史出版社，2023.12

ISBN 978-7-5098-6172-1

Ⅰ.①脱… Ⅱ.①杜… ②覃… ③宿… Ⅲ.①扶贫－工作概况－贵州 Ⅳ.①F126

中国国家版本馆 CIP 数据核字（2023）第 004482 号

书　　名：脱贫攻坚口述史（贵州卷）
作　　者：杜丹（主编）　覃爱华（副主编）　宿凌（执行主编）

出版发行：中共党史出版社
协调编辑：王媛
责任编辑：李杨
责任校对：申宁
责任印制：段文超
社　　址：北京市海淀区芙蓉里南街 6 号院 1 号楼　　邮编：100080
网　　址：www.dscbs.com
经　　销：新华书店
印　　刷：北京中科印刷有限公司
开　　本：710mm×1000mm　1/16
字　　数：368 千字
印　　张：16.5
版　　次：2023 年 12 月第 1 版
印　　次：2023 年 12 月第 1 次印刷
书　　号：ISBN 978-7-5098-6172-1
定　　价：42.00 元

此书如有印装质量问题，请联系中共党史出版社读者服务部　电话：010-83072535

"脱贫攻坚口述史丛书"编委会

（按姓氏笔画为序）

邢光龙　刘正平　刘荣刚　刘晓晨

严爱云　杜　丹　李　良　赵国卿

目　录

谱写中国减贫奇迹的贵州篇章

——《学习时报》记者专访时任中共贵州省委书记、省人大常委会主任谌贻琴

《学习时报》记者：谌书记，您好！党的十八大以来，习近平总书记十分关心贵州脱贫攻坚工作，多次作出重要指示，特别是 2021 年春节前夕，专程到贵州视察指导。请您谈谈，习近平总书记对贵州脱贫攻坚有哪些重要指示，这一次考察又有哪些嘱托？

谌贻琴：贵州曾经是全国贫困人口最多、贫困面最大、贫困程度最深的省份之一，是全国脱贫攻坚的主战场之一。习近平总书记一直非常牵挂贵州脱贫攻坚工作，多次作出重要指示。

2014 年 3 月，习近平总书记参加全国两会贵州代表团审议，要求我们扎实推进扶贫开发工作，实施精准扶贫。2015 年 6 月，习近平总书记亲临贵州视察，听取省委、省政府工作汇报后发表重要讲话，强调贵州的扶贫开发任务十分繁重，要求我们把扶贫开发工作抓紧抓紧再抓紧、做实做实再做实，坚决打赢扶贫开发这场攻坚战。视察期间，围绕武陵山、乌蒙山、滇桂黔集中连片特困地区的扶贫攻坚，习近平总书记专门主持召开部分省区市扶贫攻坚与"十三五"时期经济社会发展座谈会，强调全面建成小康社会最艰巨最繁重的任务在农村，特别

是在贫困地区，各级党委和政府要把握时间节点，努力补齐短板，科学谋划好"十三五"时期扶贫开发工作，确保贫困人口到2020年如期脱贫。

党的十九大期间，习近平总书记作为贵州选举产生的党代表，多次参加贵州省代表团活动，对贵州脱贫攻坚取得的成绩给予充分肯定，这对我们是极大的鼓舞。习近平总书记还说，"实现第一个百年奋斗目标，重中之重是打赢脱贫攻坚战。已经进入倒计时，决不能犹豫懈怠，发起总攻在此一举"。

2018年7月，在毕节试验区建立30周年之际，习近平总书记再次作出重要指示，要求我们尽锐出战、务求精准，确保毕节试验区按时打赢脱贫攻坚战。同时，要着眼长远、提前谋划，做好同2020年后乡村振兴战略的衔接，着力推动绿色发展、人力资源开发、体制机制创新，努力把毕节试验区建设成为贯彻新发展理念的示范区。

2021年2月，在农历牛年春节到来之际，习近平总书记亲临我省视察指导，深入毕节、贵阳等地的农村、社区、超市考察调研，看望各族干部群众，给我们带来新年的美好祝福和党中央的关怀慰问，饱含了对贵州各族干部群众的特殊关怀、特别厚爱。习近平总书记在我省脱贫攻坚任务如期完成的重大时刻视察贵州，给予了全省各族干部群众巨大鼓舞、巨大激励。

习近平总书记这次考察的首站，就是贵州脱贫任务最重的毕节市，深入黔西县新仁苗族乡化屋村，专程去看乡亲们脱贫后的实际情况。在化屋村，习近平总书记深入考察了扶贫产业发展、易地扶贫搬迁等有关情况，与群众拉家常，详细了解"两不愁三保障"情况。在得知群众生产生活得到较好安置后，习近平总书记深刻指出："就业是巩固脱贫攻坚成果的基本措施。要积极发展乡村产业，方便群众在家门口就业，让群众既有收入，又能兼顾家庭，把孩子教育培养好。"习近平总书记还考察了村里的苗绣扶贫车间，点赞道，苗绣既是传统的也是时尚的，既是文化也是产业，一针一线绣出来，何其精彩！他勉励大家，一定要把苗绣发扬光大，这既是产业也是文化，发展好了既能弘扬民族文化、传统文化，同时也能为产业扶贫、为乡村振兴作出贡献。离开村子时，习近平总书记对大家讲："实现小康不是终点，而是新的起点。我们还要巩固脱贫成果，接续推进乡村振兴，按照既定的目标踏踏实实走下去，把产业发展好，把乡村建设得更好，创造更加多彩多姿的生活。"

习近平总书记对贵州脱贫攻坚工作的系列重要指示，对我们来说既是殷殷嘱托，更是巨大鞭策。我们深深感受到，必须以高度的政治责任感落实好习近平总书记的重要指示，"尽锐出战、务求精准"，向贵州千百年来的绝对贫困问题发起总攻，坚决打赢脱贫攻坚战。现在，全省923万贫困人口全部脱贫、66个贫困县顺利摘帽，历史性地撕掉千百年来绝对贫困的标签，与全国一道取得了脱贫攻坚战的全面胜利，我们践行了庄严承诺，没有辜负总书记的嘱托，没有辜负4000多万贵州父老乡亲的期望。

《学习时报》记者：贵州是我国唯一没有平原支撑的省份，山高谷深、沟壑纵横，"九山半水半分田"，这是贵州在历史上长期贫困的重要原因，给脱贫攻坚带来很大困难。请您谈谈，贵州的脱贫攻坚主要面临哪些难题？

谌贻琴：你们所讲的确实是千百年来长期制约贵州发展的瓶颈。2012年全省建档立卡贫困人口923万、贫困发生率26.8%，全省88个县（市、区）中，有国家级贫困县66个，有扶贫开发任务的县83个，是全国脱贫攻坚的主战场之一。具体来讲，主要面临四个难题。

一是自然条件较差。贵州位于我国西南地区内陆腹地，喀斯特地貌广布，大部分山区土层较薄，养水不易、固土艰难，水土流失严重，石漠化问题比较突出，有的地方"一方水土养不起一方人"，群众生产生活比较困难。

二是群众出行难。许多地方出门就是山，山路崎岖蜿蜒，一边是悬崖，一边是峭壁，群众出行困难。外面的东西进不来，里面的东西出不去，导致群众发展无出路。

三是产业发展基础薄弱。大部分农民祖祖辈辈种的都是玉米、洋芋、水稻"老三件",效益低,有时连基本口粮都没法自给。"开荒开到天边边,种地种到山尖尖;起早贪黑都不说,种一坡来收一箩。"这句顺口溜就反映了百姓的艰辛与无奈。产业不兴、腰包不鼓,制约着贵州农村群众脱贫致富。

四是教育医疗条件落后。贵州山区过去教学点少,教育硬件不足,简陋的校舍、残缺的课桌,奔波一两个小时的崎岖上学路,再加上师资力量等软件资源匮乏,贫困的大山困住了山区孩子求知的渴望。广大农村群众看病,大多靠背着简单药箱的赤脚医生,医疗保障水平比较低,这既是部分群众致贫的一个原因,也影响了群众的获得感、幸福感、安全感,还严重制约了贫困地区的可持续发展。

2015 年 6 月,习近平总书记来贵州视察时,列出一组数据:贵州还有 600 多万贫困人口,全国第一;贫困发生率 18%,比全国平均水平高出 10.8 个百分点;全省 85.3% 的面积、91.2% 的贫困人口、90.6% 的贫困乡镇、92.1% 的贫困村、82.5% 的民族乡镇都处于集中连片特困地区。这是当时的实际情况,也充分说明贵州脱贫攻坚任务之艰巨。

《学习时报》记者: 面对如此艰巨的任务,贵州如何按照习近平总书记的重要指示打赢脱贫攻坚战?

谌贻琴: 习近平总书记关于扶贫工作的重要论述,对贵州脱贫攻坚工作的重要指示,为我们指了方向、教了方法。我们结合自身实际,探索形成了一套系统完备、环环相扣的脱贫攻坚"贵州战法"。

首先要把扶贫对象摸清搞准。前些年,一些地方少数非贫困人口被列为贫困户,"戴错帽子";少数贫困户被排斥在外,"没有帽子戴"。群众意见比较大。近年来,我们积极探索创新,在精准识别上下足了功夫。通过"人脑 + 电脑"的方式,精准锁定了贫困对象,走好精准扶贫第一步。

一方面,充分依靠人脑,深入开展遍访贫困村贫困户活动,对照贫困户识别程序和标准，进村入户、逐一排查，多次开展精准识别"回头看"。充分发挥群众监督作用，专门设立扶贫专线，及时受理群众反映的精准识别不到位问题。通过这些措施，把贫困对象真正找准。有的地方还探索出一些"土办法"。例如，毕节市威宁县迤那镇五星村在实践中总结了"一看房、二看粮、三看劳动力强不强、四看家中有没有读书郎"的"四看法"。"四看法"把上级政策与具体实践结合起来，效果立竿见影，选出的贫困对象群众都服气。

另一方面，充分运用大数据手段，建立贵州"精准扶贫云"，组织有关部门对建档立卡贫困人口的有关数据逐一比对，有效校准贫困人口信息。这一招很管用，通过数据比对，我们发现，有些贫困户名下有小轿车、商品房，有的贫困户家中还有国家公职人员，有的还有工商登记，注册开办了公司。对这些识别出来的对象，通过走访摸排，实事求是地将他们从贫困名单中剔除出去。

把贫困对象找准了，就要瞄准病根精准施策。我们针对致贫原因开"药方"，结合脱贫攻坚的阶段性任务，集中精力打了四场硬仗。

一是以"组组通"硬化路为重点的基础设施建设硬仗。以前，老乡们每逢赶场天，凌晨四五点就要摸黑出门，最大的期盼就是千万别下雨，这样路能好走些。由于出村的路不通，老乡们即使种出了好东西，也背不出去、卖不出去，发展致富的路严重受阻。为了彻底改变这种状况，2017 年我们在西部地区率先实现村村通硬化路、村村通客运，在此基础上，又用两年多时间建成 7.87 万公里通组硬化路。现在路通了，进村寨的车多了，很多在外地工作的贵州人逢年过节自驾回家，车都可以直接开到家门口。通组硬化路让山区群众告别了"行路难""发展难"，通组硬化路也成为贵州产业发展的"致富路"、子孙后代的"幸福路"。

二是易地扶贫搬迁硬仗。过去，贵州山区群众居住环境比较差，而且大多生活在深山区、石山区、高寒山区等"一方水土养不起一方人"的地方。就地采取扶贫措施，不仅成本高，而且很容易返贫。受降雨等因素影响，山区容易发生滑坡、泥石流等自然灾害，严重威胁群众生命财产安全。对这里的贫困群众来讲，要想改变生存状况，

"搬"是唯一的出路。我们率先打响全国易地扶贫搬迁"当头炮",到2019年11月,这场总规模达192万人口的"大迁徙"顺利完成,其中贫困人口155万,搬迁规模占全国1/6,是易地扶贫搬迁人口最多的省份。

三是产业扶贫硬仗。在确保粮食安全的前提下,大力调整农业结构,根据各地资源禀赋、气候特点,念好"山字经"、种好"摇钱树",着力发展茶叶、食用菌、蔬菜等12个农业特色优势产业。建立了12位省领导领衔推进机制,每一位省领导领衔推进一个农业产业,做到精准施策、精准推进。全省农业增加值增速连续四年居全国前两位,农民人均可支配收入突破万元大关,群众的腰包更鼓了。

四是教育医疗住房"三保障"硬仗。我们连年压缩党政机关6%的行政经费用于教育精准扶贫,在全国率先建立省市县乡四级远程医疗体系,建立基本医保、大病保险、医疗救助"三重医疗保障"。我们还结合贵州山区气候特点,2015年以来改造农村各类危旧住房110.1万户,整治透风漏雨老旧住房30.6万户,全面解决741万农村人口饮水安全问题。一些山区群众过去喝的是"望天水",现在情况得到根本改善。

习近平总书记特别强调,要落实脱贫攻坚的领导责任。我们自上而下建立由党政主要负责同志任"双组长"的扶贫开发领导小组,从省委书记、省长开始,省领导分别联系帮扶16个深度贫困县、定点包干20个极贫乡镇。市县领导干部联系帮扶2760个深度贫困村,派出4.57万名"第一书记"和驻村干部到脱贫一线。有的驻村干部因为家离工作的村子比较远,家里老人小孩没人照顾,就直接将他们接到村里一起生活、一起战斗,有的同志家里亲人去世了,也来不及见上最后一面,还有的同志甚至倒在了脱贫攻坚的路上。

我的定点帮扶县是毕节市纳雍县,该县有建档立卡贫困人口25万。我通过蹲点调研、明察暗访等形式,走遍纳雍县所有乡镇。在调研中,有一位叫阚昌贵的老人给我留下深刻印象。这位老人原来住在纳雍县锅圈岩苗族彝族乡土补村,儿子去世、儿媳改嫁,只剩他与老伴抚养三个未成年的孙子。由于一次意外,老人双脚受伤却没有医治,结果小病拖成大病，已经无法站立。我 2019 年 6 月随机走访时到了他家，发现这个问题后，立即责成当地政府及时救治，全力帮助解决其生活中的实际困难。2020 年 11 月，我再次到了他家，老人已经搬进城镇，受伤的双腿已经明显好转，生活也越来越好。老人激动地对我说："感谢共产党，没有共产党，我就烂在大山里了。"这也让我感到，作为党员干部，特别是领导干部，必须时刻把群众安危冷暖放在心上，始终把根深深扎在群众之中。

《学习时报》记者：毕节是全国最贫困的片区之一，1988 年建立扶贫开发和生态建设试验区。30 多年来，在统一战线及社会各方面大力支持下，毕节发生了巨大变化，被习近平总书记肯定为"贫困地区脱贫攻坚的一个生动典型"。请您谈谈，毕节打赢脱贫攻坚战的主要原因有哪些？

谌贻琴：毕节位于我省西北部，是典型的喀斯特地貌，雨水落下，顺着地下"岩溶漏斗"就流走了，祖祖辈辈都缺水、盼水。20 世纪 80 年代，毕节在写给省委的一份报告中提到：裸露石山等难利用地达 230 万亩，每年还在以 2 万亩至 3 万亩的速度增加，水土流失面积占总面积的 52.13%。生态恶化，往往与贫困落后紧密交织、互为因果，伴随着人口膨胀而愈演愈烈。

30 多年来，在党中央坚强领导和关心关怀下，毕节各项事业取得长足进步，与全国全省一道如期脱贫。从 2014 年底到 2020 年 11 月 23 日，毕节最后 3 个贫困县脱贫摘帽。在这场争分夺秒的攻坚战中，毕节平均每年有 27.7 万人脱贫。毕节之所以能够如期脱贫，我们认为主要有以下三个方面原因。

首先，得益于党的领导坚强有力，这是毕节如期脱贫的根本前提。这里面就包括几代中央领导同志的关心关怀。1985 年，新华社记者刘子富在《国内动态清样》上以《赫章县有一万二千多户农民断粮，少数民族十分困难却无一人埋怨国家》为题，报道了毕节市赫章县及海雀村的贫困状况。时任中央书记处书记的习仲勋作出重要批示，要求贵州省委对这类地区，规定个时限，有个可行措施，有计划、有步骤地扎扎实实地多做工作，改变这种面貌。值得一提的是，1997年中央确定深圳对口帮扶毕节后，在深圳居住的习仲勋、齐心两位老人捐了一个月工资，以实际行动支持毕节脱贫，让我们感受到了老一辈革命家对贫困群众深深的牵挂。

党的十八大以来，习近平总书记一直牵挂着毕节试验区的发展，先后三次就毕节试验区工作作出重要指示批示。特别是2014年5月，习近平总书记对毕节提出了"为贫困地区全面建成小康社会闯出一条新路子，同时也在多党合作服务改革发展实践中探索新经验"的新使命新要求；2018年7月，习近平总书记要求毕节试验区按时打赢脱贫攻坚战，寄予毕节试验区建成贯彻新发展理念示范区的殷切期望。习近平总书记还在不同场合的讲话中多次提到毕节脱贫攻坚工作，对推动实施好《深入推进毕节试验区改革发展规划（2013—2020年）》提出了明确要求。习近平总书记2021年春节前夕视察贵州，首站到的就是毕节。在考察过程中，习近平总书记还说，这些年来，一直牵挂着毕节发展。正是有几代中央领导同志的关心，特别是在以习近平同志为核心的党中央坚强领导下，毕节才会有今天的发展成就，这也是包括毕节在内的全省贫困地区如期脱贫的根本原因。

其次，得益于各级领导干部和群众的艰苦努力，这是毕节如期脱贫的关键因素。对毕节的脱贫工作，省委、省政府一直都高度重视。省委多次召开会议研究毕节试验区工作，2018年8月还专门制定下发文件，从农村产业发展、基础设施建设等9个方面明确46条具体措施，全力支持毕节试验区发展。在党中央和省委坚强领导下，毕节各族干部群众发扬革命加拼命的精神，人一之我十之、人十之我百之，用勤劳双手摆脱了贫困。前面提到的赫章县海雀村，曾被联合国专家视为"不适宜人类居住"的石旮旯。在条件极其艰苦、环境极其恶劣的情况下，老支书文朝荣带领群众植树造林，用良种良法解决吃饭问题，几十年如一日地带领群众求生存、求发展，海雀从一个人均年收入仅33元的贫困村变成远近闻名的小康村。"海雀之变"成为毕节乃至贵州告别千年贫困的一个生动缩影。

再次，得益于社会各方积极助力，这是毕节如期脱贫的重要支撑。毕节试验区建立之初，统一战线力量就参与到毕节试验区建设中。30多年来，统一战线不离不弃，探索建立一个民主党派对口帮扶一个县的扶贫模式，先后近500名副部级以上领导同志来考察，累计投入资金500多亿元、协调项目2000多个，倾情支援毕节。国家有关部委持续加大帮扶力度，广州、深圳也大力支持毕节，近年来，广州、深圳两市累计投入各类帮扶资金20多亿元，还派出挂职干部与我们并肩作战。2019年起广药集团与我们合作，开发出"刺柠吉"饮品，在毕节还建有基地，带动群众脱贫致富。1000多家企业帮扶1200多个贫困村，社会各界纷纷向毕节伸来援手。这些充分体现了社会主义制度的优越性，体现了社会主义大家庭的温暖，为毕节按时高质量打赢脱贫攻坚战提供了强大力量支撑。

《学习时报》记者：请您谈谈，经过脱贫攻坚战的洗礼，贵州发生了哪些历史性巨变？

谌贻琴：这些年来，在党中央的坚强领导下，经过全省共同奋斗，贵州实现了从解决温饱、总体小康到全面小康的历史性跨越。党的十九大召开期间，习近平总书记赞誉贵州取得的成绩是"党的十八大以来党和国家事业大踏步前进的一个缩影"；2021年春节前夕习近平总书记视察贵州时，称赞"沿途所见，一派欣欣向荣景象"。贵州的巨变是全方位的，突出的、耀眼的，主要体现在三个方面。

一是经济持续快速健康发展。对贵州来讲，贫困落后是主要矛盾，加快发展是根本任务。特别是脱贫攻坚战打响以来，全省各级党委、政府坚持以脱贫攻坚统揽经济社会发展全局，鼓起劲来抓发展、弯下腰来拔穷根、携起手来奔小康，经济发展实现大踏步前进。全省地区生产总值1.78万亿元，过去5年经济总量在全国的位次上升5位，排在第20位，实现了赶超进位的历史性突破。经济增速连续十年居全国前三，创造了经济增速连续领先全国的"黄金十年"。

二是交通基础设施实现重大突破。过去，我们吃了不少交通不通的苦。2015年，我们在西部地区率先实现县县通高速公路，高速公路四通八达，通组硬化路修到了群众家门口，高速铁路连通周边省会，与全国主要城市形成2—8小时高铁交通圈，通航机场实现市州全覆盖，乌江"黄金水道"全线通航，世界前100座高桥有46座在贵州，堪称世界"桥梁博物馆"。如今的贵州，万桥飞架、天堑变通途，山区群众从此不再"望路兴叹"。

三是干部群众精神状态实现根本性转变。经过这些年大战大考的洗礼，全省领导干部和群众越干越想干、越干越会干，精神状态发生深刻变化。2018年2月，黔东南州丹寨县排调镇高峰村15名残疾群众给我写信，讲了他们搬迁到城镇后，自力更生开办合作社发展酸笋产业的情况。他们在信中还特别提到，"不能等着党和政府送小康，要自立自强，带动更多乡亲脱贫致富"。我给他们回了信，称赞这种自立自强的精神非常可贵，鼓励他们再接再厉，让酸笋产业成为乡亲们的增收产业、幸福产业。正是在这种奋斗精神的感召下，广大人民群众用勤劳双手摆脱了贫困，创造了美好生活。大家在城镇都住上了新房子，就业有了保障，特别是教育条件的改善，有力斩断贫困代际传递，世代贫困的宿命被彻底改写。

精神的变化是最可贵的变化。2017年10月19日，习近平总书记在参加党的十九大贵州省代表团讨论时指出，希望贵州的同志大力培育和弘扬团结奋进、拼搏创新、苦干实干、后发赶超的精神，续写新时代贵州发展新篇章，开创百姓富、生态美的多彩贵州新未来。贵州打赢脱贫攻坚战，所依凭的就是这样的精神，所焕发出来的也是这样的精神。我深深感到，只要我们大力培育和弘扬新时代贵州精神，就能不断激发贵州领导干部和群众强大的内生动力，就能最大限度凝聚起贵州各族人民的智慧和力量，百尺竿头更进一步，按照习近平总书记的要求建设好百姓富、生态美的多彩贵州。

（《学习时报》2021年2月26日）

奋力开创多彩新贵州新未来

——《经济日报》记者专访时任中共贵州省委书记、省人大常委会主任谌贻琴

《经济日报》记者：贵阳近年来的发展变化是贵州省大踏步前进的一个缩影。作为省会城市，贵阳发展快则贵州发展快，贵阳实力强则贵州实力强。对于推进贵阳的高质量发展，贵州有哪些新部署？

谌贻琴：近年来，贵阳跟全省一样，经济实力大幅跃升，脱贫攻坚战取得全面胜利，交通基础设施大幅改善，生态优势日益凸显，这一时段是经济社会发展质量最高、城乡面貌变化最大、人民群众幸福感获得感最强的时期之一。

贵阳是黔中经济区的核心区，贵阳的发展质量在很大程度上决定着全省的发展质量，贵阳的发展形象在很大程度上决定着全省的发展形象。在未来发展中，贵阳还需要承担更大的责任，为全省发展作出更大贡献。为此，我们提出实施"强省会"五年行动，大力支持贵阳在加快新型工业化、新型城镇化、贵阳贵安协同融合发展、扩大内需提振消费、集聚创新人才队伍等方面实现突破，打造首位度更高、贡献度更大的省会城市。最近，我们还要召开新型城镇化暨"强省会"推进大会，作出具体部署。

《经济日报》记者： 2021 年 2 月，习近平总书记再次来到贵州考察，殷切期望贵州以高质量发展统揽全局，在新时代西部大开发上闯新路，在乡村振兴上开新局，在实施数字经济战略上抢新机，在生态文明建设上出新绩，努力开创百姓富、生态美的多彩贵州新未来。贵州是如何理解的？

谌贻琴： 习近平总书记春节前考察贵州，时机特别重要、主题非常鲜明、意义十分重大、影响极其深远，是贵州发展史上具有里程碑意义的大事。习近平总书记考察结束后，我们从"两个维护"的政治高度，把学习宣传贯彻习近平总书记重要讲话精神作为首要政治任务和长期战略任务，第一时间传达、集中学习研讨、广泛宣传宣讲、抓好任务分解，部署开展"牢记殷切嘱托、忠诚干净担当、喜迎建党百年"专题教育，迅速掀起学习宣传贯彻的热潮。

习近平总书记考察贵州的重要讲话，是从"两个大局"的战略视野，亲自为贵州走好新时代长征路作出的定位导航；是从立足新发展阶段、贯彻新发展理念、构建新发展格局的战略高度，亲自对贵州高质量发展进行的系统部署；是从新时代西部大开发形成新格局的战略高度，亲自对多彩贵州新未来美好蓝图的精心擘画，既有理论的高度又有实践的深度，既指方向又教方法，既明目标又明路径，是贵州一切工作的总遵循、总纲领、总指针。

"十三五"时期，习近平总书记要求我们以脱贫攻坚统揽全局，指引贵州夺取了脱贫攻坚战的全面胜利；这次考察贵州，习近平总书记要求我们"以高质量发展统揽全局"，完全符合贵州发展阶段、发展环境、发展条件变化。我们按照习近平总书记重要指示，及时把工作重心转移到以高质量发展统揽全局上来，把高质量发展贯彻到方方面面和各领域，作为长期坚持的总要求，牢牢守好发展和生态两条底线，统筹发展和安全工作，扎实推进乡村振兴、大数据、大生态三大战略行动，着力推动新型工业化、新型城镇化、农业现代化、旅游产业化四个轮子一起转，奋力开创百姓富、生态美的多彩贵州新未来。

习近平总书记给我们提出的"四个新"的要求，是对贵州下一步发展赋予的新的重大使命。我们要按照"闯新路"的要求，以"敢为天下先"的巨大勇气，勇当新时代西部大开发的"拓荒牛"，为西部地区在绿色发展、扩大开放、构建现代产业体系上闯新路。要按照"开新局"的要求，主动顺应"三农"工作重心的历史性转移，充分发挥独特优势，以乡村产业振兴为突破口，带动人才振兴、文化振兴、生态振兴、组织振兴，让农业成为有奔头的产业、农民成为有吸引力的职业、农村成为令人向往的美丽家园。要按照"抢新机"的要求，以时不我待、只争朝夕的紧迫感，千方百计抢抓数字技术变革机遇，加快把数字经济做大做强，进一步巩固贵州大数据先行优势，抢占新一轮发展制高点。要按照"出新绩"的要求，坚决扛起"长江、珠江上游重要生态安全屏障"的重大责任，高质量建设国家生态文明试验区，创造更多可复制、可推广的体制机制成果，为老百姓提供更多更丰富的生态产品，不断提高人民群众对优美生态环境的获得感，始终做到生态保护争上游、一江清水送下游。

《经济日报》记者：2021 年全国两会召开前夕，贵州专门召开了全省新型工业化暨开发区高质量发展大会，对推进工业大突破作出具体部署。下一步，贵州在推进新型工业化方面有哪些举措？

谌贻琴：自 2010 年贵州实施工业强省战略以来，一届接着一届干、一张蓝图绘到底，有力推动贵州工业经济实现了大发展。

十多年来，全省规模以上工业增加值年均增长 10% 以上，增速持续位居全国前列，2020 年全省工业增加值达 4603 亿元，是 2010 年的3.06 倍，全省工业总产值达 1.4 万亿元，比 2010 年增加近 1 万亿元，成为贵州历史上工业化进程最快的时期。工业经济的发展壮大，为全省打赢脱贫攻坚战、掌握疫情防控主动权、实现"黄金十年"快速发展作出了重要贡献。

当前，贵州总体上处于工业化中期，我们要把加速推进新型工业化作为经济高质量发展的首要任务，奋力推动工业大突破。

一是在规模总量上实现大突破,实施工业倍增行动,扩大工业投资,培育和发展壮大企业,"十四五"时期努力实现工业总产值、工业投资、工业企业市场主体等主要指标倍增。

二是在结构优化上实现大突破,以振兴十大工业产业为重点,狠抓大数据与实体经济深度融合,促进产业高端化、绿色化、集约化发展。

三是在技术创新上实现大突破,强化企业创新主体地位,在自主创新、引进消化、集成运用上下足功夫,加快推动发展方式从要素驱动向创新驱动转变,力争每个工业产业形成一批有核心专利技术的拳头产品。

四是在产业链条上实现大突破,深入实施延链补链强链工程,加快补齐产业链短板和薄弱环节,推动高端补链、终端延链、整体强链,加快向产业链中高端迈进。

五是在项目建设上实现大突破,实施项目签约、落地、投产、达效"四率"行动,推动内育有突破、外引扩新量,全力推进项目建设提速提质提效。

六是在平台支撑上实现大突破,"一园一主导""一园一特色"错位发展首位产业,全力提升全省工业园区综合竞争力、辐射带动力、区域协同力,努力把每个园区都建设成为"聚宝盆"。

此外,我们还将把工业特别是先进装备制造业,作为下一步招商引资的重中之重,围绕十大工业产业,逐个制订招商行动计划,盘活用好产业园区标准厂房,加快提升工业到位资金占比,努力把支柱产业做强,把大数据等新兴产业做大,加快新旧动能转换,并加快形成上中下游产业衔接配套、大中小企业组合良好的产业发展新格局,实现产业集聚集约发展。

(《经济日报》2021 年 3 月 25 日)

努力建设特色教育强省　推动贵州教育高质量发展

——访中共贵州省委教育工作委员会副书记，贵州省教育厅党组书记、厅长邹联克

邹联克，男，布依族，祖籍湖南隆回县，1966 年 6 月生，中共党员，研究生学历，教育学博士，教授。1988 年 12 月参加工作，现任中共贵州省委教育工作委员会副书记，贵州省教育厅党组书记、厅长，贵州省教育厅直属机关党委书记。

党的十八大以来，贵州省委、省政府深入贯彻落实习近平总书记关于教育的重要论述和对贵州教育工作的系列重要指示精神，把教育摆在优先发展的战略位置，坚持穷省办大教育，把教育作为拔穷根的根本之策，举全省之力发展教育事业，努力以"奋进之笔"书写贵州教育的"得意之作"，全省教育事业迎来发展的"黄金十年"，各级各类教育均实现大踏步前进。为全面了解贵州教育改革发展概况，我们对中共贵州省委教育工作委员会副书记，贵州省教育厅党组书记、厅长邹联克进行了访谈。

关于贵州教育发展历程

采访人：请您简要谈谈贵州教育发展历程。

邹联克：教育起源于社会生产和生活的需要。通过对贵州教育产生和发展的历史进行研究，发现这一观点也是符合贵州实际的。贵州是古人类发祥地之一，有众多原始社会遗址和遗物。遍布贵州全省的数十个文化遗址的发掘说明，早在20多万年前，就有人类在贵州这块土地上繁衍生息，创造了贵州远古文化，并通过原始教育，使其一代一代地传下来。根据专家考证，旧石器时代早期遗址在南方首推贵州黔西的观音洞。而黔西观音洞石器为同时各地石器之冠，故有"北有周口店，南有观音洞"之说。随着旧石器时代发展到新石器时代，原始形态的教育也随之产生和发展。这就是贵州教育的产生。

我国原始社会后期，出现了学校教育的萌芽。夏商以后，学校教育日趋完备。古代的贵州，由于交通闭塞，社会经济发展缓慢，学校教育出现较晚，直到汉代才有盛览和尹珍讲学的记载。唐、宋以后，出现了书院和官学，但数量极少，存在的时间很短。到了明代，才建立起比较完备的学校教育体系。因此，我们把元代以前称为贵州学校教育发展的萌芽时期。明代中期、清代末期和抗日战争时期，是新中国成立前贵州教育发展较好的三个历史阶段。

20世纪20年代初至21世纪初期，贵州教育发展大致分为三个阶段。

一是"艰难起步，参差交错"阶段（1921年—1978年）。贵州教育事业因受地理环境和经济社会发展等诸多因素制约，发展较晚，总体上较为滞后。抗战时期，中国大片土地连连失守，敌占区一大批学校诸如国立交通大学、浙江大学、中山大学医学院、私立大夏大学、湘雅医学院等十多所知名高校和一批包括陆军大学、海军大学在内的十多所军事院校迁入贵州，竺可桢、茅以升、苏步青、王淦昌、谢六逸、丁道衡、徐悲鸿、丰子恺一大批顶级专家学者云集贵州，与贵州教育工作者同仇敌忾、奋发图强，一手抓教育，一手抓科研，发展了贵州经济，撰写了一部救国救民的伟大史诗和教育篇章，使贵州高等教育在特定历史阶段处于先列。新中国成立前，贵州经济贫困，文盲充斥，教育事业十分落后。新中国成立初期，百废待兴，党和人民政府接管学校，参照苏联教育经验制定了教育方针、教育制度、课程设置、教学方法等，对于改革贵州的学校教育，提高教育质量打下了一定基础。这一时期，虽然大批学校、工矿企业和入黔知识分子基于国家总体建设的需要纷纷返回各自属地，加上教育经费极度紧缺，贵州教育事业发展较为缓慢。但总的来看，1950年至1966年，贵州省教育事业还是取得了较大成就。

二是"除旧布新，步入正轨"阶段（1978年—1990年）。1978年至1990年，贵州教育事业处于恢复整顿、逐步发展时期。全省教育系统组织学习和贯彻执行邓小平《在全国科学大会开幕式上的讲话》、中共中央《关于建国以来党的若干历史问题的决议》和《关于教育体制改革的决定》，宣传贯彻《中华人民共和国义务教育法》，落实教育要"面向现代化，面向世界，面向未来"的精神，全省教育事业在正本清源、不断恢复整顿的同时得以逐步发展。1977年，我国恢复高考制度，当年高考于12月15日举行，贵州省共65111名考生参加考试，录取6898人。1978年至1980年，全省教育系统恢复整顿工作渐次展开，历年召开的省级教育工作会议均以全省各级各类学校的恢复整顿工作为中心议题，对改革招生制度和制定教育事业发展规划等作出具体部署，并召开了全省中小学提高教育质量会议。

三是"曲折艰辛，稳步发展"阶段（1990年—2020年）。1995年9月，贵州省委、省政府出台了《关于实施科教兴黔战略的决定》，标志着"科教兴黔"战略正式启动实施。2001年至2010年，贵州教育事业进入了抢抓机遇、跨越发展时期，教育优先发展战略进一步确立。2001年，贵州实施"两基"（基本普及九年义务教育、基本扫除青壮年文盲）攻坚行动。2009年，"两基"攻坚顺利通过了国家检查验收，成为西部地区第二批全面实现"两基"的省份。2005年9月，贵州大学正式列入国家"211工程"建设行列，实现了贵州高等教育发展历史性突破。2007年，贵州大学马克俭教授被增选为中国工程院土木、水利与建筑学部院士，成为贵州高校首位院士。2007年，建立新学生资助政策体系以来，全省学生资助资金逐年迅速增长，以平均每年近10亿元的速度递增，实现了"不让一个学生因家庭经济困难而失学"的庄严承诺。2008年7月起至今，由外交部、教育部、贵州省人民政府共同主办的中国—东盟教育交流周每年在贵州举办，成为中国与东盟政府间重要的以教育为主题的交流合作平台，对扩大贵州教育对外开放起到关键作用。在习近平新时代中国特色社会主义思想指导下，贵州教育围绕深入贯彻党的十九大精神和全国、全省教育大会精神这一条主线，突出公平和质量两个焦点，全面落实教育优先发展、开放发展、特色发展三个重点，推动教育回归常识、回归本分、回归初心、回归梦想四个回归，以奋进之笔继续答好政治、民生、公平、改革、发展五张答卷，扎实推进贵州教育现代化，把贵州建设为特色教育强省，各项教育指标和成绩显著提升。

关于贵州教育大踏步前进的"黄金十年"

采访人：请您谈谈，党的十八大以来贵州教育改革发展的"黄金十年"。

邹联克：党的十八大以来，在党中央、国务院坚强领导下，省委、省政府坚持"富民必先强教，兴黔必先兴教"，把教育作为最长远的民生，作为改变贵州、挖掉穷根的治本之策，举全省之力加大教育经费投入力度，努力探索穷省办大教育的图强之路，优先发展教育事业。全省教育系统以"赶转改、助脱贫、高质量"为主线，以办人民满意的教育为目标，以立德树人为根本任务，以综合改革为强大动力，努力办公平而有质量的教育。全省各级学校办学条件得到根本改善，城乡各类教育资源显著扩增，教育有效供给能力明显提升，圆满完成了"十二五""十三五"期间制定的目标任务，高标准谋划"十四五"期间教育高质量发展远景，奋力整体提升贵州教育水平。

"十二五"期间，省委、省政府牢固树立以人民为中心的发展思想，始终把教育摆在优先发展的战略位置，作为政府财政支出的重点领域给予优先保障。五年来，贵州教育工作三次获习近平总书记肯定。2014年9月9日，习近平总书记来到北京师范大学，走进"国培"课堂，看望慰问正在参加培训的贵州省中小学语文教师，与参训教师座谈交流并高度肯定"国培"工作。2015年6月17日，习近平总书记在贵州调研期间到清镇职教城考察，对我省教育扶贫给予了充分肯定、寄予了殷切期望。2015年9月9日，习近平总书记给"国培计划"北师大贵州研修班全体参训教师亲笔回信，鼓励广大教师"努力做教育改革的奋进者、教育扶贫的先行者、学生成长的引导者"。"十二五"期间，贵州启动实施了学前教育、农村寄宿制学校建设、高中阶段教育、高等教育"四项教育突破工程"，启动实施了教育"9+3"计划（巩固提高九年义务教育和实行三年免费中职教育），启动实施了"新两基"（推动实现县域内义务教育基本均衡，基本普及15年教育）攻坚，全省教育事业迈上新的台阶，总体发展水平进一步提高，服务经济社会发展能力进一步增强，人民群众教育获得感明显增强。总体来讲，主要体现在以下三大方面。

一是拼命"赶"，"赶"出加速度。落实教育优先发展战略，教育事业加速推进、奋力赶超。经费投入快速增长，5年全省财政教育总投入3314.7亿元，平均每年增长14%，教育财政支出占财政支出的18.9%。教育资源大幅增加。新建、改扩建乡镇公办幼儿园1650所、村级幼儿园3290所，学前教育实现全省所有乡镇每个乡镇至少有1所公办幼儿园；建成农村寄宿制中小学3000余所、学生宿舍400余万平方米、学生食堂1.5万个、乡镇教师公租房（周转宿舍）13万套，新建、改扩建城镇义务教育学校191所，全面完成受地质灾害威胁学校治理238所，建成县级特殊教育学校64所，农村义务教育实现"校校有食堂、人人吃午餐"；新建、改扩建普通高中学校124所和中职"百校大战"项目学校 100 余所，建设和入驻清镇职教城职业院校 19 所，入住师生 10 万余人；遵义、毕节、黔南等市（州）建成一批新校区和职教园区；全面免除中职教育学费；建设和入驻花溪大学城高校 7 所，入住师生 8.5 万余人；初步建成清镇职教城和花溪大学城。遵义、毕节、黔南等市（州）建成一批新校区和职教园区；新设置茅台学院等 4 所本科高校、19 所专科（高职）院校，1 所学院更名为大学。贵州教育普及程度明显提高。2015 年底，学前 3 年毛入园率 80%，较 2010 年提高了 25 个百分点，比全国平均水平高 5 个百分点；九年义务教育巩固率 87.6%，较 2010 年提高了 10.6 个百分点；高中阶段毛入学率 86.1%，较 2010 年提高 31.1 个百分点；高等教育毛入学率 31.2%，较 2010 年提高 11.2 个百分点。

二是大力"转"，"转"向真内涵。把人民的期盼作为目标，努力办公平而有质量有内涵的教育。育人模式转向"立德树人"，建设上万个"道德讲堂"，推动社会主义核心价值观进教材、进课堂、进头脑；学前教育转向"去小学化"，防止和纠正"小学化"倾向，创造性地探索了集团化办园管理模式；义务教育转向"均衡发展"，提前两年启动县域内义务教育均衡发展督导检查工作；职业教育转向"精准扶贫"，职业教育是"'四化同步'支柱石、产业发展助推器、脱贫致富直通车、社会稳定安全阀、促进就业增量池"理念在全省教育系统形成共识，构建完善全省职业院校"一体两翼多节点"的空间布局，强化职业教育校企合作、校政合作、校校合作，积极探索"学校办到园区去、车间搬到校园来、专业围着产业办、毕业就近找工作"和"产业园区 + 标准厂房 + 职业教育"办学新模式，实现"职教一人、就业一个、脱贫一家"目标；高等教育转向"服务社会"，师资建设转向"四有三者"好老师。农村教育短板不断补齐，"新两基"攻坚扎实推进，特殊群体受教育权利得到保障，民族教育稳步发展，人才队伍不断优化，全社会尊师重教蔚然成风。省委、省政府及各级党委政府连续召开高规格教师节表彰大会。

三是积极"改"，"改"出新活力。贵州教育瞄准影响高质量发展的思想观念和体制机制弊端，不断增强教育改革的系统性、整体性。教育领域综合改革纵深推进。教育部和贵州省政府通过签订《深化贵州教育综合改革战略合作协议》，使我省获教育部 17 项重大政策支持；出台《贵州省教育综合改革方案》，省委、省政府将重点改革任务分解到各部门落实；紧紧抓住考试招生制度改革这一枢纽环节，相继出台《贵州省深化考试招生制度改革实施意见》《贵州省普通高中学业水平考试实施办法》《省教育厅关于进一步推进高中阶段学校考试招生制度改革的实施意见》等文件；遴选福泉市中小学人事制度改革等 16 个项目为全省教育综合改革试点项目。推动民办教育加快发展，省政府出台《关于促进民办教育大发展的意见》，省财政每年安排 2000 万元支持民办教育发展。颁布施行《贵州省义务教育条例》《贵州省学校学生人身伤害事故预防与处理条例》《贵州省职业教育条例》；系统推进大学章程的制定与落实，"一校一章程"目标基本实现。教育对外开放不断扩大，围绕国家"一带一路"建设，重点打造中国—东盟教育交流周平台，开展教育国际交流合作。

"十三五"以来，贵州省委、省政府高度重视教育工作，把教育摆在优先发展的战略地位。2018 年 12 月 14 日，省委召开全省教育大会，省委、省政府主要领导出席大会并讲话。大会印发了《贵州省推进教育现代化建设特色教育强省实施纲要（2018—2027 年）》。大会的成功召开，标志着贵州开启了加快推进教育现代化、建设特色教育强省的新征程，对贵州教育事业高质量发展具有历史性的里程碑意义。

全省教育坚持以教育脱贫攻坚统揽全局，聚焦脱贫攻坚教育保障"1+N"重点工作，全力推进全省脱贫攻坚教育保障。2017 年 7 月，国务院在甘肃召开全国打赢教育脱贫攻坚战现场会，贵州作大会经验交流发言。2020 年全国教育工作会议上，贵州应邀作主题为"基础教育·脱贫攻坚"的交流发言。总的来看，各级各类教育实现加快发展。主要体现在以下五个方面。

一是教育脱贫攻坚成色大幅提升。脱贫攻坚教育保障硬仗圆满收官，实现义务教育有保障工作目标。义务教育阶段失学辍学学生实现历史性常态化动态清零，"控辍保学 20 条"经验在全国推广。在充分统筹共享安置点周边原有教育资源的基础上，全省累计投入资金 181 亿元，完成新建、改扩易地扶贫搬迁安置点配套学校 669 所，切实保障易地扶贫搬迁户适龄子女 38 万人全覆盖、零门槛、无障碍顺利入园入学。率先在全国实施教育精准扶贫学生资助政策，率先在全国启动实施农村学前教育儿童营养改善计划。持续实施三年免费中职教育，每年近 30 万毕业生就业带动家庭脱贫。农村中小学校医配置实现 100% 全覆盖。

二是教育普及水平大幅提升。在西部率先实现县域义务教育基本均衡发展，提前 2 年实现 100% 全覆盖。学前 3 年毛入园率、九年义务教育巩固率、高中阶段毛入学率、高等教育毛入学率分别达到 90.3%、95%、90.7%、41.6%，与 2015 年相比，分别提高 10.3 个、7.4 个、4.6 个百分点和 10.4 个百分点，国民学习机会进一步扩大，学习型社会建设取得重要进展。大班额比例逐年下降，随迁子女、残疾儿童少年、留守儿童等弱势群体教育权利得到更好保障。"校农结合"和贵州大学"博士村长"扶贫案例入选教育部扶贫典型案例。

三是教育支撑能力大幅提升。扎根贵州大地办教育，开展职业院校十大质量提升项目，获立项建设国家高水平高职院校 1 所、国家高水平专业群项目学校 2 所、国家优质高职院校 3 所。新设立 2 所本科、15 所高职（专科）学校。贵州大学入选部省合建高校和世界一流学科建设高校。新增博士学位授予单位 3 所、硕士学位授予单位 2 所、学士学位授予单位 4 所，现有研究生培养单位达到 9 所。现有世界一流建设学科 1 个、贵州省一流学科 53 个、贵州高峰高原学科（群）23 个、国家级一流专业 92 个、省级一流专业 217 个，国家级一流课程 21 门。全省 37 个博士、硕士学位授权点直接服务农村产业革命，建设产学研基地 33 个。

四是教育发展活力大幅提升。全面推进依法治教，新时代教育事业发展的法治保障更加全面。大力发展继续教育，健全办学和服务网络，学习型社会取得重要进展。深化教育领域"放管服"改革和招生考试制度改革，落实教育信息化 2.0 行动计划，推动数字校园建设。每年压缩 6% 的行政经费用于支持教育事业发展，教育投入保障体系更加完善。

五是教育开放水平大幅提升。以"一带一路"为重点，全方位、多层次、宽领域的教育国际交流和合作持续推进。建成中国—东盟教育交流周永久会址及配套展馆，举办交流周活动209项，参会嘉宾1.26万余人，签署各类协议和备忘录963份。新增中外合作办学项目（机构）9个，实现我省普通本科高校及高职高专院校中外合作办学机构零的突破。

"十四五"期间，全省教育系统将深入学习贯彻习近平总书记关于教育的重要论述和视察贵州重要讲话精神，认真落实国家和省教育事业发展"十四五"规划以及特色教育强省建设各项部署，坚持以高质量发展统揽全局，以提升人均受教育年限为主攻目标，以提高高等教育普及水平为主抓手，以加强基础教育办学力度为主支撑，实施贵州省整体提升教育水平攻坚行动计划。具体来说，就是要做到"五个始终坚持"。

第一，始终坚持把贯彻党的教育方针作为根本要求。坚持党对教育工作的全面领导，坚持社会主义办学方向，全面落实立德树人根本任务，加强对学生的政治引领、思想引领、价值引领、品德引领，引导学生树立正确的世界观、人生观、价值观。构建优质均衡的基本公共教育服务体系和高质量教育体系，加快推进教育现代化、建设特色教育强省，努力培养德智体美劳全面发展的社会主义建设者和接班人。

第二，始终坚持把服务"四新""四化"作为政治责任。全省教育系统将切实提高政治站位，深入贯彻落实习近平总书记视察贵州重要讲话精神和省委、省政府关于围绕"四新"主攻"四化"的决策部署，自觉肩负起服务"四新""四化"的政治责任，主动融入全省经济社会高质量发展工作大局，推动教育高质量发展服务"四新""四化"。

第三，始终坚持把整体提升教育水平作为主攻方向。通过实施"七大工程"，整体提升全省教育水平。实施学前教育普及普惠发展提升工程，做好幼儿园布局、落实城镇小区配建幼儿园、多渠道扩增普惠性资源、完善幼儿园收费及生均财政拨款等工作，确保更好实现幼有所育。实施巩固义务教育成果提升工程，全面消除大班额、新增资源向城镇集中布局、落实城镇小区配建学校、实施公办强校计划、持续做好控辍保学，推进义务教育优质均衡发展。实施普通高中教育发展提升工程，推动普通高中向县城和市州政府驻地集中、做强做优县中、全面化解大班额、实施高考综合改革、做好示范性普通高中评估，推进普通高中示范优质特色多样化发展。实施现代职业教育扩容提质工程，助力职业教育"愿读尽读"、实施中职"强基"和高职"双高"工程、积极推进本科层次职业教育等，加快推进职业教育提质升级。实施高等教育突破发展提升工程，调整完善花溪大学城校区布局、新设立一批高等院校、推进"双一流"和"双万计划"建设、加强研究生教育，确保做大做强高等教育。实施师资队伍建设保障提升工程，配齐配足教师、持续实施"特岗计划"、统筹空编资源优先用于教育、探索教职工"员额制"管理、落实中小学教师"县管校聘"、保障教师待遇。实施职业技能学历双提升工程，推进面向农村的职业教育改革、培养高素质农民、集中力量对未上过学劳动力人员实施技能学历双提升培训，加快提升 15 周岁至 59 周岁未上过学劳动力人员受教育程度和人口素质及技能技术水平。

第四，始终坚持把深化教育领域改革作为关键举措。以教育评价改革为牵引，有针对性地推出相应改革举措，推动我省教育评价关键领域取得实质性突破。科学有序推进高考综合改革。积极推进省属高职院校管理体制改革。扎实推进"双减"工作，对内提高学校教育质量，认真做好课后服务工作；对外严格管理校外培训机构，规范培训服务行为。持续扩大教育对外开放水平，办好中国—东盟教育交流周。

第五，始终坚持把加强教师队伍建设作为重要保障。扎实组织开展师德师风建设专项行动，坚定教师理想信念，提升思想政治素养，提高职业道德水平。积极推进"县管校聘"改革和县域内教师校长轮岗交流，加强教师资源配置。推动中小学教职工编制全面达标行动，配齐各级各类教师队伍。大力实施"强师工程"，创新教师培训模式。健全教师工资待遇保障长效机制，营造尊师重教良好社会风尚，提升教师的政治地位、社会地位、职业地位，确保乡村教师队伍能够真正下得去、留得住、教得好。

贵州今天的辉煌，必然得益于昨日之贵州教育；贵州明天的精彩，必将托付于今日之贵州教育。站在"两个大局"交织、"两个百年"交汇、"两个五年"交接的关键时刻，贵州教育系统将始终坚持以习近平新时代中国特色社会主义思想为指导，进一步增强"四个意识"、坚定"四个自信"、做到"两个维护"，坚决贯彻习近平总书记关于教育的重要论述和对贵州教育的重要指示批示，认真落实习近平总书记"七一"重要讲话精神，紧紧围绕贵州"一二三四"总体思路，牢记初心使命，结合党史学习教育，铭记来时路之艰难，强化脚下路之责任，坚定未来路之梦想，以一往无前的奋斗姿态和风雨无阻的精神状态，全力推动贵州教育高质量发展，努力办好更加公平、更高质量、更具活力、更有特色的新时代贵州教育，为开创百姓富、生态美的多彩贵州新未来，为实现中华民族伟大复兴的中国梦贡献贵州教育的智慧和力量。

（中共贵州省委党史研究室、贵州省教育厅 2021 年 8 月采访）

多彩贵州钟灵秀

——时任贵州省政协常委，省政协港澳台侨与外事委员会副主任杨胜明谈贵州旅游发展

杨胜明，女，汉族，1951年8月15日出生，云南省昆明市人。1968年在贵州省黔南州平塘县上山下乡当知青；1973年就读于贵州大学外语系；1976年9月至1978年11月，任贵州赤水天然气化肥厂外联室翻译；1978年11月至1987年2月，先后任贵州省外事办公室干部、助理翻译，接待处处长、党委委员、党组成员；贵州省中国旅行社、中国国际旅行社贵阳分社总经理；中国人民对外友好协会贵州省分会副秘书长；贵州省政协第六届委员会委员。1987年3月至1990年11月，任贵州省旅游局副局长，省外事办党组成员、翻译，贵州省中国旅行社、中国国际旅行社贵阳分社总经理。1990年11月至2008年12月，分别任贵州省旅游局局长、党委副书记，贵州省旅游局党组书记、局长。2008年12月至2013年，任贵州省政协常委，省政协港澳台侨与外事委员会副主任。

与改革开放同步的贵州旅游

贵州旅游是改革开放的一个产物，在1980年以前，贵州没有形成

旅游市场。1980年，为了接待香港旅游团，贵阳市的黔灵山、甲秀楼、小车河的南郊溶洞、花溪公园开设了旅游景点。黄果树瀑布景区除了为观览修的300米步道和一小段台阶，就没有其他配套设施，更谈不上接待酒店和用餐点。贵州旅游打造的第一个景区就是黄果树。

改革开放后，国家旅游局最早推出了北京、上海、西安、南京、杭州、桂林、广州7个热点旅游城市的华东线，当时的旅游建设资金、对外宣传资源都倾斜于这7个旅游城市。贵州的旅游完全是白手起家，经过40年的努力，从无到有，从小到大、由弱变强。

贵州旅游发展历程上的四个十年

第一个十年：拓荒之路

我们黄果树的建设从1979年开始。从1979年到1990年，我们就是在拓荒。拓荒的人是我们的老一辈革命者、贵州的老领导——徐健生副书记。

1981年，徐健生副书记带团赴欧洲考察。在瑞士等国考察时，徐老就感觉瑞士、法国、奥地利、意大利都是喀斯特地形地貌，和贵州很像，别人可以利用地理资源优势发展旅游，我们贵州也可以。但是发展旅游要先搞好绿化，徐老回来以后，就自告奋勇组建绿化委员会，并到安顺虹山宾馆召集了安顺地委书记和行署专员，把省建设厅的吴总工程师也叫了过去，带着省外办主任余志坚，还有文化局副局长田丽、新闻出版局的相关同志，带着这批搞文化搞旅游的人就开发黄果树瀑布景区召开会议。这应该是省领导谋划贵州旅游文化融合的起步，是第一次有省委领导牵头研究贵州旅游业发展的会议。那时秦天真作为分管旅游的副省长也参加了会议。会议决定，一定要把黄果树景区打造好。

镇宁县政府有一个叫雷选隆的工作人员，从1966年就在为拓荒黄果树景区四处奔走，徐老了解到老雷为开发黄果树瀑布付出的辛勤后，从贵州省科学院抽派了地质工程师汪朝良、地质摄影师金德明和老雷一起组成黄果树瀑布开发工作小组，这些同志都是贵州旅游发展最早一批的开拓者，也成了徐老的侦察兵。徐老听说哪里有风景，就派他们两个去侦察。汪朝良作为地质科学家，先去看看什么状况，有没有价值，金德明作为摄影师，就把照片拍回来。就这样，继黄果树瀑布后，又开发了天生桥、陡坡塘，共同形成了黄果树景区，为之后贵州景区的打造提供了借鉴经验。

第二个景区是龙宫，之后的织金洞、舞阳河、云台山、百里杜鹃、马岭河、红枫湖，都是在徐老的亲自关怀下，逐步开发的。为了实地考察这个景区，70多岁的徐老爬了17次云台山，还在山上露营。改革开放初期，徐老能清晰洞悉到发展旅游也是贵州发展之路，充分体现出他的战略眼光和高瞻远瞩。这些旅游景点作为贵州最先开发的景区，是贵州旅游拓荒起步的缩影。参与建设的同志们也是贵州旅游拓荒建设者的代表。

这拓荒的十年中，贵州一没有资金、二没有基础，是最艰难的十年，但却为贵州旅游发展树立了鲜明导向，是贵州旅游的第一个黄金十年。经过省委、省政府的努力申报，国务院给贵州批准5个国家级风景名胜区，10个省级风景名胜区，为贵州旅游打下坚实基础。

第二个十年：奠基发展

1991年到2000年，是贵州旅游发展的第二个十年，这一阶段为贵州旅游发展作了重要奠基。

经过全面梳理旅游资源后，贵州景区建设开始围绕旅游六大要素即"吃住行游购娱"进行开发。同时推进了包括公路、铁路、航空等交通方式的改善和旅游接待设施的建设。

在民航机场建设缺乏保障，客源量不稳定的条件下，我们开通了贵阳到香港的直航，从1991年开始一直到1993年，用两年时间，争取贵阳到香港直航旅游包机开通；同一时期，建成了第一条贵州高等级公路——贵黄公路；铁路方面，开通了贵州至昆明、舞阳河的几趟旅游专列；当时只有贵阳的云岩宾馆、八角岩饭店、金桥饭店三家可以接待外宾，在此基础上，新建了贵州饭店、金筑酒店、柏顿酒店，九个市

（州）也把政府招待所改造为对外接待酒店，如遵义市遵义宾馆、安顺市虹山宾馆和民族酒店，形成了各级党委、政府各部门和社会团体都围绕旅游发展推进建设的良好氛围。但在旅游购物方面，贵州的旅游消费仍然处于原始性消费层面，比重只占3%，文化旅游娱乐的概念也没有形成，所以贵州旅游的第二个十年，主要还是在基础设施硬件建设方面作重要奠基。

贵州旅游在前面十年基础上进一步探索，在实践中发现了规律性认识，就是越是贫困的地区旅游资源越丰富，于是逐步萌发了旅游扶贫的概念，这四个字应该是由贵州首创的。在旅游学界，1991年贵州省旅游局率先提出了旅游扶贫的理念，国内其他学者基于此又进一步提炼出旅游扶贫的相关概念。

第三个十年：结构提升

从2001年到2010年，贵州旅游开启国际合作，与世界旅游组织和世界银行合作，邀请国际一流专家到贵州实地调研考察，帮助贵州编制20年旅游发展规划。这个十年当中有一个很重要的结构调整，就是从观光景点、风景旅游提升为多样性旅游。

国家旅游局提出农业旅游提法后，我们省结合欧洲爱尔兰的乡村旅游理念，整合提升了整体规划，外国专家帮我们做了一个巴拉河乡村旅游示范区的规划，提升了民俗文化、乡土文化体验旅游。之后我们省相继完成了朗德、西江等七个寨子的规划，开启了贵州省乡村旅游新纪元。贵州2002年完成了这个规划，在2004年、2005年、2006年连续三年举办了乡村旅游国际论坛，成为全国最早提出乡村旅游的省份。

第一年主题是"消除贫困，两个促进"，促进脱贫和致富。第二年主题是"乡村旅游促进人的全面发展"，帮助村民提升他们的能力，明白授人以鱼和授人以渔的关系，让他们自主发展，保留他们本真的状态而不是表演的过度商业化过度人工化。第三年，配合中央提的新农村建设，主题是"乡村旅游是新农村建设的重要途径"。

这个十年，是贵州在实际工作当中不断总结经验，又把不断经验拿到实践中去检验的这样一个过程。是国际合作做得比较多的一个十年。

第四个十年："井喷式"发展

2011年到2021年这个十年，就是我们正经历的十年，也是贵州旅游迎来"井喷式"发展的黄金十年。

习近平总书记四次对贵州旅游给予了重要支持，有三次是实地到贵州视察。2011年3月，习近平总书记到贵州期间，肯定了贵州的公园省的提法。2014年，习近平总书记在参加第十二届全国人大第二次会议贵州代表团审议时强调，要因地制宜选择好发展产业，让绿水青山充分发挥经济社会效益，切实做到经济效益、社会效益、生态效益同步提升，实现百姓富、生态美有机统一。2015年，习近平总书记视察贵州时，再次对贵州旅游作出指示，更加明确了贵州旅游产业化的思路。2021年3月，习近平总书记再次视察贵州，他提出来的青山绿水就是金山银山的理念，不仅是贵州发展旅游业的遵循，也是中国旅游业发展的重要导向。

这个十年，贵州省委又将旅游产业化确定为"四化"之一。如果用两个字概括就是"井喷"。这"井喷"不是凭空而来的，而是根据这十年一任又一任的省委主要领导亲自抓、重点抓，推动了贵州旅游跃上新台阶。如果这十年需要用几个量化的标准来看，在"十二五"末期贵州旅游进入了第二方阵，外汇收入是全国第15位，接待人数是全国16位，到"十三五"末期我们到了全国第6位，进入第一方阵。

贵州旅游刚起步的十年，我们跟西藏、青海、宁夏位列全国倒数，旅游收入是全国第29位，在我们后面只有宁夏和青海；我们的接待人数是第28位，人数比西藏多，但是西藏收入比我们多。"十二五"末期，我们进到中间方阵。到2019年新冠肺炎疫情突发之前，我省旅游收入已经到了全国第三名，人数到了全国第一，超过了云南。

这其中，贵州交通的改变成为一个关键因素。以前方方面面受交通制约，随着交通的改善，县县通高速，高铁、航班大量增加，解决瓶颈以后，不仅仅是旅游，各项建设都开始全方位的发展，这是非常精彩的十年。

这其中，还有体制上的改革优化。从原来的旅游局到旅游发展改革委员会，职能得到强化；2018年又按照党中央机构改革调整，实现了文化和旅游的合并，旅游业成为贵州省整个经济结构的四个重要产业之一，这是重大的调整。

1985年，贵州旅游业排省内产业第10位，第一次进到我们省的国民经济发展计划。旅游产业是排在第9，黄金工业是第10，但是前面还有8个支柱产业。在这个基础上又进行了调整，把旅游业变成贵州省的6个支柱产业之一，把8个变成6个。

纵观四个十年的主线，就是消除贫困，就是脱贫攻坚。贵州旅游发展在消除贫困上是个利器。参与到乡村旅游的老百姓获得了利益，也收获了幸福感，自己的认知和文化水平都提高了。

贵州是世界银行的资金投向旅游的地方，世界旅游组织已经把贵州当作一个试验田，我们因为通过旅游扶贫的工作路径得到了世界银行的支持，获得了6000万美元贷款。归纳三句话，就是我们贵州旅游可以消除贫困、保护遗产、促进发展，也可以促进人与社会的和谐发展。

旅游产品业态加快升级、空间布局持续优化

通过产品升级、业态升级、服务升级，黄果树、荔波、赤水、西江千户苗寨、百里杜鹃、梵净山、镇远古镇等传统观光型旅游产品，现在在逐步向旅游目的地形态发展。通过"旅游+""+旅游"发展模式，旅游与文化、农业、体育、林业、商业、工业、科技、交通等深入融合，一批民族文化深度体验、乡村旅游、体育旅游及户外运动、森林康养、温泉疗养、廊道旅游产品和业态逐渐丰富，形成春赏花、夏避暑、秋风情、冬康养的四季旅游品牌。

"索道省""温泉省"，世界名酒文化旅游带、国际天文科普旅游带、千里乌江滨河度假旅游带、长征红色文化旅游带布局，现在已经初步形成。贵阳安顺"山地旅游+集散地+避暑度假"、遵义"长征文化+研学培训+茶酒文化"、六盘水"避暑康养+冰雪运动"、毕节"山地旅游+康养度假"、铜仁"山地旅游+温泉康养"、黔东南"山

地旅游＋民族文化"、黔南"山地旅游＋天文科普"、黔西南"户外运动＋康养度假"等八大文化旅游主体功能区的建设正在加快，我相信，我们贵州旅游，能够形成特色突破、多极拉动的旅游目的地体系。

（中共贵州省委党史研究室 2021 年 4 月采访）

对标"无我"情怀，践行初心使命

——记中共毕节市织金县委书记杨桦

"我们将全力冲刺脱贫攻坚'最后一公里'，确保全县剩余贫困人口5555户14783人全部达到脱贫标准，持续巩固脱贫成果，有序衔接乡村振兴，坚决打赢疫情防控和脱贫攻坚'两场硬仗'，为开启百姓富、生态美的多彩贵州新未来作出新的更大贡献。"2020年7月1日上午，在全省脱贫攻坚表彰大会上，贵州省脱贫攻坚优秀共产党员、中共织金县委书记杨桦如是说。

素有"宝桢故里、洞天福地"之誉的织金县，是一个有着123万人口的国家级贫困县，也是贵州省、毕节市脱贫攻坚主战场。自2016年3月任县委书记以来，杨桦始终坚持以脱贫攻坚统揽经济社会发展全局，纵深推进抓党建促脱贫攻坚，尽锐出战、苦干实干。四年时间，全县贫困人口从2015年的28.6387万人减少到2019年的14783人，贫困发生率从27.15%下降至1.4%，2020年3月顺利实现整县脱贫摘帽，退出贫困县序列；在全省县域经济第一方阵综合排名由2016年的第22位上升至2019年上半年的第11位，他用实干与担当践行初心使命，向党和人民交上了一份厚实的答卷。

履职尽责善谋划　笃定信念守初心

县委书记身处改革发展最前沿，是党在县域治国理政的重要骨干力量，肩负着党的县级组织履行好执政兴国义务的重要责任，面对百万群众的殷切期盼，杨桦说："走上这个岗位，不是做多大的官，而是要担负多大的责任。"

民之所望，施政所向。没有调查就没有发言权。杨桦深刻领会"一线总指挥"的精髓，那就是工作在一线，生活在一线，调查在一线。刚到织金，他立即深入各乡镇、街道，深入贫困村寨，深入农户家中，蹲点调研，摸清致贫原因，通宵达旦研究发展对策。每到一地，他迅速与群众连成一片，身体力行地把党的方针政策宣传贯彻落实到基层和群众中去，把脉问诊，破局开路，找到了群众贫困的症结。他提出了"坚持以脱贫攻坚为统揽，全面推进农业产业化、工业新型化、城镇特色化、旅游全域化"即"一统四化"的发展思路，将此作为全县发展总纲。无论是开会研究部署工作，还是深入田间地头访贫问苦，他始终把习近平新时代中国特色社会主义思想和习近平总书记对贵州、对毕节重要指示批示精神牢记于心，贯彻于行，始终把关心群众、关注民生扎根心中，始终把党中央和省、市的要求贯彻到思路谋划、政策制定、任务部署、工作推进之中。

脚下沾有多少泥土，心中就有多少真情。四年来，杨桦不忘为全县群众谋幸福的初心，用汗水浇灌收获，以实干笃定前行，将任务"量化"、考核"细化"、责任"实化"，带头开展常态化督查，带头推行一线工作法，把压力传递到"神经末梢"，团结带领全县百万干部群众奋力拼搏、锐意进取，汇聚成了按时高质量打赢脱贫攻坚战的磅礴力量。四年来，他将全部精力奉献在全县改革发展和为民服务中，不仅有着"想群众之所想、急群众之所急"的为民情怀，还蕴含着"为官一任、造福一方"的实干魄力，更有一颗"在党言党、在党护党"的忠诚之心。

聚焦短板抓脱贫　亲力亲为打硬仗

杨桦强调最多的是："办民生实事，一定要让群众说了算，决不让任何人在全面小康路上掉队。"2016 年以来，全县 27.85 万贫困人口成了杨桦心中最大牵挂。他始终把抓好脱贫攻坚作为当前最重大的政治任务，恪守"民字为本、实字为先、干字当头"的工作理念，亲自担任全县总攻前线指挥部指挥长，重大决策亲自部署、重大事项亲自研究、重大问题亲自解决，坚持每月听取全县脱贫攻坚情况汇报四次以上，创新提出"战区统揽、分区作战、专班合围、包点主攻"的脱贫攻坚思路，统筹推进全县脱贫攻坚政策设计、工作部署、干部培训、督促检查、追责问责等工作，做到一线指挥、一线督战、一线亲征，用质朴真挚的为民情怀，积极响应省委"贫困不除、愧对历史，群众不富、寝食难安，小康不达、誓不罢休"的作战号召。

脱贫首先要找到根治药方，才能标本兼治。补齐"两不愁三保障"短板正是症结所在，杨桦坚持把补齐短板作为打赢脱贫攻坚战的核心举措。每次到乡镇、村组调研，他最牵挂的就是贫困农户，一定要到农户家中了解情况、亲切交谈，哪个村吃水不方便、哪个村危房改造还没结束、哪家娃娃上学没有保障……他都一一记在心里。每次下乡调研回来，不管是到晚上还是深夜，他一回到办公室，都马上组织召开会议专题研究解决白天调研中发现的问题，逐项逐条研究制定解决方案，要求限期完成整改。他说："织金脱贫攻坚任务十分繁重，面对困难和问题，必须做到今日事今日毕，决不能让问题过夜。"

杨桦始终亲力亲为抓扶贫工作，亲自调查研究，亲自安排部署，亲自督导落实、率先垂范、勇担重任，用自己的实干和实绩，践行了一位县委书记的铮铮誓言。目前，全县建成农村"组组通"硬化路 1299 条1232.75 公里，34.97 万农村人口解决了安全饮水问题，6997 户 32161人搬出了大山，14349 户住上安全住房。在 2018 年省扶贫开发领导小组对市县两级党委和政府脱贫攻坚成效考核中综合评价获"好",累计脱贫农村贫困人口 59647 户 271604 人,21 个乡镇实现省级减贫摘帽,出列贫困村 333 个,其中深度贫困村 120 个,剩余 5555 户 14783 人将于 2020 年 6 月底前全部脱贫,彻底撕掉千百年来的贫困标签。

杨桦深知发展产业是实现脱贫的根本之策,是巩固扶贫成果的根本手段。他坚持把省委"来一场深刻的农村产业革命"作为决胜总攻的突破口,认真落实产业发展"八要素"。要发展农业产业,就得有龙头企业带动,就得走产销对接新路子。他通过深入调研,立足织金是全国最大的皂角精加工集散基地实际,邀请农业专家对土地进行实地检测,多次到广州江南果蔬市场实地考察,用质朴和真诚感动对方,促成建立优质农特产品销售中心 2 个,设置销售档口 8 个,打造"织货出山"销售点 148 个。针对织金农业产业规模小、效益低的现状,结合新发展理念,他提出了县种植业"5311"(50 万亩皂角、30 万亩南瓜蔬菜、10 万亩药用银杏、10 万亩竹荪及菌材)和生态畜牧业"3311"(牛 30 万头、羊 30 万只、生猪 100 万头、家禽 1000 万羽)的产业发展思路,把皂角、南瓜作为主导特色产业。2019 年种植的 15 万亩南瓜产量达 7.5 亿斤以上,为群众增收 3.4 亿元以上。2020 年计划种植皂角 20 万亩、南瓜 15 万亩,持续推动群众稳固增收。在他的推动下,织金入选全国特色农产品优势区、皂角被列为全省 12 大特色产业予以支持发展、"织金皂角精"获国家地理标志登记保护认证,全县农业产业结构调整得到了省、市充分肯定,特别是得到了省委主要领导作出的重要批示。

开拓创新谋发展　真抓实干勇担当

杨桦坚持把为民造福作为最高追求,以推进经济高质量发展为目标,认真践行新发展理念,一手抓脱贫攻坚,一手抓经济社会发展,千方百计做大经济总量、做优发展质量,让人民群众共享发展成果。他坚持以大项目带动大发展，奋力推进新型工业化，带头争资金、要政策、跑项目，多次进京和赴省里汇报对接，解决问题困难，全力以赴推动中石化贵州织金60万吨/年聚烯烃项目实质性开工建设，预计2023年可建成投产。此外，自备电厂获省发改委核准批复，煤层气勘查开发利用示范区获省级批复，织金电厂二号机组建成运营，实现产值72.48亿元。

他坚持把人民对美好生活的向往作为奋斗目标，在加快推进工业化同时，始终让百姓感受到城市让生活变得更美好。每当有织金在外人士回到家乡时，总能感受到织金县城发生巨大变化。都说杨桦把织金当成自己的家乡，甚至比织金人更爱织金。2016年织金发生"6·28"特大洪灾，作为县委书记的他连夜冒着暴雨、蹚着洪水，坚持奋战在一线调度。为让织金县城损失降到最小，他连续几天没合眼，保持顽强的斗志在 线指挥，确保了灾后生产生活秩序快速恢复。在临近县城的金凤街道，他不顾个人安危，连夜赶往雨量最大的村寨查看农户情况，当走到村里面时，眼看凶猛的洪水就要漫过桥面，但他毅然大踏步蹚过去，就在他脚步刚到达对岸的瞬间，桥就被洪水冲垮了。过后，随行人员每当回想起那一幕，仍感到心有余悸。这些年来，他让城市建设框架一步步拉开，城市布局不断优化，城市功能逐步完善，绿化多起来、管理细起来、城市美起来……平远古镇、城区水环境综合治理工程等一批重点项目建成投用，新增城镇建成区3.5平方公里、城镇道路41.4公里，常住人口城镇化率达45.9%，人民群众获得感幸福感安全感显著增强。

他坚持以旅游全域化助推脱贫攻坚。2019年，织金作为全省旅游发展大会主会场，他始终坚持精品理念，统筹做好各项筹备工作，旅游发展大会召开前，由于项目工期紧、任务重，每天都看到他的身影在项目点穿梭，每一个项目点他都与大家一起研讨、一起设计，力求精致完美。通过他的长期调度和督促，2019年，第十四届贵州旅游发展大会和第十二届毕节旅游发展大会各项筹备工作高质量圆满完成，确保了旅游发展大会成功召开。这一年，织金县入选2019中国旅游百强县市，织金古城被列为贵州十大新地标之一，全县旅游接待人数达1827.75万人次，同比增长32%，旅游综合收入164.84亿元，同比增长32.2%，累计带动全县建档立卡贫困人口 42581 人脱贫，走出了一条旅游扶贫新路。

百炼成精钢。杨桦率领全县干部群众在脱贫攻坚中解放思想，在深化改革中勇于突破，在优化环境中提高效能，在改进作风中率先垂范，推动织金经济社会实现历史性跨越。2016 年至 2019 年，全县地区生产总值从 172.02 亿元增加到 206.8 亿元；城镇和农村居民人均可支配收入分别从 24131 元、7627 元增加到 31451 元、10402 元，2019 年全县 GDP 同比增长 8.5%，增速排全市第一。这一组振奋人心的数据，充分彰显了杨桦真抓实干、善作善成的能力和责任担当。

以身作则带队伍　公仆情怀显作为

杨桦说："不管什么时候都要维护党的形象，这和维护群众利益是一致的。"四年时间，1400 多个日日夜夜，田间、村组、车里、宿舍、食堂、工地都是他的办公地点，他几乎天天工作到深夜，双休日、节假日都在织金度过，成为了干部眼里的"铁人""工作狂"。每当遇到荣誉总是让给他人，遇到困难自己第一个先上，以无私的情怀和优良的作风带领着全县广大党员干部群众，走出了一条国家级贫困县实现转型跨越、后发赶超的新路子。

由于长期奔波劳累，杨桦右手肘肌肉出现萎缩。在医生的再三要求下，他才勉强同意进行手术，做完手术后的第二天，他不顾医生和家人劝阻，吊着绷带就奔赴施工现场调度项目。就是这种无私无我的干事情怀，感动了全县各级干部，带动全县上下形成了奋力拼搏、苦干实干的工作作风。四年多来，他坚持抓基层强基础，从县直部门选派 1373 名优秀干部到村开展驻村帮扶工作，抽派 1 万余名干部开展"万名干部下基层、蹲驻一线促脱贫"行动，明确 14 名县级领导挂任脱贫任务较重的 14 个乡镇（街道）党委（党工委）第一书记；他坚持严管与厚爱相结合，先后提拔重用脱贫攻坚工作实绩突出干部 488 人，推荐县级领导干部 22 人，进一步优化干部队伍建设；出台了脱贫攻坚责任追究办法，运用执纪问责"四种形态"追责问责 1798 人次，在全县营造风清气正的政治生态；他坚决扛起全面从严治党第一责任人责任，深入开展党风廉政建设和反腐败斗争，积极推进监察体制改革，率先在全省探索每个乡镇（街道）增设一名专职监察员，该做法得到时任省纪委书记、省监委主任夏红民的批示和肯定；他全力推进司法体制改革，有效解决执行难的问题，这一做法得到时任省委副书记、省长谌贻琴的批示和肯定，该做法入选 2017 年贵州全面深化改革优秀案例，2019 年 1 月，织金法院被授予全国优秀法院荣誉称号。

疫情就是命令，防控就是责任。面对来势汹汹的新冠肺炎疫情，杨桦始终把人民群众生命安全和身体健康放在第一位，坚持早安排、早部署、早落实，大年三十仍坚守岗位，召开会议迅速安排部署，用责任和担当织密一张城镇"防护网"，用脚步与叮嘱凝聚起群防群治的坚固防线。他先后组织召开县委常委会会议 5 次、县领导小组会议 17 次、县委专题会议 6 次研究部署疫情防控工作，运用脱贫攻坚总攻作战指挥体系，推动各级党组织领导班子和领导干部坚守岗位、靠前指挥，带领广大干部群众牢牢把握了疫情防控的主动权和制胜权。他反复强调，"要坚决打赢疫情防控和脱贫攻坚'两场硬仗'"。

一路走来，步履艰辛，但他始终初心不渝、激情满怀。作为一名县委书记，杨桦始终做到心中有党、心中有民、心中有责、心中有戒，始终做到不忘初心、牢记使命，以饱满的工作热情、务实的工作作风和善作善成的工作业绩，赢得全县干部群众一致好评。在他的带领下，全县干部群众坚持以习近平新时代中国特色社会主义思想为指导，认真贯彻落实习近平总书记对毕节试验区重要指示精神，众志成城、攻坚克难、齐心协力、决战贫困，奋力发起最后总攻，朝着确保按时高质量打赢脱贫攻坚战，全面建成小康社会和"十三五"规划圆满收官目标砥砺前行。

（中共织金县委办公室、中共织金县委党史研究室供稿）

"三变"改革促振兴

——访六盘水市"三变"改革办公室原副主任王奇兵

王奇兵，男，现任中共六盘水市委办公室二级调研员，市政协委员、常委。1985年8月参加工作，2003年任六盘水市农业综合开发办公室副主任，先后任六盘水市农业委员会党组成员、副主任，市"三变"改革办公室、市委办公室（市财经委办公室）副主任、调研员等职。2015年以来，王奇兵亲自参与和经历了以农村产权制度、农业经营制度、农业供给侧结构改革、城乡一体化发展和乡村社会治理等方面为主要内容的"资源变资产、资金变股金、农民变股东"的"三变"改革，并与其结下了不解之缘。

六盘水市地处贵州西部，是一座资源型城市，煤炭远景储量840亿吨，探明储量184亿吨，素有"江南煤都"之称。同时，六盘水山高沟深，耕地零碎，生态脆弱，农业条件恶劣。在"四化"进程中如何补齐农业短板，在西部贫困山区用什么路径推进精准扶贫，在喀斯特山地条件下如何发展现代农业，在经济社会怎样构建激发弱势群体潜能和维护弱势群体利益的制度体系，在共同富裕道路上怎么实现先富带后富的制度机制，成为摆在六盘水面前的时代难题。

围绕瓶颈短板，聚焦扶贫脱贫，2014年，按照党中央关于农村改革的部署和要求，六盘水探索推出"资源变资产、资金变股金、农民变股东"的"三变"改革，通过激活农村自然资源、存量资产、人力资本，让村集体、农民、经营主体"三位一体""联产联业""联股联心",促进了农业产业增效、农民生活增收、农村生态增值。这是六盘水市大胆探索,勇于实践,走出的一条以"三变"为路径的山区农村改革发展的新路子。

从2014年起,作为全国农村改革试验区的六盘水市,"三变"改革经验在全国响当当,连续两年写进中央一号文件,被评为2017年全国精准扶贫十佳典型经验之一,成为全国脱贫攻坚、农民增收的一个样本。

"三变"改革的主要内容

"三变"是什么?"三变"即"资源变资产、资金变股金、农民变股东"。"三变"改革发源于六盘水,是群众首创和顶层设计相结合的产物。

谈到"三变"改革,还得从习近平总书记的重要讲话说起。2015年11月27日,习近平总书记在中央扶贫开发工作会上指出:"要通过改革创新,让贫困地区的土地、劳动力、资产、自然风光等要素活起来,让资源变资产、资金变股金、农民变股东,让绿水青山变金山银山,带动贫困人口增收。"从这个维度来说,"三变"改革的主要内容就是资源变资产、资金变股金、农民变股东。

"三变"改革为什么会得到党中央、省委领导的高度重视,并上升为国家政策呢?这里有其特殊的背景和历程。六盘水是一座三线工业城市,也是一座山地特色城市,适合发展山地特色农业产业和生态休闲产业。正是由于当时党中央、省委出台了一系列强农惠农政策,鼓励发展现代化农业产业园区、大力调整农业结构、开展农村产权制度改革试点,加之有工业资本积累的基础,城市的钱才能向农村流动。2012年,全市吸引了一批煤炭企业和非农业企业,转产发展农业,特别是一批民营企业投资农村,把分散的资源积聚起来,形成适度规模的一二三产业,让老百姓的土地增值和增收,就近务工增加劳务收入,促进了农业农村经济发展,为资源型城市的转型注入了原动力。

这给六盘水市产业转型、"三变"改革提供了良好的机遇,与此同时,六盘水市农业农村的发展也面临五大挑战:

一是农村经营机制局限性凸显。家庭分散经营具有很大的局限性,"分"得充分,"统"得不够的问题越来越突出,农村资源分散、资金分散、农民分散,一家一户的小生产既难以形成组织化、社会化的大格局,也难以成为农业的产业链、供应链和价值链,农业增产不增收,无法满足"为卖而生产"的现代农村经济规模化、组织化、市场化的需要。

二是脱贫攻坚形势严峻。2014年,六盘水4个县区中有3个国家级、1个省定贫困县。贫困人口60.33万人,贫困发生率23.3%,比全国和全省分别高出12.55个和1.55个百分点。

三是城乡二元结构矛盾突出。在经济发展结构上,2014年城乡收入比为3∶12∶1,农村居民可支配收入为6791元,城乡差距、工农差距逐步加大,与全国、全省一样面临如何统筹城乡发展的难题,城市的资源要素很难向农村流动,农村的政策性投资和人力资本却流向了城市。城市的土地、住房、资金等资源要素有效配置,农村的土地、林木、自然风光等资源没有得到很好的利用,农村市场发育不完整、不平衡、不充分,农民有资源没资产,有权利没权益,增收渠道有限,难以实现城乡一体化发展。

四是农业转型发展受到制约。全市462.5万亩耕地中25度以上的坡耕地占47%,石漠化面积为32%,土地高少碎瘦,传统农业生产地理条件差、产能低。在这样的情况下,我们就面临如何转型发展现代山地高效农业的重大难题。

五是乡村治理能力不强。农村集体经济不发达、积累少,2013年,全市还有53%的村是空壳,乡村治理缺乏必要的经济支撑,部分村级组织软弱涣散。加之农村青壮年劳动力大多外出务工,留在农村的主要是老弱妇孺,村民的国家意识、集体观念淡薄,农民不关心国家集体,知情权、表达权、参与权和监督权没有真正实现,村组织的组织力、号召力、凝聚力较弱,乡村治理缺乏激励约束机制。

2014 年以来，六盘水市委、市政府通过群众首创和顶层设计的良性互动，吸纳各地成功改革经验，探索、提出并实施了"资源变资产、资金变股金、农民变股东"的"三变"改革。

"三变"改革的四个阶段

一是探索试点。当时六盘水也同全省其他地方一样，农村发展面临着产权制度改革、产业结构调整、脱贫攻坚机制、城乡统筹发展、乡村治理等一系列改革难题。市委、市政府认真贯彻落实省委、省政府提出的要"围绕人、钱、地、集体经济、经营主体"来深化农村改革和农业农村工作的决策部署，2011 年开始现代高效农业园区建设，2012 年水城区启动了全国农村产权制度改革试点，2014 年 1 月实施农业产业发展的"3155"工程，乡村基层开始从产业转型、园区建设、产权制度改革入手进行探索实践，播下了"三变"改革的火种。比如，盘州普古乡娘娘山、水城县米箩镇、钟山区大河镇、六枝特区郎岱镇等地开展的土地（租赁）入股、资金入股创办公司、合作社试点。2014 年 9 月，为了壮大集体经济和打好脱贫攻坚战，市委、市政府在总结基层实践经验的基础上，提出了"产权转股权、资金转股金、农民转股民"的"三转"改革，敲响了农村集体经济股份合作的战鼓，形成了"三变"改革萌芽。后来，考虑到"三转"改革和中央纪委提出的"三转"职能容易引起误读，六盘水市把"三转"改革总结为"资源变资产、资金变股金、农民变股东"的"三变"改革，当时比较突出的示范典型有八个，这是"三变"改革探索试点阶段。

二是整市推进。2015 年 3 月全国两会分组讨论时，六盘水市就"三变"改革助推脱贫攻坚的情况作汇报，引起时任国务院副总理汪洋的重视，5 月 9 日，汪洋在省委上报的材料上作出了第一次重要批示，指出"三变"似有值得更深层次上考虑其价值的意义，后来的两年内汪洋同志又作了四次批示指示，2015 年 8 月"三变"改革在盘州的娘娘山、水城米箩镇试点的基础上进入了整市推进阶段。

三是全省推开。2015 年 12 月，为全面落实习近平总书记在中央扶贫开发工作会议上对"三变"改革的重要指示，省委、省政府将农村"三变"改革固化为"资源变资产、资金变股金、农民变股东"。当时，省委、省政府多次到六盘水调研，多次就落实好习近平总书记重要指示提出要求，为此，"三变"改革从全省 12 个县试点向 88 个县全面推开，并写入了 2017 年中央一号文件，获得中国"三农"十大创新榜样二等奖。

四是国家试验。2017 年 9 月，六盘水被农业部批复为全国农村改革试验区，主要承担"三变"改革任务。2017 年 12 月 28 日，习近平总书记在中央农村工作会议上强调："要稳步推进农村集体产权制度改革，全面开展清产核资，进行身份确认、股份量化，推动资源变资产、资金变股金、农民变股东，建立符合市场经济要求的集体经济运行新机制，确保集体资产保值增值，确保农民受益，增强集体经济发展活力，增强农村基层党组织的凝聚力和战斗力。"2019 年中央一号文件指出："要总结推广资源变资产、资金变股金、农民变股东。"随后"三变"改革在重庆、陕西、甘肃、宁夏、辽宁、安徽、广东、广西、江西等 20 多个省（自治区、直辖市）开始试点和推广。特别是 2020 年 12 月 28 日，习近平总书记在中央农村工作会议上再次强调："完善利益联结机制，让农民更多分享产业增值收益。"习近平总书记的重要指示，为持续深化"三变"改革提供了根本遵循。随后多位省领导对六盘水市深化"三变"改革多次作出明确要求。迄今为止，"三变"改革八次写入中央文件，其中连续三年写入中央一号文件，"三变"改革进入了一个新的发展阶段，上升为国家政策。

"三变"改革的精神实质

通过多年的探索经验，大家深刻体会到，"三变"改革的核心是"股"，关键在"变"，基本逻辑就是将农村的土地、资金、技术等生产要素，通过租赁流转、股份合作等方式，进入市场产生效益，让村集体和农民更多地分享产业链、价值链、利益链等带来的红利，实现共建共享，推动共同富裕。

"三变"改革的本质就是创新生产要素的组合和利用，提升了生产要素的效率，变"死资源"为"活资产"。"三变"改革既是工作模式，也是思维方式，既是物质资源的整合集聚，也是方法路径的智慧结晶，通过"三变"改革，既激发了广大干部创新争先、敢闯敢试的激情，又增强了农民群众的主动求变、积极应变的内生动力。

从经济学层面来说，就是城乡土地、货币、劳动力、技术与信息等各种资源要素的权属权能在不同的主体之间交换、交易、流转和配置；从法律的层面来说，就是促进农村各种产权要素的聚集重组和市场化配置；从实际运作上来说，就是将可变的资源、资产、资金通过经营主体、产业项目等平台，让其资本化或股权化，让村集体和农民获得资产性收益、股权收入，带动农民增加务工收入，助推乡村振兴发展。

六盘水市"三变"改革过程中的典型案例

这些年，六盘水市积极探索，"三变"改革培育了普古娘娘山生态旅游、淤泥岩博酒业、盘州天富刺梨、水城猕猴桃、六枝有机茶、钟山生态畜牧业等一批"三变+"的多元化改革示范典型，涌现了盘州市普古乡舍烹村陶正学、淤泥乡岩博村余留芬、盘江镇贾西村聂德友、水城区米箩镇俄嘎村胡君、野钟乡发射村潘荣贵、六枝特区岩脚镇草原村喻汝星、新场乡松坝村王金涛、钟山区青林乡二寨村孙远志、六盘水高新技术开发区石龙街道办石龙村陈友鼎等一批领军人物，推出了70多个市级示范点的典型。

例如，盘州市普古乡舍烹村。2012年5月，该村成立了银湖合作社，注册资本2000万元，采取股份合作经营方式，充分盘活村集体生态林、湿地、水面等资源入股到合作社变为股权，吸纳村集体资金、财政资金、民间资金变为股金，农民用土地、资金入股参与产业发展变为股东。2012年合作社成立之初，采取"农户出资多少，合作社就无偿借资多少"的方式，鼓励村民用现金入股银湖合作社，每股股金为20万元，其中农户出资10万元，合作社借资10万元，舍烹村465户农户现金1460万元入股到合作社，占股73%，年均分红146万元，累计分红438万元。58户农户以105亩土地折价210万元入股到银湖合作社建设旅游接待中心，占股0.02%，年均分红130万元，累计分红400万元。舍烹村村集体将120亩水面、3817亩生态林、320亩湿地折价入股银湖合作社共同开发水上乐园项目、生态旅游项目，实现村集体积累158万元。后来为了实现产业联建、抱团发展，成立了娘娘山联村党委，联村党委下辖8个村将99万元的同步小康专项资金量化为村集体持有资金，入股到银湖合作社设施农业，村年均实现分红15万元，累计分红达75万元。8个村入股农户达3105户8875人，其中贫困户1117户3962人，截至目前（2021年4月），舍烹村人均纯收入从2012年的4000元提高到2万余元，其他7个村人均纯收入也从2012年的3000元提高到1.8万余元。

"三变"改革前后六盘水发生的变化

"三变"改革是新时代农村改革的具体生动实践。"三变"改革，给六盘水带来了改革创新精神、带来了政策发展机遇、带来了城乡面貌巨变。六盘水的变化具体表现为：

内生动力有效激活。全市共有200.13万亩承包地，占耕地的43.27%，41.67万亩集体土地、14.85万亩林地、2.66万亩集体草地盘活入股，整合14.95亿元财政资金参与"三变"改革，撬动105.75亿元社会各类资金投入。全市参与"三变"改革的农户有55.69万户，受益农民达185.07万人，获得保底、股权、务工收益达47135.67万元。

脱贫攻坚成效显著。经过多年的努力，"三变"改革带动贫困户

8.55万户29.56万人脱贫，3个国家级贫困县全部摘帽，615个贫困村全部出列，全市提前一年整体摆脱绝对贫困。

产业革命有力推进。全市参与"三变"改革的企业234个、合作社900个、家庭农场67个，全市建成国家级现代化农业产业园、省级农业园区32个，特色产业种植达399.06万亩，农业总产值260.49亿元，农业增加值增速连续排名全省前列。

集体经济不断壮大。全市集体经济累计达4.87亿元，村均56.1万元。其中，村集体经济经营性收入达6609.48万元，迈出了实质性的步伐。

乡村治理效果明显。组建联村党委，加强村与村、村与企、村与园的抱团发展，把村规民约纳入合作社章程，通过二次分配等经济杠杆方式来进行激励管理，增加村级组织在乡村治理中的话语权，增强了基层组织的凝聚力、号召力，提高农民的内生动力和参与度，促进了乡村有效治理。

对"三变"改革的思考

"三变"改革是一项涉及面广，复杂纷繁的系统工程。在改革过程中，既要敢闯、敢冒险、敢尝试，又要注重风险防控。

随着"三农"改革工作的推进，我们发现，在股份合作方式、财政资金股权化、经营主体市场运作、利益联结机制、股权监管及风险防控等方面，还存在着许多短板。当然，改革没有完成时，只有进行时。下一步，中共六盘水市委、市政府将继续坚持问题导向、目标导向、结果导向，从解决深层次体制问题入手，着力推进农村资源资产还权赋能，着力推行财政资金股权化，着力优化"三变+"的组织形式，着力完善股权合作利益联结机制，着力加强风险防控保障制度，把"三变"改革打造成为农民增收致富的"黄金腰带"、现代农业的制度基础、工商资本的下乡通道、乡村善治的有效激励，让"三变"改革成为农村改革的重要品牌和独特标识。我们将全力打造"三变"改革升级版,实现农业经营机制创新,推动城乡融合发展,增强集体经济实力,有效带动农民增收,开创机制活、产业旺、经济强、百姓福、生态美的多彩凉都新未来。

（中共贵州省委党史研究室、中共六盘水市委党史

研究室 2021 年 4 月采访）

毕节试验区的建设与成就

——访贵州省中共毕节地委政策研究室原主任吴愿学

吴愿学，1955年8月1日出生，1984年12月入党，1971年在毕节化肥厂工作，工作八年以后考入贵阳师范学院（今贵州师范大学），毕业以后分到毕节师范专业学校，后到武汉大学读研究生，毕业后到毕节师专综艺系任副主任，后调到中共毕节地委政策研究室，1995年参与毕节试验区工作直至2019年。历任科长、副主任、主任。

1987年1月，中共中央颁发了一个重要文件，我们把它称为875号文件，这份文件要求要将农村改革引向深入，就应将改革向纵深推进后设置具有典型性、示范性、系统性、针对性、前瞻性的区域来深化改革。1987年，国家在贵州省召开了智力支边工作会议，参会的有中央统战部、各民主党派、国家民委等部门，这些部门和贵州省人民政府签订了一个无限期合作协定，协定规定各民主党派同志要积极帮助各地方实现健康发展。1988年毕节试验区创建之初，这些部门和民主党派也派人参与了筹建，当时参与的有贵州省的副省长、时任九三学社中央副主席的徐采栋，他们带领工作指导组到毕节进行了调研。钱伟长老人也带领调研组到毕节进行了调研。最终促成了毕节试验区的建立。

建设过程中的难点

毕节试验区发展到今天，大概遇到了三四次坎坷阻碍。

第一次坎坷，是关于这个试验区是不是落户毕节的问题。建立试验区，需要有较好的干部队伍和一定的物质基础、较好的创新和承受精神，而这些条件毕节当时都不太具备。最终是贵州省委明确提出，要在毕节进行试验探索。一是因为党中央高度关注像毕节这样的地方的健康发展，二是毕节具有喀斯特腹地的典型性示范性和代表性。时任中央领导同志对此作了很长的批示。后来在 2014 年的全国两会上，习近平总书记参加贵州团审议的时候，对这个问题也给予高度关注。

1989 年，改革试验探索任务暂缓，毕节试验区的建设也暂时停滞了。这个应该说是试验区建立过程中的第二次坎坷。1992 年，邓小平发表的南方谈话为毕节试验区的建设起到了强力的推动作用，毕节试验区开始加紧建设。

第三次坎坷是，毕节人民改革创新的意识和精神比较薄弱。试验区创建以来，已经 30 多年了，中间换过许多届领导干部，一段时间内也曾出现过急功近利的思想。21 世纪初，当时有个口号叫"打好四张牌，建设四大区"，引发了区内各干部群众的思考，也引发了高度关注毕节试验区健康发展的包括各民主党派中央和民主党派专家学者们的关注，这段时间也对毕节试验区的健康发展产生了一些消极的影响。

第四次坎坷，在毕节的一些干部中，对于这个快速变化的时代，与时俱进的意识还不是很够，试验区和示范区到底是什么关系，对建设一个什么样的毕节试验区的认识不够，还存在一定的一些认识模糊和思想混乱。

建设所取得的成就

第一个层面，要从当地百姓的感觉上讲。当初为什么要在毕节建立试验区，是有若干原因的。其中极为重要的因素就是毕节人民陷入经济贫困、生态恶化、人口增长失控这些难以为继的状态当中，不得不实践探索寻找新的出路。当时试验区建立之初，老百姓是缺衣少食住破房，出门看到的都是荒沙荒坡一片荒凉。发展到今天，只从一些公布的数据就可以看出老百姓生活的变化：当时毕节8个县当中就有5个国定贫困县，国定贫困县当时的标准是农民人均纯收入低于150元；剩下的3个还有1个是省定贫困县。简单说毕节2/3以上的人口是贫困的。试验区建设30年之后，目前毕节的所有县区全部脱贫，农民人均纯收入已经达到了1.1万元以上。回到衣食住行来讲，原来是缺衣少食，现在用老百姓的话说是："衣要高档，食要营养，住要宽敞，行要利朗。"毕节话"利朗"是方便快捷的意思，也就是说有选择，可以开车、坐高铁、坐飞机，而不仅仅是公交车就够了。从百姓的角度看是这样的，作为当地党委和政府，看到的是产业结构发生了重大变化，过去是以一产为主，也就是种植业和农业为主，而现在一产已经降到三个产业当中最次要的部分，整个毕节的产业结构已经是"三二一"了，三产最重，二产其次，一产最低了。而"三二一"结构也是一个区迈向现代化的标志，这个仅仅是从毕节干部和群众感受的角度来看。

第二个层面，我想从国家层面上来讲。国家建试验区是为了做示范、蹚路子，为了要有示范性、典型性和代表性。从这个角度来讲，毕节试验区应该为国家作出一些力所能及的贡献、践行试验区的使命。从我的视角看，至少有以下三个方面的贡献：

一是毕节试验区通过长期的实践，证明了中国共产党人深厚的人民情怀和世界眼光。原有的8个县全部脱贫，1981个村全部脱贫，所有贫困人口都解决了温饱问题，迈向了小康生活。毕节从创立试验区之初就提出不仅仅要开发扶贫，而是要将开发扶贫、生态建设和人口控制相结合。生态建设和今天的生态文明建设是紧密挂钩的。生态建设不是植树造林也不是生态保护，它是按照我们自己的需要去进行科学建设，而不是简单地保护原有的。是我们在保持生态的基础上，需要什么样的，就把它做成什么样的。毕节试验区一边和贫困作斗争，一边来恢复生态的活力，森林覆盖率从试验区创立之初的 13.94% 上升到现在的 60%，这是毕节试验区取得的第一个较大的成就。

二是毕节试验区是中国共产党领导的多党合作和政治协商制度最典型的实践基地。在毕节，有八个民主党派创建了开展扶贫的场所，进行了丰富的扶贫实践。"不脱贫不脱钩，脱了贫也不断线"，这是民主党派提出来的，充分体现了社会主义制度和中国共产党领导的多党合作和政治协商制度的优越性。

三是毕节试验区在实践的过程中，始终把为国家作贡献和促进区域经济健康发展有机结合。这么多年来，国家在构建经济社会发展的新格局方面投入了大量的心血和汗水，西部大开发就为国家健康发展重新布局作了很好的铺垫。党中央、国务院 2020 年 5 月 19 日又颁发了《关于新时代推进西部大开发形成新格局的指导及意见》，指出西部大开发还要形成新格局，而新格局中非常重要的就是能源的开发。毕节试验区作为西电东送计划中最重要的基地，始终把国家的能源开发同自身发展相统一，为西部大开发形成新格局作出了重要贡献。

展 望 未 来

习近平总书记对毕节寄予了厚望。2014 年有 5·15 批示，2018 年有 7·18 指示。2021 年，习近平总书记专门到毕节黔西进行视察，在视察过程中也作出重要讲话与指导。特别在 7 月 18 日的时候，习近平总书记在肯定毕节试验区若干工作的成就时提出，毕节要做好脱贫攻坚与乡村振兴战略的衔接，这一指示为我们毕节试验区做好下一步工作作出了重要指导。

〔中共贵州省委党史研究室、中共毕节市委党史研究室（毕
　　　节市地方志编纂委员会办公室）2021 年 5 月采访〕

前外交官的支教生涯

——记扎根贵州山区支教的朱敏才夫妇

朱敏才曾是一名外交官，妻子孙丽娜曾是一名高级教师，在一般人眼里，他们退休后应该过着悠闲自在的生活，但两人却没有选择安逸的日子，毅然从繁华的北京奔赴贵州偏远山区支教。

九年来，他们支教的足迹遍布贵州的望谟县、兴义市尖山苗寨、贵阳市孟关等地。从2010年开始，两夫妇决定扎根在遵义县龙坪镇，在龙坪镇中心村小学继续他们的支教生涯。

九年，走进贵州山区

72岁的朱敏才，毕业于贵州大学英语系，在国家商务部工作了近40年，曾任中国驻尼泊尔大使馆经济商务参赞；妻子孙丽娜则是新中国第一批小学英语老师，执教近40年。

说起支教的念头，朱敏才说，2005年，中央电视台正在播放感动中国年度人物颁奖典礼。其中徐本禹放弃读研到贵州大方县支教的故事，让他和妻子感动不已。"咱也去支教吧？"妻子孙丽娜的提议，没想到立马得到了朱敏才的支持。朱敏才说，自己生于贵州黄平，长在贵阳，再加上工作以来阔别故乡多年，因此两人义无反顾地回到故乡，开始了支教生涯。

2005年，在贵州媒体的帮助下，两人与望谟、紫云、凯里等地的学校取得了联系，最终朱敏才夫妇决定将支教的第一站定在教师资源相对缺乏的望谟县第二小学。

九年来，朱敏才夫妇的足迹遍布贵州的望谟二小、兴义市马岭镇尖山小学、贵阳市孟关石龙小学、遵义县龙坪镇中心村小学等地，与山区的孩子们建立了深厚的情谊。课堂外，孩子们都喜欢围着他们，听他们讲大山外新奇有趣的故事。和孩子们的相处是快乐的，然而更让朱敏才夫妇欣慰的是，他们的努力没有白费，孩子们对英语越来越喜爱。

教学：从外教官转为教书匠

朱敏才从小就想当人民教师。当时，国家对外经济贸易部也就是今天的商务部派人到贵州选拔优秀学生，表现突出的朱敏才被选中，而当老师的梦想也就此落空。

"如今有幸来贵州支教，我也圆了年轻时未完成的梦想。"朱敏才告诉记者，多年的驻外经历，让他练就了一口流利的英语，因此支教的科目他选择了英语。

俗话说："隔行如隔山"。"看着孙老师上课游刃有余，我上课却总出现'乱堂'。"朱敏才说，由于从未接触过教学，刚开始根本不知道如何讲课，甚至有学生在他讲课时从后门悄悄溜出去，再从前门进来。那段时间，他更多的时间是在家做饭负责两人起居，妻子孙丽娜则一心扑在教学上。然而，朱敏才并未因此放弃，他虚心向妻子请教，并阅读了很多教育方面的专业书籍，渐渐地，"乱堂"现象没有了，学生们被他生动有趣的讲课方式所吸引，朱敏才上起课来也有模有样，完成了从外交官到教师的转变。

"I hope when I am a teacher, I can help many people..."在遵义县龙坪镇中心村小学，朱敏才在四年级的教室里和学生进行英语口语交流，课堂上不时传出学生们的笑声。朱敏才说，他教英语，重点培养学生敢开口、能开口的能力，说的兴趣比考试更重要。当时就读于该校四年级的学生黄月飘说："我超喜欢上朱老师的课，因为他的课超有意思！"

支教：一生最美回忆

九年来，朱敏才夫妇的足迹遍布了贵州的很多地方。谈到条件最艰苦的地方时，孙丽娜回忆说，在兴义市尖山苗寨小学支教是最艰苦的。尖山苗寨只有 400 多人，处于一个半封闭状态。在那儿，一个月能洗一次澡就已经很满足了。实在忍受不了，两人就走四个小时的路到城里洗澡。回去时，天已经黑了，只能手牵手摸黑回去，有时候回想起来都后怕。在尖山苗寨小学，朱敏才夫妇最大的困难是购买生活用品，有一次朱敏才上街购买生活用品，走了两三个小时，买完物品后就走不动了，他勉强着走走歇歇，天黑了才回到学校。

尽管生活上存在很多困难，但夫妇俩支教的决心一直没动摇过。在贵州支教期间，夫妇二人依靠自己的社会关系，为当地的孩子募集了各种文具和书籍。由于支教的地方条件都很艰苦，加上年事渐高，孙丽娜患上了不少病，右眼全部失明，左眼视力只剩下 0.03。现在她每年要回北京几次，每次回去都是看病买药，然后再带着药回到贵州。

朱敏才说："虽已是古稀之年，但只要我们还能动，就希望在这里继续教下去，让山里娃也能和城里娃一样，能大声流利地说好英语、学好英语。"谈到以后，二老表示只要学校欢迎，自己的身体条件允许，就会一直坚持下去，这也将会成为两人一生中最美的回忆。

愿望：给学校修个电脑室

朱敏才夫妇择校支教有三个条件：有水、有电、能居住。九年来，他们克服了生活上不少困难，并坚持着这样的要求。在遵义县龙坪镇中心村小学，朱敏才夫妇的住所就是一个10平方米不到的小屋。一张破旧的床几乎占了房间2/3的面积，床两边摆放的两台电脑和不少书籍更是让房间拥挤不堪。面对这一切，朱敏才夫妇笑着说："龙坪镇的环境已经很不错了，是我们支教环境最好的地方。"

临近中午，胡萝卜和鸡蛋经过简单煎炒后，便成了两人的午餐。"别看他们这么节俭，朱老师和孙老师却把省下来的钱都用在了教育上。"村小的冯校长说，两位老人长年坚守山区村小引起了很多知名媒体的关注。前段时间，某企业发起的公益基金会项目得知朱敏才夫妇的善举后，深受感动，决定资助他们10万元。朱敏才夫妇却将所有的善款用于建设学校食堂和电脑教室。"业余时间，我和孙老师就会去市区的西西弗书店买书，顺便品尝遵义的小吃。"朱敏才说道，在遵义的生活让他觉得非常充实。

"这些孩子很聪明，但缺乏的是教育。"孙丽娜说，北京小学一二年级的孩子已经开始考计算机等级了，但山区的孩子却连电脑都不会用。为了改善这些情况，2013年，她通过女儿与北京某科技公司联系，为中心村小学捐赠了20台电脑，价值8万元左右，遗憾的是学校没有多余的资金来修建电脑教室，20台电脑只能搁置一旁。

这些天，两位老人十分忙碌。朱敏才每天在学校一边给孩子们上英语口语课，一边编写自创的教材《六何图》。而孙老师尽管右眼失明，左眼弱视，无法再给孩子们上课，但她还在用自己的方式，积极联系社会各界的爱心人士，为学校争取支持。

"学校的食堂是一个简易棚，漏水，孩子们吃饭只能在露天水泥台上，天冷的时候，孩子们通常吃的都是冷菜冷饭。"孙丽娜说，目前学校最需要的是一个食堂和一间电脑教室，总共需要 30 万元，虽然学校有捐赠的 20 台电脑，公益基金项目已经资助了 10 万元，但是离 30 万元的目标还有一定的差距，因此她希望更多的爱心人士或企业能帮助她们，给孩子们建一个食堂和一间电脑教室。

朱敏才夫妇用他们的实际行动，把光和热带给了贫困山区的孩子，为孩子们点亮了前进的灯塔，照亮了山村孩子向前的路。他们矢志不渝、克服困难在贵州山区坚持支教九年，为苗乡播撒文明，赢得了各族群众的尊敬。他们九年支教绽放最美心灵，虽然只有萤火般的微光，却在向大地布洒太阳般的光芒。

2015 年，朱敏才当选为德耀中华·第五届全国道德模范助人为乐模范候选人。同年入围消除贫困奖候选人。

（遵义市播州区档案局供稿）

绝壁凿渠，奋斗无悔

——访贵州省遵义市播州区平正仡佬族乡团结村名誉村支书黄大发

黄大发，汉族，1935年11月出生，贵州省遵义市播州区平正仡佬族乡团结村半坎组人，小学文化，1959年11月加入中国共产党，曾任贵州省遵义市播州区平正仡佬族乡草王坝大队大队长、村长、村支部书记，现任团结村名誉村支书。20世纪60年代起，他带领群众，历时30余年，靠着锄头、钢钎、铁锤和双手，在绝壁上凿出一条长9400米，地跨3个村的"生命渠"，结束了草王坝长期缺水的历史，乡亲们亲切地把这条渠称为"大发渠"。2017年4月25日，中共中央宣传部授予黄大发时代楷模荣誉称号；5月13日，贵州省委授予黄大发全省脱贫攻坚优秀共产党员称号；9月，黄大发获得2017年全国脱贫攻坚奖奋进奖。2017年11月，黄大发荣获第六届全国道德模范（诚实守信类）。2018年3月1日，当选感动中国2017年度人物。2019年9月25日，黄大发获最美奋斗者个人称号。2021年6月29日，党中央授予黄大发七一勋章。

我们这里过去叫草烟坝村，现在叫草王坝村，但是在旧社会，我们这里比较穷，有几十户人家，几百人口，村里有五家地主，四家富农，老百姓种的粮食，他们分走了一半，老百姓得到的一半半年都不够吃，只好给地主富农借，借了要还利息，所以十分贫穷。我们住的是泥巴房子，我们穿棕衣，戴棕帽，吃的是苞谷沙，而且吃不饱，有些都七八十岁了还没有穿过鞋，旧政府当时给我们村取了个名字叫光棍村。

我是个孤儿，我爸妈新中国成立前就走了，我靠帮人家放牛、砍柴养活自己。新中国成立后，共产党的培养和远亲近邻的救济，让我感到很温暖，就立志为村民们办点实事，要改变家乡一穷二白的面貌，让老百姓有饭吃，有衣穿。

由于草王坝村处在深山之中，山高坡陡，土地不肥沃，石头多，不通水、不通电、不通路，特别是祖祖辈辈严重缺水，要步行几个小时到河里背水吃。地里打不出多少粮食，家家户户穷得起灰，一年四季连饭都吃不饱。1959年由于灾荒饿死了一些人，这个问题很严重，我就杀了两头牛来救老百姓，村里就没有再死人。1959年11月，我加入了共产党。是共产党员了，必须要带头，要苦干实干加油干，拼死拼命地干。后来草王坝村选我当大队长。

对于草王坝村，水是救命的东西。螺蛳河是理想水源，却与草王坝村相隔三重大山。1964年，我就发动村民开始修沟（水渠）把螺蛳河的水引到草王坝村。我对村民们承诺："我一定要把螺蛳河的水引过来，让大家喝上干净水、吃上白米饭。"没有技术和设备，我就带着村民们攀岩走壁，靠原始方式确定等高线，用钢钎、铁锤打通了116米长的隧道。经过12年的艰辛施工，水渠完工了，但由于工程缺乏科学的技术指导，修好的12公里沟太高了，水的位置低了，只能引上来少量的水，头两年还行，最后引不来了。引不来水老百姓没得收益，都不干了，这样我们只好放弃。

1989年，我被安排到区水电站学习四年，我很高兴，学到了技术，我就可以实现再修沟引水的梦想了。由于我不识字，学习时我就用眼睛看、耳朵听、心头记，人家都做得到我为什么做不到？学到三年多的时候，我就找到领导，要求继续修沟，领导很支持，叫我回村发动群众。群众很反感，他们说你修了十几年都没有修好，有人甚至说："如果你能修成，我们用手板心做饭给你吃。"但是我在群众大会上向大家承诺："如果这个螺蛳河工程修不到草王坝的话，我的名字请你们给我重取一个，我可以拿我的生命去换沟，我可以拿我的党籍来保证。"我这样承诺了，得到了80%的村民的拥护。资金不够，村民们主动卖猪、卖羊、卖鸡、卖苞谷，凑钱送到我家里。我把大家凑来的一角、两角、五角的角票，一张一张地理顺、叠在一起的时候，心里很不是滋味，拿着这钱，我知道我背负着草王坝人的希望和重托。

当时，遵义县一年的水利资金不过20万元。初步测算，从螺蛳河取水到草王坝要经过大小九处悬崖、十多处峻岭，水渠需要从离地几百米高的大土湾岩、擦耳岩和灰洞岩的悬崖峭壁上，打出半幅隧道，需要两万个工时，草王坝才一两百个劳力，怎么完成这么大的工程量？

我下定决心，一年修不成，修两年；两年修不成，修三年。哪怕我用命去换，也要干成！

1992年春，经过认真测量和策划，修沟引水工程开工，我带领200多名乡亲，带着铁锹、铁锤、钢钎浩浩荡荡奔赴工地。大家早上出门时提一罐苞谷沙，饿了烧柴草热一下，稀里呼噜吞下去；夜晚来临，打着火把往家赶。有的村民干脆睡在石头窝里，数着星星盼天明。

但还是有的老百姓不理解，不支持，损坏房子了要赔，森林破坏了要赔，土地占用了要赔，我们哪有钱，我们修沟都没钱。我是一个共产党员，我深知，再大的困难，我们都要战胜它，只有战胜困难，我们的工作才能完成，改变家乡面貌的目标才能实现。当时我提出一个口号："要吃大米饭，大家一起干。"我用实际行动感动了老百姓，带动了老百姓。

这个水渠我们修了三年多，1994年4月22日，水就通到了草王坝村。虽然修渠我们只花了20万元就通了，但是安全、质量好，而且引到草王坝村的水流量很大，要管1200亩田土的浇灌。那一年我们收成了12万斤谷子，过去我们能收6万斤，老百姓吃了定心汤。

1995年，我们又完成了2000米的支沟修建。这样，在悬崖峭壁上修出的整条跨三个村、十余个村民组、全长9400米的水渠终于全线贯通，并完成了三年的坡改梯450亩，加上原来的将近600亩，全部都种上谷子，草王坝彻底告别了缺水的历史。有了天渠，我们的产量提高了，1997年、1998年、1999年，我们收了680万斤，一个人要摊千把斤，我们老百姓的肚皮吃饱了，家里还有粮食囤起了，老百姓高兴了，生活逐步富起来。接着，我们又修了路，又拉电，又修学校，这个过程中，经历了很多曲折和艰辛，开始把电拉到我们村时，电不通灯不亮，经过几番折腾才弄好。另外，我们修路，有的要占老百姓的土地，不让我们挖，多方协商我们才得以把路修通。接着又建学校，我们的学校修了三年，1996年终于建成功，过去30年，我们一直没有初中生，小学毕业后娃娃没书读，学校改善了之后，我们村一共出了30多个大学生，还有博士生。我们学校现在有9个老师，今年又考了一个乡里的第二名。我们家乡已经改变了。

2017年4月开始，草王坝村在帮扶下成立了农业发展有限公司和旅游发展有限公司，投入1亿元扶持资金助力脱贫攻坚，发展了5400头猪仔、1000箱中华蜂养殖，栽种了5000亩精品黄桃和有机蔬菜等。村里自有农业品牌"乐耕田"体验店在贵阳开业，腊肉、香肠、蜂蜜、菜籽油等产品均已上市，现在都在全国销售了。

那条改变草王坝村命运的水渠，已按旅游景点标准打造，建起了观光步道，精品民宿、乡村旅馆、乡村餐饮业红火兴起，整个村子成了远近闻名的生态旅游村，吸引了500多名村民返乡创业。2017年，全村农村居民人均可支配收入8238元，到2018年底，预计增加到9500元。自古贫瘠的土地焕发出勃勃生机。我们村原来有些人一年100块钱都赚不到，现在我们要谈20万元、30万元、40万元的生意。以前我们看不到买不到东西，现在都能送到家里来了。现在家家都有电视机、打米机、除草机等等，有些还有私家车了，我们这个村变了，像城市一样了，几乎已经达到小康水平了。

我当了29年大队长、村长和17年支书，我在草烟坝村当了40多年的村干部，就一直不放弃一个信念：改变家乡贫穷面貌，让我们的老百姓过上美满的生活。这是我的人生追求，一生都没有停留、没有放弃过。不说假话，敢于担当，敢于奉献，经得起风雨，见得到世面，硬得起腰杆，顶得住歪风，所以，老百姓拥护我。

现在我们的年收入已经达到人均8000多元了，这个不得了了，原来人均年收入才1000元到2000元，但是要达到人均年收入1万元的收入这个目标，我估计还有两年左右才能实现，我们要人人都能达到这个目标，这样就能达到小康社会了，达到小康生活。

经验告诉我们，脱贫攻坚思路很重要。已经在走前面的村子，继续发展；落后的、没脱贫的村子，我们来发动它，多发展养殖业，多种植经济作物，让个人经济提高了，他们的生活就提高了。只要我们领导能引进项目，加以帮扶，指明他们前进的道路，告诉他们要干哪些才能脱贫，给他们找对路子，指正方向，让他们有奋斗的目标，他们自己很快就能起来了。对村与村之间的差距，我们以点带面，逐步逐步地铺开，最终让每家都过上小康日子，不能留一户，不能掉一户。

在新时代，特别在党的十九大过后，如何让老百姓的生活更上一层楼，人家没的我们有，人家没办成的事我们先办，我们要有这样的思想，我们才能改变。我已经走出一条路子了，但我知道培养接班人，培养新一代村干部很重要。我们的干部们只有多学习，多实干，听党中央的指挥，跟党走，感党恩，才有前途，才能带领老百姓走致富路，走小康路。

（中共贵州省委党史研究室、遵义市播州区档案局

2018 年 9 月采访）

一位党代表的人民情怀

——访贵州省盘州市淤泥乡岩博联村党委书记余留芬

我叫余留芬，苗族，中共党员，来自贵州省盘州市淤泥彝族自治乡岩博村。岩博村地处贵州西部的乌蒙山区，海拔1400—2100米，山高坡陡，林深树茂。辖区面积11.1平方公里，6个村民组，有户籍人口350户996人，是一个以彝族为主，汉、白、苗、仡佬族杂居的少数民族村寨，少数民族占总人口的71%。

我嫁到岩博时，村里土地稀缺，道路泥泞，一年劳作下来，家家户户都是广种薄收。这里一直流传着这样一首民谣："家家住的茅草房，出门就是猪粪塘，一年种粮半年饱，有女不嫁岩博郎。"这是昔日岩博面貌的真实写照。

我是2001年1月1日开始任岩博村党支部书记的。我们村的老支书因为患病肺癌，没钱治疗，直至拖入晚期。临终前，他向组织推荐接班人，第一个考虑到我。乡党委也派人找我谈话，了解我的想法。最初我的回答是不愿意。因为当时我自己经营的生意太忙、时间和精力顾及不过来外，还有其他顾虑，主要是当时的岩博村实在太穷了。那时，我们这里水不通、电不通、路不通，村人均年收入不足800元，1/3的人没有越过温饱线。

在这里，我有一个故事可以分享给大家。

我们这里一直以来延续着一个民俗：祭山。那年，因为没有办公场所，老支书不得不召集村支两委干部到他儿子不足10平方米的"新房"

开会。1996年被推选为村妇女委员的我，要求到会不准请假。这年轮到岩博村出钱买羊买鸡祭祀山神。钱从哪来？我因有事晚到了一会。可我看到是这样一番景象：几个村干部用竹竿横在320国道上：过路车辆，留下"买路钱"！两角、三角、一块，根据车辆大小而定。

"不就二三百元钱嘛！"我心里在想。当时，我真的为岩博人这一"无知"之举感到难过；也为岩博人长期以来的贫穷命运感到忧伤。于是，我下定决心，要么我不干，要干就一定要干好！在大家三番五次地推荐和最终选举下，我不再犹豫。就这样，我从老支书那接过了岩博村党支部书记这副担子。

那时的我，年轻好胜，雄心勃勃。当选第三天，我就召开群众会提出，要致富先修路，我们不能苦熬，要苦干。我们应修筑一条通往外界的路，改变我们祖祖辈辈"人背马驮"的现状。我的话音刚落，与会群众代表一大堆的问题接二连二地提出，修路，占地怎么解决？占林怎么解决？劳动力又怎么解决？我当时无言以对，无法回答如何解决这些客观存在的问题和困难，我感觉自己几乎是被哄下了台的。

"你要干，你自己干。"当时，村委会主任已经63岁了，其他村支两委成员也是老的老、弱的弱，我的提议没能得到他们的响应。我很沮丧地回到家里，整夜辗转难眠。到第二天黎明，我基本理出了一个思路。于是，我就挨个去找村里十来个在外打工、思想先进一点的年轻人商量，并拿出相应的措施。我首先承诺拿出自己4万多元存款，用于购买水泥和工具；其次，动员这些年轻人和我一起拿出自己承包的十多亩土地，来置换修路占用其他村民的土地；再次，就是修路遇到的林木，我下令，"大树砍小树移"，涉及哪家的哪家办；最后，家家投工投劳，18岁以上，65岁以下都行，即使我家没住岩博村也不例外，大家都得作贡献。我理出清单，七天后再次召集群众大会，听到公正可行的措施后，大家没有异议。

2001年1月，一个细雨纷飞的早晨，岩博村百余群众，扛着锄头、锤子、钢钎等工具，在山间开启了修路这一久违的壮举，场景十分感人。大家手挖肩挑，连续奋战，一条四米宽三公里长连接国道的通组公路修通了。

人心齐泰山移。平日需一两年才能干完的活，我们在冬季农闲的三个月就全部干完了。村民们方便了，我也因修路成为盘县的"名人"，从此也诞生了我们引以为豪的"岩博速度"。

其实，修路就是我当时最大的愿望和承诺了。亲睹村民们热火朝天的干劲，这么勤劳的人民不应该是这种贫穷状态，我再次陷入了沉思。修路，只解决了出行方便。老百姓背一篓七八十斤的洋芋到街上卖，也就换回几元钱，不能从根本上解决村民的贫穷问题。要让百姓摆脱贫困，必须寻找出路，发展产业。

那时，我苦思冥想突然想到了"买林"之托。20世纪80年代政府号召全民植树造林，村民在老支书的带领下，在岩博村1000多亩的荒山上种下了杉树等树木。

老支书弥留之际拉着我的手，含泪对我说："小余，我这辈子基本上没有为村里做什么，却犯下了一个错，我把我们辛辛苦苦种的树林给卖了。希望你在任职期内能把它买回来，了却我一桩心事。"

"好的！"我当即答应了他。可是，后来细想，钱从哪来？这个难题让我的承诺一直深藏心底。

十几年前，这片树林卖给了盘县的一个单位。由于地处偏僻，他们几乎没有派人管理，谁都可进入林区乱砍滥伐。可提到回购，这家单位开口就是20万元。20万元在当时对我们来说可是一个天文数字呀。我来回往乡里和县里跑，好不容易争取到了9万元修路贴补款。除支付修路垫出的4万元，解决村委办公和村民活动场所外，几乎所剩无几。

当时，我想周边煤矿开采一定需要坑木，于是，就带上村干部，用了三天时间，跑遍了淤泥乡所有煤矿，想以林区树木抵押借点钱。没想到回应几乎是同一句话：你们这不就是空手套白狼，在开玩笑吧！

第三天傍晚，我几乎不抱任何希望，拖着疲惫的身躯赶到最后一家小煤矿。这家煤矿的老板是外地人，当得知我的来意和借钱用途时，或许我曾帮过他，他爽快地对我说：没事。就凭你余书记的为人，我借给你5万元。顿时，我心中有一种拨云见日的感觉，奋斗的希望再次被点燃。

可是，5万元，搭上我的存款4万多元，还差10万元呀。我们跑信用社、跑银行借钱都无功而返，于是，我就想以我个人的人格和家产担保，借用民间贷款。

为消除大家难以还本付息的顾虑和反对，我又带上村干部和村民代表12人，分成6个组，用绳子对山林进行全部丈量，按树木大小分类计数。然后，抛除预留林木，依据当时的市场价格测算，我们伐木可换回30多万元钱，完全出乎我们的预料。于是，我们心里就有了底气。

2002年6月，我们用20万元购回林地。9月，我们又还完所有借款，盘点下来挣了8万元钱。林子买回来后，我们规定不许个人入股、只做村集体资产。

不等、不靠、不服输。通过此事，我再次看到了为民奋斗的价值，也再次提振了我的信心。随即，我们着手发展产业。我们先办起了砖厂，并号召村干部和村民入股，土地、资金和技术都行。这是村里办第一个企业，难免村民不太信任。于是，我们除以林场贷款25万元外，要求每个村干部入股5万元。砖厂经营到第二年就盈利分红了。村民由此看到了希望，对我们干部也抱有了信心。我们顺势以林场和砖厂抵押，相继建了农家乐、养殖场、火腿厂和小锅酒厂。这几个企业我们都明确了一个负责人和一个经营团队，单独核算，连续经营，保本微盈。

2007年，我光荣地当选为党的十七大代表。从北京开会回来，我就在想，我们村办的这几个企业太小，形成不了产业规模，难以带动全村老百姓就业，也解决不了村民脱贫问题。

2008年，我们养殖场的种鸡都从外地购入，由于火车汽车长途运输和温差等原因，这些种鸡多因禽流感等疾病死掉，我非常心痛。于是，我就带领养殖场骨干出外考察，先后到一些大型企业学习养殖技术。回来后，就策划着手建一个种鸡场，不但能解决养殖场种鸡问题，还可带动大量的村民在家养殖。到2011年，村里陆续投资近千万元，建了一个20万羽/年规模的种鸡场。其间，村里资金短缺我就拿钱垫上。

经营初期，村民和村集体纷纷入股。由于技术掌握不到位、基础设施条件没跟上等，养殖场出现亏损，部分村民和村集体要求退股，我就收购捡底，我个人持股从10%升到30%。后期经营状况好转，我又让股给村民和村集体。

2004年3月，为传承600余年的彝家酿酒传统工艺，岩博村在海拔2000多米、全年平均温度21℃、森林覆盖率达80%的大山里，集体投资80万元，发动10户农户入股50万元，开办了岩博小锅酒厂。酒厂一开张就面临销售问题。情急之下，我决定向盘县县城进军。于是，我带领村民买了几百个小酒罐，并在酒罐上贴上岩博酒第一条广告："岩博小锅酒，喝了不打头。"在之后的日子里，他们走街串巷，小锅酒销量逐渐打开。

我一直在想，我们做产业，必须有拳头产品和龙头企业带动，才能形成规模效益和集团效应。

2013年，贵州省出台了诸如达到规模产能即可享受优惠的扶持政策。我获悉后，像疯了似的，迅速组织并要求我的团队加班加点做规划、设计。我们用2个月的时间干了4个月的活，提前拿出来了酒厂从50吨/年提至5000吨/年的扩建方案。基于这十多年的公司经营业绩和我个人的一些影响，筹资方案一经公布，村民们就积极参与融资入股。

奋斗的过程从来都不会一帆风顺，而是布满荆棘，饱含艰辛。正当扩建摊子全面铺开之时，万万没有想到全国性的白酒市场销售出现滑坡，岩博小锅酒也不例外。老百姓看不到希望，便纷纷要求退股，到账的钱从3000万元缩到300万元。没有足够的抵押物，从银行又贷不到款，工程面临资金断链、全面停工的窘境。再加上在这大山里，我们招不到管理人员和技术人才，就是新毕业的大学生，也就那么几个在外地应聘受挫的，才勉强选择了岩博。顿时，岩博上下愁云密布。

起初，我暗暗地鼓励自己：坚持，坚持，一切都会好的！

记得2013年10月的一天，我在水城回村的路上，接到两个电话，一个是金融机构打来的，说根据我们经营现状，不再继续给我们贷款了；另一个是已经谈好合作的投资伙伴，借称他们资金流紧张，决定放弃原有投资计划。此前，我没有任何思想准备，听到这些话，我连鼓励一下自己的力气都没有，几乎完全崩溃了。我有气无力地叫驾驶员把我送到住所，独自一人在屋里待了三个多小时。我一直在想，这十几年来，凡是村里人有点什么纠纷，老百姓有点什么困难，甚至他们都要放弃时，我都说："没关系，我来！"凭借我自己的财力和精力件件都能处理解决好。可这时，我突然意识到，眼前面临的困难，已不是什么小事，老百姓和我投入的近3000万元血汗钱就要石沉大海了，我力不从心、不寒而栗……

过了一会，我鼓起勇气拨通了儿子的手机："儿子，妈妈今天很难过，你能不能过来陪陪妈妈？"儿子放下手中的生意，驱车一个半小时，从几十公里外的地方匆匆赶了过来。看到儿子那刻，我忍了几个小时的情绪终于控制不住了，哇哇地大哭起来。

儿子的双手紧紧地抓住我的肩膀，不停地劝我："老妈，你今天这是怎么了。在我内心你一直很刚强，我们一直以你为荣。这不，天还没有塌嘛！"

"是呀，天还没塌，还没到死的时候！"我马上稳定了一下情绪，忍住泪水，洗了把脸。然后，接通了六盘水市委书记的秘书的电话，并约定明天的见面。

第二天，书记在他办公室接待了我。当得知我面临的处境后，当即打电话协调，他拨通了盘江煤电集团负责人，并说："像他们这种情况，我们是不是应该想办法帮一帮？"正是盘江煤电这2000万元资金的及时注入，几个月后，我们的厂房建了起来，岩博小锅酒厂又活了过来。

然而，经营状况仍未因此而改变。2014年，春节临近，我们的员工已经两三个月没有发工资了，同时我们还有一部分工程欠款未付。我急得再也坐不住了，通过各种关系外出借钱。记得腊月二十九那天下午两点钟，补发工资的员工排成了长龙。由于酒厂办公楼还未建成，我们就在村活动室办理补发工资事宜。有些女员工不知是激动，还是难过，竟然落下了泪，因为她们知道，这是书记个人借贷来给大家发工资，岩博的经营怎么就这么难。

山重水复疑无路，柳暗花明又一村。此后，各级政府主动出面担保，帮助进行贷款，扶持我们的产业发展。

2013年10月，世界级酿酒大师、著名白酒专家、国家非物质文化遗产传承人、时任中国贵州茅台酒厂有限责任公司（集团）名誉董事长兼技术总顾问季克良和贵州大学酿酒和食品工程学院院长助理（教授）、贵州省酿酒工业协会秘书长、国家一级品酒师、高级酿酒师、贵州省首届酿酒大师黄永光相继来到岩博。"我愿做你们的技术顾问，我不想看到老百姓的钱打水漂。"季老在见面会上说。

季老一席话让我们感激不已。他俩的支持给了我极大的鼓舞和勇气，也实实在在地给了我们技术和管理上的指导。到现在，季老还一直担任着我们岩博酒业技术总顾问、公司总顾问，黄永光也被我们聘为岩博酒厂酿酒总工程师。针对岩博水质、气候等特点，两位大师专门为岩博酒量身打造了酿制工艺和品质标准，最后把我们岩博酒创新性地定位为清酱香型白酒。在季克良、黄永光两位大师手把手的指导培训下，岩博酒业培养出二级品酒师两名、三级品酒师三名，为岩博酒厂发展培养了中坚技术力量。季老、黄博士拥有的博大襟怀和为脱贫攻坚事业作出的无私贡献，让我们铭刻在心。

有一年冬天，天气特别冷，季老穿得有些单薄，我就给他买了一件棉袄。他执意地说："不要！"我就骗他说："这是厂里的心意。"他听后更是生气："那就更不行，我不会让村民出钱！"最后，我只好把衣服给退了。黄博士平日工作十分繁忙，他中午赶到岩博，接着就在酒厂各个岗位巡查指导，晚上经常加班到深夜。第二天一大早又匆匆赶回贵阳。他的节假日基本在我们岩博度过，来回的差旅费不让我们报销一分钱，还调侃地说等自己退休后再说吧。

2014年9月，岩博酒厂顺利办下了生产许可证。为方便统一经营管理，岩博村将所属4个村办企业整合为岩博生态农业有限责任公司，我任董事长。2015年，岩博村办企业已累计投资1.35亿元，村集体持股1727万元，占比12.79%；村干部及村民持股5097万元，占37.75%，实现年产值9000余万元、年利润2000余万元，解决了160户近400人就业，带动群众人均增收2000余元，岩博村率先脱贫出列。

2017年3月，岩博酒业经营状况好转，管理进一步规范，员工队伍也不断扩大，大家兴奋不已，激动地说，我们岩博村的酒就是人民的酒，人民的酒就叫"人民小酒"。4月，我们提交注册申请，7月12日批复准入，"人民小酒"就这样诞生了。

一花独秀不是春，百花齐放春满园。2016年9月，为带动邻村一起发展，在淤泥乡党委的统一部署下，岩博村、苏座村、鱼纳村和岩博生态农业公司联合组建了岩博联村党委，我被推选为党委书记。同年，政府帮助、联村党委协调无息特惠贷款1500万元，让3个村1012户村民全部入股岩博酒业，其中给苏座、鱼纳两村获得原始股620万元，村民们走上了抱团取暖、共同发展之路。

　　为解决三个村饮水安全问题，联村党委积极向上级申请，建设了库容35万立方米的岩博水库。为调整产业结构，联村党委鼓励三个村群众种植高粱，岩博酒厂以高于市场近一倍的价格全部收购。联村党委主导优先吸收三个村的劳动力到岩博企业务工，尤其是岩博酒业侧重吸收女性和少数民族村民，以提高他们在家庭和社会上的地位。通过联村党委引领和岩博酒业带动，优化了岩博产业结构，扩大了群众入股范围，增加了村民就业岗位，加快了联村村民脱贫攻坚步伐。

　　作为党支部、联村党委书记，村里的生产我思前顾后，百姓的生活我也时时惦记，放心不下。每逢过年过节，我总要带上慰问品和慰问金逐一走访村里的困难群众。也只有这样，我过年才觉得心里踏实。村里80多岁的彝族村民王成秀，丈夫和两个儿子相继离世，我就经常买米买油去看望她，还组织人为她重新修了厕所和门窗。

　　岩博村老百姓哪家谁有个什么病，经常夜里电话喊我："小余，快点！我家××痛得恼火……"听到急促的呼唤，我往往从几十公里外的红果赶过来，然后，陪他们上医院。从村里到昆明大医院就医，往往需要坐公共汽车和火车，一坐就是十来个小时。我把他们在医院安顿好，还要赶回来给他们办医保等手续。

　　2019年8月，我们村里一名大学毕业生在家里备考研究生。他裤子穿反、嘴歪了都不知道，家里人还以为他是备考压力太大。当我发现情况不对时，马上用车并陪送他直奔云南昆明。在车上，我就用手机向昆华医院的杨主任介绍病情，并委托他帮助协调手术、床位等就医问题。原来，这位毕业生得的是脑梗，开颅手术最佳时期为病发六个小时之内，而他从发病到我们送抵医院已经九个小时了。万幸的是，我们一路安排紧凑，手术及时成功。之后，我们还送他到北京去康复。现在，他带着一颗感恩的心回到我们企业上班了。

2013年，我在水城去昆明的大巴车上，偶遇一位老人带着全身溃烂的年轻人。经打听后，才知道他们是水城县营盘乡人，因车祸致病准备到昆明求医。我给他们留下200元钱和电话号码，嘱咐他们有困难就与我联系。两个月后的一天，我突然接到这个年轻人的电话："阿姨，感谢您的关心，我可能不行了！"听到这话，我十分焦急，迅速找人把他安排到红果城里一家民营医院治疗。那时，我正经济周转困难也拿不出钱，但还是担保让医院尽力治疗，一切费用我后续补上。由于救治及时，年轻人身体一天天好了起来。我让医院一直瞒着年轻人实际医疗费，最后自己默默背负和归还了这10多万元的"债务"。十多年来，像这类东垫西付之事，我也不知做了多少。我自己认为，作为一个父母官，就应大爱无疆、以民为上。能为老百姓做些善事，我无怨无悔。

2017年10月19日，习近平总书记在党的十九大期间参加贵州省代表团讨论。作为基层党代表，我第一个发言。其间，总书记不时插话询问，十分关心我们脱贫攻坚进展。

总书记问："你的叫什么酒？"

我说："岩博酒。"

总书记接着问："白酒？多少度？价格怎么样？"

我接着回答："对，白酒。我们的价格就是老百姓喝的，定位是'人民小酒'。"

习近平总书记的关心和国内主流媒体的大力宣传，使全国人民知晓了"人民小酒"，我们的市场也迅速打开了。

欣喜之余，我很焦虑、担心。我焦虑的是我的团队还不够专业，我还担心哪天我们做差了，怎么向人民交代，怎么对得起父老乡亲对我的期待，怎么对得起各级党组织对我们的关爱。

"天上不会掉馅饼！别以为我们一切都好了。总书记为我们做了'广告'，我们必须百倍珍惜，像总书记说的那样，按市场规律办。在原料、生产、质量和销售每一个环节更加努力，更加刻苦，精心酿造，创新发展，把我们的'人民小酒'真正做到让人民喝得起，让人民放心！"这既是我对员工的告诫，也是对我的激励。

人才不能靠空降，还得靠自己培养。近两年，我们除重点打造生产酿制和质量检验团队外，还迅速培养起营销团队、法律事务团队。我们的管理团队还有国内重点大学毕业生，平均年龄38岁，且成长很快。

回顾这20年，我作为一名共产党员，一名脱贫致富的"领头雁"，虽然付出了许多，也失去了很多，但我觉得我的奋斗很有意义，人生很有价值，能为人民服务，今生无憾！

我连续三届当选为党的十七大、十八大和十九大代表以及全国政协委员，相继获得全国优秀共产党员、全国三八红旗手、全国最美女村官、中国十佳农民和全国脱贫攻坚奖奋进奖等荣誉称号。

这20年，我们岩博的产业年销售收入从不足300万元，发展到去年突破4个亿，2020年虽遇罕见的新冠肺炎疫情，我们也要力争突破5个亿。岩博从一个名不见经传的贫困小村，发展成人均收入超过2.66万元/年、集体资产积累超过1个亿的全国先进村。

有各级党组织和政府不离不弃的关怀，有社会各界名人的指导帮助，有岩博人民辛勤努力，我们没有任何理由不担当，不奋斗。我们的发展永远不会停顿，奋斗永远在路上！未来的岩博产业将更加规范化、市场化，未来的岩博村将是一个环境优美、百姓满意的生态幸福村。

（中共贵州省委党史研究室、中共六盘水市委党史研究室、
中共盘州市委党史研究室 2020 年 6 月采访）

青春，挥洒在"贵州屋脊"

——访贵州省六盘水市钟山区大湾镇海嘎村驻村第一书记杨波

一

我叫杨波，苗族，中共党员，现为贵州省六盘水市钟山区民族宗教事务局党组书记、大湾镇海嘎村驻村第一书记。2004年，我从贵州民族学院毕业。考上公务员后，进入钟山区民族宗教事务局。

2010年3月，六盘水市启动"千名机关干部下基层，加强党的基层组织建设"驻村帮扶活动。我，一个农村出来的娃娃，虽然读书、工作离开农村已久，但我对农村、农民和农业有一种深深的情怀，一直想为"三农"做些事情。这扶贫工作机会，我自然不会放过，于是，就主动报名，很快获得批准，作为驻村第一书记，也是局里第一批驻村干部前往海嘎村。

海嘎村隶属贵州省六盘水市钟山区大湾镇，坐落于韭菜坪山上，平均海拔2600米，素有"贵州屋脊"之称。全村地域面积950亩，共5个村民小组357户1767人。海嘎村是一个典型的汉彝杂居村寨，其中彝族760人，占总人口的43%。作为贵州海拔最高的行政村，海嘎村农业生产环境恶劣，畜牧业附加值低，没有村集体企业，村资产积累没有后盾，是一个典型的自然农业空壳村。全村一半以上的人户生活在贫困线以下，村务工作运作极其困难。一直以来，这里就流传着这样一首民谣："坡脚喊来坡上听，走路走得脚抽筋；吃的都是洋芋饭，穿的全是布巾巾。"2000年以前，海嘎村的群众运输全是人挑马驮。赶集背洋芋去卖，下山要走三个半小时；买包盐巴回来，上山要爬四个半小时。2000年，终于修通了一条13公里3.5米宽的简易公路，而进寨入户还是泥巴路。全村357户就有300户属于贫困户，35岁以上的光棍就有二三十个，村小学就有一个老师和十多个学生，只办到二年级。2010年年人均纯收入为1600元。

临行前，我日夜兴奋，热血沸腾，充满着对美好未来的憧憬，脑子里一直在琢磨，琢磨着如何抛洒热血、释放青春；琢磨着怎样通过自己的努力，让老百姓过上好日子，干出一番事业。

我在想农村哪里都一样，凭我对农村的了解，没有解决不了的问题。可是，真正走进海嘎村，眼前所见所闻，却让我有些忐忑。

那时，我是搭乘一名村干部的摩托车从乡镇出发的。在蜿蜒曲折的山间碎石路上，我们一路颠簸。我们一边走一边听这位村干部说：我们这里的老百姓很苦，住的是旧瓦房，吃的是洋芋饭，喝的是望天水。进入我眼帘也真的是满山荒野，稻田稀少，偶尔看到一点坡土。

路上，我们跟在一辆拉水的农用卡车后面。这位村干部一边驾驶一边介绍，今年春耕不久，就遇到少有的大旱，苞谷、洋芋苗全部干死在地里。海嘎村旱情非常严重，用水极度匮乏。前面卡车装的就是上级民政部门紧急赈灾下拨的"爱心水"，50斤一桶，海嘎村分得250桶。

我们骑行50多分钟，风尘仆仆地来到目的地——海嘎小学。海嘎村没有办公楼，村支两委办公就借住在这所小学校的顶层。房间简陋破旧，平日室外下大雨，室内就下小雨；办公没有电脑，就是传统的纸、笔、手写，没有任何资料留存，方式原始落后。

让我印象深刻的还是那批"爱心水"。村里通知村民到村部来领，本以为人头涌动，结果却看不到村民来。许久看到个把人，嘴里还在不停地叨叨："你们把水放在村办公室，我们住那么远，哪个扛得动。除非你们把水送到家里面还差不多。"后来，村干部许诺装水的塑料桶也一起给时，村民们才陆续赶来。

"都旱成这样，全家老小连吃喝都没水，居然还在嫌远？"我百思不得其解。

二

刚到海嘎，我不时地听到一些村民议论："他们就是浮在面上的油，走走过场，以后回去还是当他的官"，"村里发展得咋样，跟他没关系"，"也就是外来的和尚念念经"……

海嘎村绝大多数村民家没有厕所，习以躲在门前屋后的灌木林里方便。为了改变这一陋习，也借机激发一下群众自觉行动，村里给每家每户补贴400元，结果得到的回应是，400块钱能干哪样，除非你们拿1000块钱来还差不多。

满以为越贫穷的地方老百姓越淳朴，越易指挥。这里的农村，这里的农民，这里的农业，让我始料未及，与自己从前所看到的、想到的差距甚远。

看到群众基础薄弱，听到村民冷嘲热讽，尤其是隐约感到村民们思想麻木、意识淡薄，让我纠结徘徊，感到孤独无助，甚至产生了打退堂鼓的想法。那段时间，我白天吃不下，晚上睡不着。我不知找谁诉说、找谁抱怨。

"皇帝疼长子，百姓疼幺儿。"最后，我想到了我的父亲。我的父亲是一名有着30多年党龄的老党员。我在家中排行最小，或许在父亲那里我能得到一些自己想要的。

"你一个农村出来的娃娃，这点苦都吃不了。如果农村工作有你想象的那么简单，国家还派你们下去做什么！国家发工资给你们，不是要你去享福，去当少爷的！"父亲严厉地说。我万万没想到，我不仅没得到一丝安慰，反而招来一顿训斥，好似一记耳光重重打在我的脸上。当时，我自己呆愣了很久，心里更加痛苦。大约过了十多天，我一觉惊醒，突然从床上坐起，我似乎一下什么都明白了。

确实，如果农村的工作好做、农民的日子好过，还要我们下来干什么！正因为老百姓解决不了他们自身的困难和问题，党和国家才派我们下来帮扶他们！我们这辈人呀，虽然年轻，有知识，但与父亲他们老一辈党员的党性相比，与他们吃苦耐劳的传统习惯比，还有很大差距，我越想越感到羞愧。

当自己把思想上的疙瘩解开后，感觉轻松几分，也豁达起来，好似有了一个强大的心脏。我暗暗告诫自己，困难只是暂时的，问题存在都很正常！只要我们解决了农村的现实问题，就能完成驻村扶贫任务，就一定能实现自己存在的价值。

三

驻村帮扶初期，我还停留在空有梦想状态，怎样发动群众，怎样开展工作，实际上自己不知从何下手。我自己做的第一项工作就是跟着村组干部，下到各个组点了解村情民意。了解全村有多少人，都是什么结构，他们的想法都是什么，了解海嘎村基础设施状况，产业发展都存在哪些问题，等等。

那时，我最怕老百姓对我感到生分。于是，我们就想方设法走近村民，并做一些力所能及的事，让老百姓真切感受到我们是在为他们办事。有一次，二组村民颜勇家修房子，他远远看到我们，就开玩笑地对着我喊："杨书记，我家砌房子，你不过来看看？要是以后修好了，怕你不好意思来坐哟。"我不假思索地说："要得！"于是，我和另一个驻村干部一起，一个和灰浆，一个挑，大家撸起袖子干了起来。还有一次，我路经田间，巧遇正在刨地收洋芋的村民杨富贵，他张口就来："杨书记，怕你们城里人干不了这种活哈。"我伸手给他看我手上的老茧，随后，就和他一起干。收工时，他一点也不客气给了我一个大背篓，装了八九十斤的洋芋，我也二话没说背在肩上，一口气把洋芋送到了他家。

我们非常注意细节，以拉近与老百姓的距离。进村入户时往往不穿白衬衣，担心听到老百姓说，杨书记，我家到处都是脏兮兮的，不好意思让你坐；担心他们拿洗脸毛巾或是袖子为你擦凳子。我也经常提醒其他驻村战友，不要抱手说话，尽量讲当地土话，学会拉家常，不要戴有变色功能的近视眼镜，以免在太阳光下变成墨镜，让人感觉像旧社会"黑老大"似的。还有，就是我们驻村干部口袋里经常多揣两包烟、带些棒棒糖，以便遇到男人，递支烟；遇到小孩和老人，请他们吃颗糖。

同吃、同住、同劳动，老百姓感到我们很亲切，大家很快融到一起，工作也好做了。

四

从点切入，到面展开。我们主动出主意，想办法，帮扶海嘎村推动农村基础设施建设，因地制宜发展地区特色产业。

驻村初期，董家院子住着十几户人家，门前那条土路一下雨就打滑，行走时，要么无法下脚，要么鞋和裤子全粘上泥水。我非常理解他们的苦衷，随即向钟山区民族宗教事务局打了一份专题报告，并争取了2万元钱。村民又凑了1万多元。大家自发投工投劳，把这条多年的"烦心路"变成了"顺心路"。这是我在海嘎主动协调为村民办成的第一件实事，也为我们开展驻村工作开了一个好头。

海嘎村地处喀斯特高原地域，每年12月到来年5月，用水十分紧张。我又积极协调帮扶单位争取到5万元，给村里修了30口小水窖，解决了村民饮水难问题。

在产业发展方面，我们与村支两委共同商议策划，精准识别，科学施策，在做好马铃薯、玉米、苦荞等常规种植的同时，着力因地制宜建立马铃薯、苦荞、中草药、养蜂等九个种植养殖基地，同时注册了"黔之脊"绿色食品商标，将特色农产品搬上电商品台。我们快速发展旅游业，旺季每天有游客两三万人。我们依托地理资源，将特色产业逐渐做大做强、稳定增收，为百姓的幸福生活保驾护航。

在村寨建设方面，从 2015 年开始，我们开始对村寨升级改造，房屋外墙体使用天然石板，并展示出当地彝族元素；房屋内部刮瓷粉，并对厨房进行硬件升级。

在文化建设方面，我们争取到小康经费，在村活动室建立大屏幕电视，播放民族歌舞表演，宣传国家惠民政策等。我们还争取到民族发展资金，组建民族文艺表演队，建民族文化广场，举办文化活动，丰富群众文化生活，提倡社会良好风尚，营造乡风文明。

孩子是未来的希望。我们着力阻断贫困的代际相传，让孩子们的世界观、人生观和价值观得到提升，焕发新的生命力，内心感到温暖，感恩我们的党。我们支持村小学建设，组织学生参加贵州省暑期夏令营。近日，中央广播电视总台、新华社等十余家主流媒体和环球网、凤凰周刊等 30 余家核心传播媒体争相报道海嘎小学的摇滚乐队，他们的校园生活感动了数万网民。

此外，我们耐心听取群众反映建议和问题，能够第一时间解决的立马解决，并且确立责任人和完成期限。不能立即解决或职权范围不能解决的，给群众做好解释，并及时把问题反映给主管部门或地方政府，得到答复后第一时间给予群众回复，让村干部和群众感到我们的诚意和工作效率。

五

基础设施、产业发展可以通过短期投入予以改变，而老百姓思想的转变，则需要长期努力，潜移默化地提升，要靠驻村干部这些新鲜血液去感染、去引导。

驻村初期，我从区民宗局争取 2 万元，准备发展产业，助力村民摆脱贫困。于是，购买了一批土鸡鸡苗，欲分发给 24 户村民每户 30 只。有的村民闻讯后便说："给钱，我就要；鸡，就不要了。"我脱口而出："没钱，只有鸡。"随后，我还是心平气和地解释"鸡"和"钱"的差异和目的。后来这位村民还是想通了，便说："那好吧，我领鸡回去试试看。"

扶贫的关键在"扶志"和"扶智"，而要做好"扶志"和"扶智"，尤其是对基层老百姓，则要像"烟火熏腊肉"一样，不厌其烦地唠叨，去灌输，一次不行就两次，两次不行就三次。

为打破群众长期形成"等靠要"的习惯，我们不厌其烦地给他们讲解，要改变贫困状况，必须"自己勤快一点，国家支持一点，好日子就来了""日子好过了，房子漂亮了，媳妇自己就来了"等浅显道理，催生群众的内生动力，让他们真正行动起来。

工作组进驻以来，我们注重挖掘脱贫攻坚三支队伍协同作战潜力合力，充分调动村干部的干事创业的热情，依托村支两委干部开展相关工作，服从村支两委工作安排，尊重地方干部的主体地位，合理参与村务工作，支持他们大胆开展工作。加强工作沟通，相互搭台补台，建立了良好的工作和朋友关系。

六

如果一个男人不爱他的家人，他也很难去爱别人。我刚到海嘎时，女儿才两岁，小小的年纪居然把我手机号牢牢地记在她的大脑里。那时，我爱人在外地打工，女儿经常拿她外婆的手机问我："爸爸你什么时候回来？"临近周末更是电话数不尽，听到的都是期盼声。我们驻村工作忙，经常周末也回不了家，女儿竟然对我说："爸爸，我和你谈谈，我们达成一个条件协议，如果因你回家，你的老板不发给你钱，那我就不喝'爽歪歪'了……"再有就是开家长会，在常人眼里，这是一件再普通不过的事，而在我们父女间却变得那样的奢侈。每年我几乎都会接到女儿提前打来这样的电话："爸爸，××天我们学校要开家长会。老师说了，这次不要外公外婆来开……"每每此刻，我都能感受到，女儿的真切愿望是想和我多聚一次。

现在，我的大女儿即将小学毕业，二宝又一岁多了。一家上有老，下有小，原本应该丈夫尽的义务，却全部甩给了妻子。常人家出现的种种抱怨和矛盾，在我们夫妻之间也都出现过。我愧对爱人分担和陪伴，如果说我有军功章，那一定有她的一半。每每回忆过去，父亲60余岁病逝时，我们父子未能见上最后一面，是我永久的痛。在我思想出现滑坡的关键时刻，是父亲把我拉了回来。当我获得荣誉时，我的爸爸却没有看到，早早地离开了我们。

那是2014年12月12日晚上，我忙完工作下山回来，发现手机里有20多个大姐打来的未接电话。由于那时网络信号不好，我又匆匆跑到山顶回拨电话。大姐生怕电话又中断，哭泣地对我说："兄弟，别说话，你听就行了，爸爸走了。"当时，我完全懵了，再次询问，才敢相信自己的耳朵。我连夜乘坐汽车、火车，辗转回家见到父亲时，他身盖白布，躺在一块门板上……

党的十九大开完不久，我便来到父亲的坟前坐了两三个小时，自言自语对我父亲说："爸爸，你看，你儿子没有辜负你给我这条生命，没有辜负一直以来你对我的教诲和期待……"

其实，我的母亲也是多病缠身。就在父亲病故前，母亲也曾历经一次紧急抢救。那段时间，我最怕的是接不到家人的电话，更怕的还是接到家人此类电话。

驻村11年，痛苦和喜悦始终伴随着我。虽然我对家人有深深的内疚，但是，我知道，我的家人最终会理解和支持我的，就像党的十九大召开期间我和女儿的一通电话。女儿问我："爸爸，你到了人民大会堂没？爸爸，你见到习近平总书记没？"当我给她肯定的回答时，女儿便说："爸爸，你好厉害！"

我的奋斗，值了！

七

2017年，作为奋斗在脱贫攻坚一线的驻村第一书记，我有幸当选为党的十九大代表。10月19日，在党的十九大贵州代表团分组讨论会上，我向习近平总书记汇报了海嘎村脱贫攻坚取得的成绩：一是山乡巨变，二是翻天覆地，三是鸟枪换炮。习近平总书记听了很高兴，他对我们基层干部、驻村干部给予了充分的肯定，并寄托无限的期望，他对代表们说，实现第一个百年目标，重中之重是打赢脱贫攻坚战。对在脱贫攻坚一线的基层干部要关心爱护，各方面素质好、条件具备的要提拔使用。他还鼓励年轻干部到脱贫一线去历练。

2016年7月1日，我荣获全国优秀共产党员称号，并作为代表登上人民大会堂主席台，接受党和国家领导人的颁奖。2019年7月，我获得全国人民满意的公务员称号，在人民大会堂得到了习近平总书记的亲切接见。

这十年间，有党的好政策，有干部和群众的共同努力，一个曾经偏远条件恶劣的彝族小山村，现在已经成为让城里人向往的花园村，每家盖起了宽敞明亮的新民居，门前停放着小轿车。水、电、路、网通畅，基础设施完善，特色产业发展。2016年，建档立卡贫困户104户455人全部清零，实现了贫困村出列。2019年，全村人均年收入9326元/人年，即将与全国各族人民同步进入小康。

我是一个很幸运的人。在脱贫攻坚的战线上，我们省历届驻村干部，每个人都经历过辛酸痛苦，我身上发生的悲欢离合故事只是成千上万驻村干部的一个缩影。我之所以有机会到北京参加党的第十九次全国代表大会，那是党对我们脱贫攻坚这支优秀而坚强的作战团队的充分肯定。

荣誉是把双刃剑，它或是你今后人生的无穷动力，也可让你停滞不前，甚至倒退堕落。我知道自己做得还不够好，工作上还有很大的差距。我将时时自省，再接再厉，加倍努力，用更高的标准要求自己，不辜负组织的培养，不辜负战友的帮助和支持，不辜负父母的养育，不辜负所有人对我的期待。

自己亲历脱贫攻坚这一人类历史上的伟大壮举，亲眼见证"全面建成小康社会，一个少数民族也不能少"的庄严承诺就要实现，感到非常自豪。

作为驻村第一书记，一是要把党的政策在基层不折不扣地落地，让老百姓享受到更大的实惠；二是稳步推进养鸡、养猪、养牛等传统产业提质升级，加快马铃薯特色农产品产业发展，依托韭菜坪 AAAA 级景区的自然地理资源，发展乡村旅游，让"青山绿水就是金山银山"的理念在海嘎村成为现实。

（中共贵州省委党史研究室、中共六盘水市委党史研究室、
中共钟山区委党史研究室 2020 年 6 月采访）

"小山沟、大智慧"

——访贵州省盘州市普古乡娘娘山联村党委书记陶正学

1978 年，安徽省凤阳县小岗村家庭联产承包责任制，由统到分，提高个体农民种地积极性，解决了温饱问题。2012 年，贵州省六盘水市舍烹村原创的"三变"农村改革，由分到统，土地、资金、人员再次整合，规模化生产，公司化运营，社会化服务，整体解决了农民脱贫致富的运行机制问题，为"三农"振兴奠定了基础，积累了经验。盘州市普古乡娘娘山联村党委书记陶正学为我们讲述了他和娘娘山的故事。

我叫陶正学，苗族，中共党员，来自贵州省盘州市普古乡舍烹村马场苗寨。普古乡舍烹村位于盘州市和水城县交界处，距县城 90 多公里，是一个平均海拔在 1200 米的偏远小山村，住有苗族、布依族、彝族和汉族等多个民族同胞 475 户 1477 人。村后是海拔 2300 多米的娘娘山，那里山峦起伏，植被茂盛，空气清新，保存着完好的生态环境。

我们这里一直以来就流传着这样一句民谚："头顶娘娘山，脚踏六车河，谁人识得破，银子用马驮。"然而，这一美好的愿望却一直被这大山阻隔，可望而不可即。由于自然和历史等原因，这里的村民祖祖辈辈守着"金山银河"，却过着艰难而贫穷的生活。

一

1981年，我高中毕业就离开家乡外出打工，给别人当货车司机。1985年，我自己采用分期付款的方式，买了一辆载重4吨的解放牌卡车，倒运煤炭。1987年，我开始涉足铅锌矿开采，也开过小酒店和小百货。1993年，我的财富累积到100多万元，成为十里八乡赞不绝口的"百万富翁"。

创业道路并不平坦。1994年，我的生意做到了四川、云南，也就在这个时期，我欠下了近200万元的外债。1995年底，我回到六盘水，把以前买的车和房都卖了抵债。过上了吃了上顿没下顿的艰苦生活，穷得连200元/月的房租都一拖再拖。不但人嫌，还变成了"负"翁。

我当时年轻气盛，不甘就此沉落。1996年6月，我带上7个弟兄跑到了我曾读初中的地方盘县淤泥彝族乡，准备做点煤炭生意。那时，整个煤炭行业都不景气，淤泥乡年产20多万吨煤炭难以找到销路。我对这个行业相对熟悉点，想建一个年产3万吨的洗煤厂。当时，我的一个朋友帮我在六盘水市中心区黄土坡贷了3万元钱，3%的月息。当地土地价格7000元/亩，我买了3.5亩地，口袋就被掏空了。好在我在那读过中学，朋友多，我的父亲又在普古区工作，我就从当地熟人那里2000元、3000元地东借西凑。好不容易把厂房立起来了，可购买洗煤设备的资金缺口又成了大问题。就差10万元钱，眼睁睁地看着工地停工10个月不能动弹。当时，我是3角、5角钱都很难找到，吃一碗米粉都要下很大的决心。

那是我人生最痛苦的一段时期，我吃不下、睡不着，久久苦思不得其解。一次，我突发奇想，立即带上三个人，开着一辆破旧吉普车就上路。路上，车轮大的大、小的小，在碎石路面还能凑合，上到成渝高速路，麻烦就来了。车辆不停地颠簸，结果一个轮胎破裂，整个车辆来个了底朝天，我们四人差点命丧他乡，好在最后有惊无险。到了四川省威远县，我们找到当地洗煤机厂老板，我苦口婆心地说明来意，祈求赊购一台洗煤机，并承诺尽快还本付息。看到我一贫如洗，当然也包括我的一番诚意，机厂老板勉强答应到我们厂看看后再说。

不到一个星期，这位机厂老板真的来了。他在我们厂里厂外看了一遍，感觉我真的是在做事，答应了我的请求。于是，设备进场安装到位，洗煤厂就建成开业了。起初，我们几乎全是人工作业，原煤从高处滑下，用水冲洗，然后用机器跳台式地浮选，矸石往下沉，精煤向上浮。随着国家经济建设的高速发展以及煤炭行业一系列利好政策的出台，我们洗煤厂"三跳两不跳"，从1996年"跳"到2000年，产能由原来的年产3万吨/年，扩建到60万吨/年；煤价也从20元/吨，一路上涨，涨到2000元/吨以上。在这个期间，我还乘势兼并、合伙开了几个煤矿，形成较为完整的产业链和规模效益。

真是四两拨千斤。这次办厂我从3万元贷款起家，短短几年奋斗，到2011年，我自我评估，我的企业及个人总资产达到五六个亿，家里有存款、城里有别墅，兄弟有车，家庭兴旺，其乐融融。我感恩政府，感恩我们的党，我赶上了煤炭发展的最佳时期，没有国家好的政策，就没有我们的好生活。

二

虽在城里过着富庶的生活，但我还是时时惦记着山里的父老乡亲。那时，我们村还是一个典型的空巢村，所有的劳动力都跑到外地打工、到沿海挣钱。我偶尔回乡看看，看到的尽是老人和小孩。村子空空荡荡，我的心也凄凄凉凉。

每次回到舍烹村，遇到谁家有个什么困难，我都掏钱救济；每逢过年，我还会带上礼品和礼金，看望贫困村民和60岁以上的老人。我们的村寨本就不大，你家占一点、我家占一点，道路更加狭窄、场地更加拥挤；家家门口都有个小粪坑，满眼是脏、乱、差，环境特别不好。

我从小在这个地方长大，知道农村苦在哪、村子差在哪、村民缺点啥，要治理应从哪些方面下手。1999 年，我就搞了一个小村庄发展规划，并·付诸实施。

首先，修建了"串户路"，让村民们告别"晴天一身灰、雨天一身泥"，出行串门有了平坦的"户户通"；其次，让村民告别"手电筒"，在道路两旁立上电杆、装上路灯，夜间行走安全方便了；第三，解决照明问题，我每年给每家 7500 元钱，其中 5000 元钱让他们用作电费，其余的 1000—2000 元钱用作卫生费；第四，就是我出资 2000 余万元扩建修缮村里的道路、改扩建村活动室及水、电等基础设施，昔日臭气熏天的粪坑全部消灭，率先实现了"厕所革命"。

此外，从 2005 年起，村民们陆续开始拆掉茅屋木屋，建造砖房楼房，以改善居住环境。我给村民多少赞助一些，少则 5000 元，多则 5 万元，赞助的农户就有几十户；我定期给在外读书的大学生生活费和路费，每人每月 1000 元，总数达 60 余人；我资助淤泥小学和舍烹小学32 万元建设校园；我还接纳了村里 150 多人到我的洗煤厂和煤矿工作，有挖煤的，有搞化验的，尽力解决村民的就业问题。持续的环境治理，使我们舍烹村道路平坦了，环境绿化了，邻里和谐了，看上去还真有那么点美丽乡村的感觉。

我这个人家乡情结比较重，别人挣到钱都往大城市跑，去消费，去发展更大的产业，而我却往县城、往乡下跑，离不开家乡建设。为此，许多人都嘻称我是"土八路"。

我原来设想在我退休之前完成人生四件大事。实际上，我也基本做到了。一是改变家乡的面貌，这是我的初衷，通过几年来的持续资助，舍烹美丽乡村面貌已见雏形；二是让洗煤厂摆脱"黑"印象，通过环境治理，我们实现了循环经济和污水零排放，工厂绿树成荫，厂区附近还建有外地人来淤泥乡投资首选的酒店；三是在盘州市建了一座 31 层高圆形具有地标意义的建筑——盘县兴凯花园酒店；四是在水城市建了一座五星级酒店，由于后续资金问题，现在只完成主体工程和外装修。落脚水城，就给闯荡一生的自己一个完美收官。

三

"输血式"扶贫只能解燃眉之急，要想让村民摆脱贫困，必须增强"造血"功能，开发新的路径。

"只有千年的名，没有千年的人。"人的一生宝贵且短暂，我得在有生之年做一些有意义的事情。2012年夏，也就是我49岁那年，趁着自己还有点精力，我还是放弃退休的想法，坚定回乡做些事，主要基于三个方面：一是落叶归根。舍烹村、普古乡是生我养我的地方，有我割舍不下的情结。二是发展产业。的确，我曾给乡亲们不少的资助，但没能让村民彻底摆脱贫困。要想从根本上解决问题，就得发展适合家乡资源条件的产业，解决村民长期就业。三是给员工一个交代。跟我打拼的员工涉及四川、重庆、广西、广东和贵州等8个省市，其中包括村里在外打工慕名回来的人，有的跟我已经30多年了。我虽不愁吃不愁穿，但若撒手不干，他们怎么办？又流向社会？我于心不忍。

煤炭资源是有限的，只有生态资源才是无限的。就这样，我决定回乡转型发展，转向农业，转向生态资源建设，真正实现"一方水养一方人"。

我们娘娘山，地处喀斯特地区，山地面积约占95%以上，乱石林立，土地零碎，发展农业空间小，不易规模化运作。尽管自然山水良好，下面布衣村寨也有几分良田，然而，从整体来讲，舍烹村处在狭长的泥石流地带，没有什么像样点的土地。

我想，农村为什么这么穷，一直发展不起来？就是存在一个字：散！我们舍烹村也不例外。一是土地资源散，你家有半亩，他家有一亩，一点一点的，集中不起来。二是资金散，做不了大事。三是思路散，你要开饭馆，他想出去打工，想法五花八门，难以统一起来。要想抱团取暖、脱贫发展，就得在破解"散"字上下功夫。那时，我从电视新闻上看到政府正在倡导园区建设，于是，我就萌生了在我们村建立农业园区，用做企业的办法治理农村的想法。

5月6日，我召集陶永川、郭跃、杜关红等六个人在我家院子里聚会，我把自己建立园区的想法告诉他们，并提议2012年5月6日就作为我们园区建设的发起日。大家虽有顾虑，但最后还是同意了。

其实，这次转型发展，起初我也不是底气十足。我早早做了思想准备，如果失败，就败我一人，如果成功，就造福一方。我大不了一无所有，重吃"百家饭"。我们七人发起成立了盘县普古银湖种植养殖农民专业合作社，计划以娘娘山生态群为依托，打造现代农业产业园区。

建设种植园区和旅游景区，需要大片的土地。起初，村民大多数认为还是种粮稳妥，不愿拿出土地冒这个险。看到一时难以扭转大家的固有观念，我决定带乡亲们出去走走、看看。6月17日，我就自掏腰包带着64名村民组成的农民考察团，乘坐两辆大巴车，奔赴昆明、大理、丽江等地。前后半个多月，看到昆明某食品集团旗下蓝莓生态园、蒙自30万亩世界级优质石榴园和丽江20万亩优质雪桃种植基地，乡亲们开了眼界，也真切地感触到了舍烹村与外界的差距。

四

银湖合作社成立后，我们便采取多种方式，开启入股之旅——"三整合"。

一是整合土地资源，根据村民手里的土地常规收成状况，按300—800元/亩不等价格，进行折算入股，实现"资源整合"。

二是动员百姓拿出家里的现钱参股，你家钱少，拿2000；他家有钱，拿2万；没有钱的，我就借钱给他们，并对他们说："赚了，你们还；赔了，就不用还了！"与此同时，村民出资多少，我就按同样数额给他垫资多少，实际上，他实得股本是他出资的两倍。

合作社总的股本为 2000 万元，20 万元为一股。我们先让村民们自由组合，派代表与合作社签合同。村民持股算下来最少的只有 0.3 股，最多的 3 股。百姓占股为 73%，涵盖农户 460 户；我只占股 27%。

为进一步消除村民顾虑，我还给老百姓算了一笔账，一家一人在合作社干活，一个月工资 1500 元，一年就是 1.8 万元；如果你投资 3 万元，一家两人上班，或一人上两年班，入股钱就可拿回去。我还向村民们承诺，合作社 2000 万元锁定为原始股，其他资金进入只作借款还本付息，不参与分红；如果 2000 万元不够运作，我就自己垫资或贷款。这样做的目的是让村民们吃下定心丸。老百姓的钱都是一个家的"养命钱"，如果亏损，那是要人命的。和老百姓谈事，仅仅停留在市场那种"利益共享、风险共担"的说法和做法，是行不通的。此后，各级财政下发到村里的扶贫资金也作为集体股资金入股合作社，实现了"资金整合"。

第三，就是把大家的思想统一到发展农业和山区旅游上来，人员也相对集中在合作社旗下，实现了"人员整合"。合作社实现全村百姓全民入股，入股的农民成了园区建设和发展的创业者、主人翁，积极性也随之上来了。

这就是今天"三变"的雏形。2015 年 6 月，时任贵州省委书记陈敏尔作出批示："六盘水市要把这项工作坚持和完善好，为全省推广做好榜样。"2015 年 5 月和 8 月，时任国务院副总理汪洋阅知六盘水"三变"做法后，两次作出批示："'三变'似有值得更深层次上考虑其价值的意义""应把盆景变成风景"。2015 年 11 月 27 日，习近平总书记在中央扶贫开发工作会议上指出："要通过改革创新，让贫苦地区的土地、劳动力、资产、自然风光等要素活起来，让资源变资产、资金变股金、农民变股东，让绿水青山变金山银山，带动贫困人口增收。"随后，"三变"经验在全国迅速推广。

五

在农村做产业,"根"在农业、"干"在旅游业,"茎"在康养业。在脱贫攻坚和新农村建设中,我们兴农于地,兴农于游,兴农于技。最终融合发展,实现产业生化、生态产业化。

我们解决运行机制问题后,随即制定了新农村建设路线图,即分三步走:第一步,发展特色农业;第二步,发展山地旅游业;第三步,发展健康养老业。

我们娘娘山高原湿地农业园区的发展,先分成两大板块。

第一板块就是农业。2012年我们成立了普古银湖种植养殖农业专业合作社,打破村与村的界限,共吸纳农户2950户。合作社以猕猴桃、蓝莓和刺梨等精品水果种植为突破口,采用先进的种植技术大力发展现代农业,为后续产业发展打下基础。

土地是发展农业以及其他产业必不可少的物质条件,为形成规模的种植基地和平整的村社环境,我们对原有的泥石流地进行改造,花了上千万元的资金从外地拉土,人工砌坎、造田、铺路。

为广泛调动村民入社积极性,我们搞了"三个统一":一是统一吃饭不花钱,合作社办有员工食堂,实行免费用餐;二是统一服装不花钱,村民上班统一穿着合作社制发的职业装,既加强了员工安全防护,也体现了合作社企业形象;三是统一坐车不花钱,合作社买了一批中巴车,接送村民上下班,节省路途时间。

发展至今,合作社种植农作物2.18万亩,现在精品水果已进入挂果丰产期。

第二板块就是旅游业。我们成立了贵州娘娘山高原湿地生态农业旅游开发有限公司,公司根据景区发展规划,通过合作方式共吸纳舍烹等8个村生态林、水域、湿地等集体资源共8.5万亩入股娘娘山旅游公司发展旅游产业。村集体每年固定分红22.6万元,涉及3105户8875人,其中贫困户 1117 户 3962 人。公司以六盘水娘娘山 AAAA 级国家湿地公园为核心，发展独具特色的大健康养生、休闲度假、农业观光、民族文化体验、湿地生态旅游为主题的旅游产业，现已完成温泉度假小镇、天鹅湖湿地公园、民族特色村寨等景点打造。2016 年接待游客 60 万人次，旅游收入达 0.56 亿元。2017 年景区共接待游客 73 万人次，旅游业收入达 1.78 亿元。

发展康养业环境等基础条件已基本具备，具体项目和内容正在谋划中。

六

在园区建设中，我们暴露出一些诸如在村与村的交界处产业布局意见不易统一等问题，严重影响产业规模化发展和新农村建设整体推进。同时，也存在各村脱贫攻坚战况和党的基层组织建设发展不平衡问题。

上级组织部门在调研中发现这些问题后，迅速采取措施，于 2013 年 7 月，以舍烹村为轴，新寨村等周边 8 个行政村和 1 个银湖合作社支部共同参与，组建了普古乡娘娘山联村党委，下设 9 个党支部，190 多名党员。我被推选为联村党委书记。我们构建了在联村党委领导下的多种经济组织合作的乡村治理组织体系。在园区产业发展和园区建设中，发挥了党建引领作用，形成了"党委聚力、支部发力、群众协力"的发展格局，充分发挥了党组织服务发展、服务群众、凝聚人心和促进和谐的保障作用。在党的自身建设上，建立健全了党委各项责任和"三会一课"、民主评议等制度，党员的积极性也调动起来。

在村级集体经济发展方面，在联村党委的领导下，我们着力量化村山、水、路等资源，变"资源"为"资产"，共享合作社经营成果，改变了以往"村财乡管"现象，从制度上壮大了村集体经济实力。目前，各村集体经济年收入，少则 30 多万元，多的 100 多万元。与此同时，我们解决了干部工资待遇，推进了干部职业化建设，让他们消除后顾之忧、全身心地投入到村务工作和园区建设之中。

七

2012 年，在我准备回乡发展时，我把自己的想法告诉了家人，结果没能得到包括我弟在内的家人同意。当时，我非常任性，认定的事情我一定要做。于是，我就只身一人回到舍烹村。创业初期，我独自居住，吃住在村，没日没夜地和村民们打成一片，不干出一番事业来我决不罢休！

2012 年底，舍烹村支两委换届选举，864 名选民参与投票，我以821 票的高票当选村委会主任。舍烹村的变化不但得到我家人认可和赞许，而且过程中陆续得到了村民的响应和各级政府的大力支持和肯定。

娘娘山园区自启动建设以来，我们始终坚持以人民为中心、以企业为主体、以产业为平台、以党建为引领、以"三变"为抓手、以脱贫致富奔小康为目标的发展导向，采取"园区 + 联村党委 + 农户"的方式，将村集体生态林、湿地等资源和农民的资金、土地承包经营权入股到园区发展产业。实现了全域产业、全域生态、全域旅游、全域扶贫、全域治理，园区连续三年被评为省级重点现代高效农业示范园区，并获得国家农业科技示范园、全国优选旅游景区、国家 AAAA 级旅游景区、全国休闲农业与乡村旅游示范点、国家森林康养基地和全省党建扶贫示范基地等称号。

娘娘山农业园区的生动实践，有力地印证了习近平总书记提出的"绿水青山就是金山银山"的发展理念。

2014 年，我荣获全国民族大团结进步模范个人，被授予全国五一劳动奖章；2017 年 11 月，荣获第六届全国道德模范提名奖；2018 年，我荣获全国脱贫攻坚奖奉献奖和国家国土绿化贡献奖等殊荣。

这八年，我们娘娘山的建档立卡户 1117 户 3962 人全部脱贫；联村 3105 户 8875 人，人均年收入从 2012 年的 700 元，提升到 2019 年的

1.67 万元；生活环境发生变化，生活质量全面提高。提前摆脱贫困、整体实现了"小康梦"。这八年，我虽然很辛苦、艰难，但我不后悔，我始终认为，能为家乡、为人民做有意义的事，值！

我深知，我们正在从事着宏伟而又艰巨的"世纪伟业"——消除贫困，振兴农村！我将带领我的团队，持续创新，奋斗不息。让"农业强、农民富、农村美"的夙愿在我们这一代手中实现，在追逐中华民族伟大复兴的中国梦的道路上阔步前行！

（中共贵州省委党史研究室、中共六盘水市委党史研究室、
中共盘州市委党史研究室 2020 年 6 月采访）

"麻怀干劲"新时代

——访贵州省黔南布依族苗族自治州罗甸县
沫阳镇麻怀村党支部书记邓迎香

  罗甸县沫阳镇麻怀村地处贵州省罗甸县沫阳镇麻山腹地，距镇政府24公里、董架社区7公里，辖5个村民组、6个自然寨。是以汉族为主，苗族、布依族等多民族聚居的村寨。全村现有153户人家659人。殊不知，就是在方圆不足2公里的山坳里，诞生了可歌可泣的"麻怀干劲"和"当代女愚公"邓迎香。

  邓迎香，女，汉族，1972年10月出生，贵州罗甸人，2009年3月参加工作，2009年6月加入中国共产党。她带领村民们一起苦战13年，挖通进村隧道，解决了麻怀村以及邻近田坝、甲哨等村6000多名群众的行路难问题，被誉为"当代女愚公"。先后获得消除贫困感动奖、全国三八红旗手标兵、全国扶贫先进个人、全国优秀共产党员、全国脱贫攻坚奖等荣誉称号。2017年12月，当选感动中国2017候选人物，2019年9月25日，入选最美奋斗者名单。现任罗甸县沫阳镇麻怀村党支部书记，并兼任贵州省妇联副主席。

一

我叫邓迎香，1972 年 10 月出生，汉族。1991 年，我从娘家董当乡高峰村嫁到麻怀村。那时，我娘家那里通电通路，而麻怀村这里既不通电，也不通路，更就谈不上通讯了。

以前，麻怀村世代一直延续着单一的耕作方式和种植结构，牛耕人种面朝坡土背朝天，种的苞谷多、大米少，抬水都没有一个平一点的路可走。山上的果子成熟了，采摘拿到山那边的董架小乡场上去卖。由于周边村寨家家都有，实际上根本就没有人买，大量的果子只得眼睁睁地看着烂在地里。山里的东西背不出去，外面的东西也很难背进来。

在麻怀村，杀一头猪喂到五六十斤，两个人还能抬得过这座七八十米高的大山。如果一两百斤，就必须把猪杀死，还得叫人帮忙，几个人抬过这大山到乡场上去卖。如果卖不完，还得抬回来。一头猪，比公路沿线的人家要少收入几百块钱。这个村温饱都很困难，人均收入有多少都谈不上，更就谈不上脱贫致富了。

我们这里没有学校，娃娃读书只能翻过山梁，到几十里外的学校。六七岁的小孩不敢单独爬过这座山去读书，只能等到十岁左右才放心让他们去。读到二三年级时，娃娃个子比老师还高大，他们就不好意思再读了。辍学也就接连发生，成为普遍现象。这里从来就没有考出一个大学生。

娃娃读书，对这里的村民来说，还只是一种希望。生疾病，则是村民最害怕的事。1993 年 3 月，我的第一个娃娃出生，7 月就生了一场大病，我用土法给她降温，降不下去。晚上 11 点半高烧不退，我就和我爱人打着手电筒，疯一样地往外跑。刚跑到这座山的半山腰，也就后来这个隧道口上去一点点。大约时间是深夜 12 点，我感觉到娃娃的呼吸不对劲，就把娃娃从背上就放下来，小小的身子渐渐地冰凉在我的手上，我欲哭无泪，悲痛万分。

像这样的故事不光发生在我邓迎香身上。我们村有一个老人，叫罗老尹，现在都还健在，却是一位孤寡老人。那年，他的娃娃18岁生病，好不容易翻过这座山，在山那边的公路等车。车没等来，人却死在了路上。

这座横亘在我们面前的大山，让一个个麻怀人，有书不能读，有病不能医，小伙子很难娶到媳妇。是苦熬还是苦干？我和麻怀村的村民，痛苦中下定了决心，那就是一定要打通这隧洞，走出这大山。

二

1998年，脱贫攻坚行动还没有在全省全面铺开。当时，县里曾有人建议我们从别的村绕道修一条20多里路接到麻怀村。村民纷纷议论，这么远的路，如果有钱买车，来回油钱都花不起；如果没有车，来回走路几个小时，费时、费劲，更是误事。

也就在这时，我们麻怀村党支部的党员就带上村民们6个人，从这座山崖上面的溶洞口，下到40多米深的洞里去看个究竟。他们感觉这个溶洞比较薄，凭大家的干劲能够把洞打穿。

1999年，麻怀村开始了漫长的打洞修路旅程。打隧道先是交给村里的翁井组这27户人家，其他人负责就修明路。当时，我们按土地承包人口筹集资金，一个人头出15元钱，用来买蜡烛、煤油、钢钎和大锤。刚开始，我们用绳索捆在半山腰的这两棵树根上，另一头就捆在我们的腰杆上下到溶洞里去打。

我们这里属于喀斯特地形，山里面几乎全是石头。开始打石头在溶洞的狭窄处，只能趴着、蹲着。钢钎一点一点地打，打一点落一点，落一点刨一点；搬石头，你递给我，我递给你。后面，空间大一点，人才能站立起来打，用手板车推运。蜡烛和煤油熏在人的脸上全是黑的，擤的鼻涕更是如此。汗水和岩浆滴在身上，全身都湿透了。干了一天活下来，每个人都是黑黢黢的，只能看到一双白眼球在转，根本分辨不出谁是谁。

在整个打洞过程中，我们没有任何测量仪器，全是凭人的感觉打。快要贯通时，担心两头接不上，我们就到集市上买鞭炮来放，凭借微弱的响声来找方向，这也就是现在隧道弯来弯去的原因。

2001年冬月二十八的晚上。山洞打穿了一个小洞，从两边施工的带头人伸出手去紧紧地抓在一起问道："你是哪个？"两人久久不肯放开。旁边的人不停地高喊："通了！通了！"那喊声响彻山洞、响彻山坳。

当晚收工，村民们聚在一起吃宵夜，有的人借着酒劲说："当初我就说肯定能打通，如果不通，我就是啃也要把它啃通。"第二天，村民们到山董架乡场上采购年货，余兴不减，逢人便说："洞子打通了！洞子打通了！"

2004年，通过一段时间的扩展，这个洞口高1.2米、宽就1.3米，其中里面的180米还没有那么宽。个子高的人走，还要弯着腰。就这样，村民告别了长年出入翻越这座大山的历史。此后，村民在此前这条长满灌木和杂草的必经小道旁立了一块牌子，上面写着："忆苦思甜路"。

人是基本可以走了，但车子进不来，还没有满足村民的初心。此后，我们就一年打一点，一年打一点，其中，还间断了一段时间。

2004年4月18日，我和我的爱人袁瑞林到贞丰煤厂去挖煤，一天赶下来能挣100把块钱。6月20日那天，也就两个月零两天，我的爱人在一次瓦斯爆炸事故中不幸去世了。

我们这有个风俗，山洞没有完工，是不能抬尸体经过的。于是，村民一起帮忙用三个多小时才抬着我爱人翻个这座大山回家，他最终也没有享受一下打洞带来的便利。

村里原先有个约定，每家出一个劳动力打洞。我把我的丈夫安葬后，便天天出工打洞。每天天不亮就起床给小孩做饭，晚上收工到家还要洗衣服做家务，天天不断地高强度劳动和快节奏生活，我一直坚持了三年。

2007年，我就和现在的爱人李德龙组成了新的家庭。他的前妻2001年冬月间，不幸被人从路边碰下山，医治不及时离开了人间。

打洞之初，对于村里集资大家积极性都很高。当时，村里已经通了电，但我家还是舍不得买电视和冰箱。在乡场上买点肉，只能用洋灰纸包捆好，放到火灰里面埋起。如果招待客人，就从灰堆里拿出，肉不怎么会变味。就这样起初我捐了1350多元。后来，李德龙在江苏上班的大女婿还捐了1万元。

可是打这么长这么大的洞，仅靠村里的集资是远远不够的。当时，李德龙是村委会副主任，我是村里的计生专干。于是，我俩就一起出去找资金，买炸材。他呢，长年在隧道放炮，耳膜受损听力严重下降。我呢，只读过小学一年级，写不到几个字。他就给我当秘书，我给他当耳朵。当时村里没有费用，我们只好卖掉家里的米做路费。到罗甸县里办事，一个人来回车费要40元钱，中午一人再吃碗粉要10元钱，两人来回一趟就要100元钱。有时，或找不到人，或事没办完，回家不划算，住旅店又没有钱。我们只好找到麻怀在县里打工或是陪小孩读书的熟人家，大家挤在小小的房子里，我俩也就坐在沙发或是椅子上，即使是冬天也就脚上搭张毯子过一夜。

说真的，打了这么多年的洞，大家都打累了，打疲了，也打烦了。我们召集几次大会，商量拓高拓宽隧道问题。不少村民各有各的盘算，有点指指点点地骂："以前我家修房子，自己出钱租车去拉、租马去托。现在又让我们和没有修房子的人家一样出钱，让他们享现福，我才没这么傻嘞，不干！"大家的思想变化了，一讲到打洞，几乎都不乐意。我看开会效果不好，又挨家挨户地做工作。好不容易动员了几个来挖，看到其他人都没来，来的人也在抱怨，出工不出力。

如何解开眼前这难题，我突然想到了村规民约。历来我们麻怀村有个好做法，就是制定乡规民约。我们为保护村里林木，制定了一条民约，就是"五个一百"，如果哪家乱砍一根柴、乱烧一把火，就处罚他黄豆一百、米一百、肉一百、酒一百和钱一百。全村人都到他家吃饭，哪头猪大就杀哪一头。我们曾经抓过三家，全村人都到他家吃饭，起到了惩戒作用，以至于在我们这样的喀斯特地貌上，树木还长得像现在这么好。

于是，我便激将放出风声，以后洞拓宽了，我们就在洞口装个大铁门。小门不锁，让以前出力打洞的人和马都能过。大门上锁，只让后来拓洞出力的人和他家车过，不管你是接亲，还是嫁女，都堵在这个大铁门口。这样一来，所有的人家都派人扛着锄头去打洞了。

来是来了，还是有一部分人你盯我、我盯你，有的直接盯到我头上。我和爱人李德龙到县里找资金，有人说我家误工，要在考勤表上画叉叉。我听到后真是有点生气和委屈。也曾经想过放弃。但静下来又想，一碗水只够我一个人喝，一桶水就够我一家人喝，如果造出一口井，就能让全村人都喝上。于是，我就让正好放寒假14岁的小女儿替自己去补工天。女儿在洞里干活，回到家见我就哭："妈妈，我到底是不是你亲生的，人家都是大人干活，只有我们家是个女娃娃，我们家房子早就修好了，你冲什么带这个头？"看到女儿稚嫩的双手，手心是血泡，手背是皲裂，我心如针扎、有口难开。不管怎么样，一定要把这隧道打高打宽！最后，我只能舍小家顾大家，忍痛叫她坚持了一个多月。

看到我们这股坚忍不拔的干劲，附近村的村民、回乡探亲的人，以及各级政府、组织都纷纷伸出援助之手，加入我们的行列。有段时间，洞里村里村外的人来干活，一天就有100多人。我就在家用蒸子蒸饭，一天就千把斤米，人围拢在一起要摆十多座。大家干活轰轰烈烈，吃饭高高兴兴，那场面让我感动不已。2011年，这个洞就已拓高4到5米，拓宽有4到8米。8月16日这天，我们搞了个通车典礼。

可是，隧道石壁上还有不少松动悬石，随时都可能滑落下来毁车伤人，再加上洞口外的明路还没修好，急需大量资金。我们就多方筹资13.8万元，其中县环保局资助3万元、县民宗局资助5万。我们就用这些钱到外面租挖机进行修缮。

2014年7月25日，时任贵州省委书记赵克志带队到我们麻怀村调研。走进洞里，他发现还有多处石头裸露、石缝依旧，对行人和车辆都存在隐患。他当即与随行的相关领导商量筹款加固。9月，200万元的资金到位，大家一鼓作气，彻底地对麻怀隧道进行加固整治，修成了现在的这个样子。

麻怀村前后打洞13年，20磅的大锤到现在只有8斤重，2米的钢钎到现在只有2尺长，这也从一个侧面印证了我们麻怀干劲。

三

2013 年 10 月 16 日，我去领了第四届中国消除贫困感动奖。出发前的头天晚上，我用热水洗手多遍，双手还是粗糙黝黑、长满了老茧。

2013 年底，麻怀村支部换届选举投票，全村 37 名党员，我自己没有投自己，得了 36 票；除党员外，还邀请 25 名村民参与，我得 25 票。相当于全票当选村支书。2014 年初，选村委会主任，当时出现一个小插曲，我名字邓迎香中的香是香水的香，选票上写成乡镇的乡。当时有人就说："邓迎香的香写错了，是废票。"当场就有人站出来说："管他那个香哟，我们就选她没有文化但带领我们打通这个隧道的那个！"当时，我在另外的选点听说此事后，我真切地感受到，金杯银杯不如老百姓的口碑。

说实话，当选村主任我还在犹豫，因为我只读过小学一年级，没有什么文化。我爱人李德龙看出我的难处，便鼓励我说，你写不到字，我帮你写，你只管盖章就是了。人人都说，一个成功的男人背后，必定有一个贤惠的女人！而我们家是一个成功的女人背后，一定有一个英雄的男人！

要扶贫，就得先扶志和扶智。只有让钱跟着穷人走，穷人跟着能人走，能人跟着党员走，党员跟着市场走，才能让我们的山货出山、在电商平台上销售。

2011 年到 2014 年，我下了很大的功夫，动员我们村在外务工的能人返乡。例如，袁登胜和邓鹏飞他们两人在外务工，每人都能赚 20 万—30 万元。我找他们做工作说，你们回来，不但能照顾家人，而且能带领乡亲脱贫。父母养我们小，我们就要养他们老。你用时间陪伴老人，陪伴娃娃读书，将来让他考上一个好点的大学，你就是一个合格的儿子和父亲。你把在外学到东西带回家来，带领大家搞合作社，带动贫困户和残疾人发展产业，你就为我们村做了一件大好事。

我算过一个账，一个贫困户可实现的收入来源一是土地流转费，田800元/亩，土400元/亩；二是在合作社务工工资80—120元/天；三是年底分红。通过这三个途径，就可以把绝大多数贫困户带出来，实现脱贫摘帽目标。如果让贫困户单打独斗，给他再多的钱，他今天买酒喝，明天买酒喝，这样做反而什么效果都看不到，我们必须通过"公司＋合作社＋农户"的方式，变"输血"为"造血"，才能实现决战脱贫攻坚、决胜同步小康。

2017年，我在北京农村发展银行参加报告会，听到四川省的先进经验，人家"山上有果子，家里有粮仓"。而我报告说来说去就是打了一个隧道，实在不好意思。

这年，我有幸当选中国共产党贵州省第十二次代表大会和中国共产党第十九次全国代表大会代表。在省里开党代会时，我被安排在主席台就座，会议间隙，我在后厅找到省人大常委会副主任，向她汇报了我发展乡村产业的想法。她高兴之余，把我介绍给省农委的主任。省农委主任当即给予了肯定，并表示会后安排人下去考察一下。其间，省农委主任向省委书记陈敏尔汇报说："邓迎香都想到要发展产业了。"书记高兴地说："好呀，那你一定要帮助支持她一下。"不久，省农委派人专程下到我们麻怀村进行了调研，投入帮扶资金400万元，指导启动了麻怀村第一个产业发展项目——鹌鹑饲养，这个项目已带动贫困户12户。

此外，被我们动员回乡的袁端胜自己掏钱投资50万元，并争取各级政府水泥、砂砖等帮扶，启动生态黑毛猪养殖项目。现已养殖黑毛猪300头，计划养殖700头，建设圈养及放养基地，健全产品可溯源系统，主打生态养殖品牌。通过迎香公司网站等平台进行实体、网络双模式进行销售，每头黑毛猪可盈利500元，预计一年可盈利35万元。项目带动贫困户10户。我们还建设食用菌种植大棚1.5万平方米，占地面积26亩，每季种植规模36万棒，一年可种植两季，管理得当还可得三季，年可实现利润144万元。

麻怀村神农本草育苗基地是罗甸县中草药种植及深加工全产业链扶贫示范项目的子项目，现已在村建设育苗大棚1344平方米，流转药材种植用地30亩，每亩农户可获得800元流转费，农户还可通过参与务工，自行承包药材种植，公司回购药材等形式增收。种植的品种包括白及、白芍等珍贵药材。

麻怀村充分依托本地优势资源，按照"一年打基础、两年见成效、三年奔小康"的目标和进度，大力实施"田土种稻菜，林下种菌菇，圈里喂猪牛，庭院建果园，农家办旅游"增收富民工程。目前，村的产业发展已经实现全村贫困户全覆盖。

在脱贫攻坚战中，全村 35 名党员与 38 户贫困户进行无缝结对帮扶，实现了"强带弱、富带穷"抱团式脱贫发展。同时，积极实施党员引领示范工程，建立红色发展基金，通过党费赞助、项目扶持的方式，鼓励广大党员发展农业产业或经营农家乐，带动更多群众增收致富，已发展农家乐 5 户。目前，全村建档立卡贫困户 460 户 1898 人，实现脱贫 270 户 1179 人，正在努力脱贫 190 户 719 人。

10 年前，麻怀村在外务工的人约 280 多人，现在在外务工的也就百把人，大多数都陆续回村发展乡村产业。迄今，麻怀村考上大学的已有 25+5 人，其中 5 人为在读研究生，包括 1 名在读博士生。我们村坚持捐资助学，对每年考上大学的学生都进行奖励。2016 年，我被评为全国优秀共产党员，我将获得 1 万元奖金用于嘉奖当年考上的大学生。针对村里中老年妇女文盲较多的现状，我还把她们拉在一个群，通过语音等功能，一个字一个字地教她们认字，告诉她们只要思想不滑坡，办法总比困难多。

幸福的生活是靠奋斗出来的！麻怀村村民形成了"一想二干三成功，如果你等靠要就会落空"的共识。原来，我们这里都是小木房，现在都盖上了两三层楼房，全村人均可支配年收入从 2011 年的 800 元增长到 2018 年的 8126 元，力争 2020 年突破 1 万元。

党的十九大为我们指明了新时代的发展方向。我们发挥麻怀村离"中国天眼"只有七公里的地理优势，融入"天眼示范区"工程，已修通通往"天眼"基地的硬质公路，大卡车拉香菇等生鲜农产品可实现半小时通达，为今后发展增添了后劲。2018 年，在县委、乡党委的领导下，我们与田坝、联合、民进三个村成立了联村党委，党委已制订抱团帮扶、同步脱贫计划。我们还在与贵州大学协商合作延伸香菇等山货深度加工，届时可带动更多的贫困村、贫困户脱贫。

2017 年 10 月，习近平总书记在与参加党的十九大贵州代表团代表交谈时，了解到我们麻怀村村民坚持 13 年打凿出 216 米的人工隧道，高兴地说，很不容易啊！

我们麻怀村开办的党的十九大精神讲习所，先后接待省内外参观交流 288 场。我对来访者坦言，我到你们外面，学到的是经验；你们到我们这里，希望学到的是精神。

我输在文化上，但不能输在精神上，不能输志气，不能输信仰。我要用绣花的功夫、钉钉子的精神，去报答党中央和各级政府对我的关心，不辜负群众对我的期盼。我们要充分麻怀村党支部和联村党委集体领导的政治优势和广大党员的先锋模范作用，带领麻怀村 659 人、联村 4960 人，继续发扬"麻怀干劲"，苦干实干加拼搏创新，决战脱贫攻坚，决胜同步小康，在"百姓富、生态美"的新征程中实现新的跨越。

（中共贵州省委党史研究室、罗甸县档案史志局

2019 年 6 月采访）

塘约村成功经验

——访贵州省安顺市平坝区乐平镇塘约村党总支书记左文学

欢迎访谈组来到塘约村，我是村党总支书记左文学，我把这几年的工作感受和一些做法，与大家一起分享和交流。

我向大家介绍一下塘约村的基本情况。塘约村位于乐平镇东北部，距离平坝城区 12 公里、距乐平镇政府 4.5 公里。全村占地面积 5.7 平方公里，其中耕地面积 4864 亩。全村辖 11 个村民小组，921 户，总人口3523 人，党员 52 人。2013 年人均收入 3764 元，村集体经济不足 4 万元，是一个典型的贫困村和空壳村，有贫困户 132 户 600 人，贫困发生率 17.7%。那时候的塘约，农民收入水平低，"三留守"现象突出，空心化比较严重；生存环境差，耕地撂荒严重，"破石板、烂石墙、泥巴路、水凼凼"是真实写照；村级组织比较弱，村级经济基本无积累，村干部说话没人听、做事没人跟，没人愿当村干部；村民等靠要思想严重，人人争当低保户、户户争要救济粮；乱办酒席敛财现象严重，村民对人情支出不堪重负。

"穷根不拔，小康不达。"面对塘约村存在的现实问题，2014 年 7月，塘约村成立农村综合改革办公室，探索合股联营，村社合一，抱团发展的路子，开启农村改革新征程。经过近五年的努力，塘约村实现了从贫困到小康的转变，从后进到先进的转变，从封闭到开放的转变。2018 年，塘约村人均纯收入达 14140 万元，村集体经济收入达 362 万元。目前，我们塘约村农业产业示范园建设初具规模，村合作社下面运输公司、建筑公司等经营实体逐步健全，全村劳动力就业得到充分保障，外出务工人员"融不了城市，回不了农村"现象，农村"三留守"问题基本得到解决。

近年来，我们推行合股联营，村社合一的做法得到上级的认可和社会各界的关注，塘约被评为贵州省脱贫攻坚改革先进基层党组织、全省先进基层党组织。"塘约之变"先后被中央电视台《焦点访谈》《新闻联播》等中央主流媒体报道，著名报告文学家王宏甲五次深入塘约调研撰写的《塘约道路》由人民出版社出版，塘约村成为中宣部党建杂志社联系点，"塘约经验"写入中国共产党贵州省第十二次代表大会报告并在全省推广。

"万物成长靠太阳"。我们塘约村有这么大的发展变化，主要得益于党的好政策，得益于上级党委、政府大力支持和帮助，得益于全村党员群众艰苦奋斗、自力更生。"党群连心，其利断金"。近年来，村党总支团结带领全村，齐心协力，努力让党的政策的在塘约落地落实，努力让广大村民充分享受到改革开放成果，努力将塘约美好蓝图逐步变成现实。我们的主要做法是以下几点。

第一，党建引领，构建"网格化"工作体系。俗话说，"火车跑得快全靠车头带"。我们塘约村也不例外，加强支部建设，把每一个党员的力量凝聚起来，是我们的法宝。在全村发展过程中，党组织起到了关键的作用。

我们把零星分布在村民组里的这些个党员组建成党小组，同时在每个村民组建立组委会（从每 15 户农户中选出 1 名村民代表，这名代表就是这 15 户的代言人，负责管理和服务这 15 户村民，把小组长和村民代表组建成组委会，比如 60 户的小组选出 4 名村民代表与 1 名小组长共 5 人组建成这个村民组的组委会）。经过前期的努力，现在我们已经在全村 11 个村民小组都建立了党小组，这样一来把党组织的力量和触角延伸到村组农家。

我们还将党小组与组委会的工作进行合理分工，规定党小组统领村民组的工作，强调党小组党员在组里必须是一面旗帜，平时主要围绕宣传党的政策、协助带领组委会开展工作。组委会的工作主要是要完成村里交办的各项工作，带领村民拟办各种公益事业，调解组内的邻里纠纷。

我们通过全体村民代表大会，把党小组的职责定为三项：一是贯彻执行党的路线、方针，政策；二是协助组委会完成各项工作；三是监督组委会成员在落实各项工作当中，是否做到公平、公正、公开。

我们也给组委会规定了三项职责：一是团结带领本组村民办理各项公益事业，例如，春天来了要修沟渠，冬天来了要修道路，平时的庭院整治等；二是要完成村两委交办的各项工作；三是调解邻里纠纷。我们村这么多年来没有一起上访，除了刑事案件和离婚案件以外，没有一起官司。组委会平时只要发现有人发生吵闹了，就会赶紧介入，把事情平息。

大家都知道，在村一级，上面千条线，下面一根针，什么事情都要由村级贯彻执行。原来，我们村党员多，党总支要把全村党员管起来，难度大，而且占用了我们相当大的工作精力。后来，我们就想，能不能把线状的党支部划分成块，形成网格式的党组织管理方式呢？

通过党员大会同意，我们根据党员的分布和区域的划分，把病门口、谷瓣、小寒破、小屯上、机场坝组设为第一支部，把么关和石头寨设为二支部，塘约三院设为三支部。并明确网格区域内的各项工作由党支部统筹（比如村里有工作安排下来了，由党支部具体安排到党小组和组委会去），党支部还要负责监督党小组、组委会工作是否公道正派和按时完成，并指导党小组按时召开党小组有关组织生活会，搞好本支部"三会一课"等方面的工作。这样就无形中就把我们党总支的阵地前移了，也就是把原来村支两委要做的一些工作，特别是上级党委政府交办的工作交给我们的党支部，由党支部带领党小组及组委会完成。

现在，我们已经在全村 11 个村民小组都建立了党小组，这样一来，我们形成党总支下辖 3 个网格党支部，3 个党支部对分别对应 11 个村寨党小组的三级高效的网络管理体系。

第二，制度保障，形成"条约式"治村模式。在加强村党组织建设的同时，我们加强对党员和村干部的管理以及村风民风的治理。对一般的党员，我们有积分考评劝退制度；对村干部，我们采取"驾照式"扣分管理;对村民,我们采取的则是"红九条"和"黑名单"管理。

以"积分制"管理党员。怎么来检验我们的党员到底是不是一面旗帜?我们是这样做的:首先,我们给每个党员制定了一个积分册,这个积分册是和党章差不多大的这样一个红色的小本子,一个月一张,每张上面有 10 分的分值,一个党员每年有 120 分。其次,我们党员的积分册不在党员自己的手里面,而是在我们组委会成员的手里面,每个月由组委会给他打分,10 分的分值,打 6 分、7 分、8 分要写出相应的缘由,例如,调解邻里关系公平、公正、公开,或者在办理公益事业时是否率先示范。到年终的时候,组委会把积分册交到党总支,在党员大会上公布,并张榜公示。最后,规定年终考评低于 60 分的党员,视为不合格的党员,同一个党员如果连续考评都低于 60 分,就视为不合格。这样就保证了每名党员都重视自己的党员身份,自觉纳入党组织的管理中。积分制管理也激发了党员作用,党员形象渐渐树了起来。

用"驾照式"量化扣分管理村干部。我们组织全村过半以上的党员及群众对村干部的工作实绩以"驾照式"扣分形式测评,首先对平时工作分配完成情况做好记表,平时工作占 50 分,比如,全年安排的工作全部完成得 50 分,另外剩下的 50 分按照三个层面来进行,一是 16 个班子成员之间互相无记名测评打分占 20 分,二是 11 个村民小组长给 16 个班子成员打分占 10 分,最后 20 分由 921 户村民打分,累计以上几个项目的分值为最后得分,将得打分情况与村干部年终绩效挂钩(3 万元的年薪制,每 1 分折合绩效奖励 300 元)。测评低于 60 分或是连续 3 周没有完成村两委安排的工作,自动辞职"下岗",由有能力的村党员接任。

落实村民自治。我们一直在说,村民代表大会是塘约村的最高权力机关。凡遇重大决策事项都要提交村民代表大会审议通过后方可实施,充分发扬民主和村民自治。例如,通过村民代表大会讨研究决定,我们出台了"红九条"借力"黑名单"治民风。针对反映强烈的村内民风不纯的情况,经过村民代表大会专门制定了"红九条"村规民约,村民有"不参加公益事业、贷款不守信用、不孝敬父母、乱建房屋"等九种情形的,纳入"黑名单"管理。一旦纳入"黑名单",三个月内村两委对该村民不办理相关手续，不予享受国家给予的相关惠农政策，直至考察合格取消"黑名单"。例如，为了改变村里滥办酒席浪费的不良之风，村民代表大会讨论决定，村里提供"一条龙"服务治理滥办酒席，成立由村两委统一领导的村级酒席理事会，村里统一置办了六套餐具厨具，最大程度可以同时满足村里六户人家合规办酒的需要，并推行酒席申报备案制度，禁止操办红白事以外的其他酒席。组建了三支专业服务队，无偿为村民提供"一条龙"酒席代办服务，以"理事会包办"取缔"村民滥办"，推行婚嫁酒席"八菜一汤"，丧葬酒席"一锅香"，有效改变过去铺张浪费、相互攀比的不良风气。

举个例子，我们刚开始实施"红九条"的时候，也有人违反了，是我们村在贵阳做生意的一户人家，现在有钱了，他家女儿结婚想回到塘约村来办酒，找到我们酒席理事会的人说，你们的桌椅板凳太差，不够上档次，菜系太差没面子。他自己就从外面请了"一条龙"的，把桌椅板凳都拉来了。后面我就亲自去找他，对他说，我们现在塘约村办酒是有标准的，不能超过这个标准，不能违反我们的村规民约"红九条"。他就给我说，支书给我个面子，你们的桌椅板凳太差，菜太差，拿不出手，丢人得很。我就回答他，我给你面子，全村的老百姓就不给我面子，国有国法，村有村规，这是我们通过召开村民代表大会通过的，老百姓一致赞成的，必须按照我们的村规民约来。如此劝说，才把这个风气刹住，这户人家才把办酒的事交给我们酒席理事会办。

第三，村社合一，探索"一体化"发展道路。2014年以前，我们村还是一个省级二类贫困村，大部分年轻人都外出打工了，留在家里的就剩下了妇女、儿童和老人的"386199部队"，大家的日子本来就过得紧巴巴的。2014年6月发生的一场百年不遇的特大洪水，让我们村雪上加霜，村里的道路被破坏、农田被冲毁。穷则思变，正是这场洪水让我们意识到，我们再也不能单打独斗了，一定要走抱团取暖，共同发展的新路子。党的十八届三中全会通过的《中共中央关于全面深化改革若干重大问题的决定》里说到，农民有承包地经营权，这个经营权可以向农民合作社、农业企业流转，那我们为什么不成立一个土地流转中心，把承包地重新集中起来统一经营，踩出一条塘约发展的新路？

在党建引领方面，我们大胆推行机构设置。把村党支部、村委会以及合作社等部门统一设置成 7 个办公室和 13 个机构。现在，我们的老年群体，有老年协会；治理滥办酒席，有红白喜酒席理事会；深化农村的改革，有深化农村综合改革办公室；开展土地流转，有土地流转中心，还有水务管理工程有限公司、建筑公司、运输公司、旅投运营管理有限公司，等等。其中，我们的改革办要做的就是进村入户做社会调查。举个例子，我们制定的"红九条"，他们要去收集，收集什么呢？收集民情民意，去找老百姓中收集意见，汇总后交村两委联席会形成讨论稿，提交村民代表大会，看有没有问题，将汇总的条款再次到每户农户家中征求意见和建议，如果没有意见了，再形成正规的文本，在村民代表大会上举手表决、签字、盖手印进入档案，由改革办分到各个部门，再由支部去找党小组和组委会抓落实，也就是毛泽东说的"从群众中来，到群众中去"。除此之外，为了追求高效和精准，2016 年 10 月，我们专门聘请了北京大学、贵州大学、人民大学、北京农业大学和中国城市规划设计研究院 5 家大学的智库团队来托管塘约村的规划设计，其中包括农产品的营销、整村发展的融资，等等。

在合股联营方面，我们做强村经济组织主体。首先，对全村土地承包经营权、林权、集体土地所有权、集体建设用地使用权、房屋所有权、小型水利工程产权和农村集体财产权"七权"进行精准确权，实现产权所有权、经营权、承包权分离。通过"七权"同确，921 户老百姓都将自己的土地入股到了合作社，这样就把我们 1400 多个劳动力从土地上解放出来了。我们现在合作社搞种植这块用工不到 200 人，大多都实现了机械化、半机械化，剩余劳动力我们就分门别类地安排到各个机构。其次，建立以党总支为领导的村级合作社。合作社是全村的合作社，全村 4864 亩土地全部流转。在产业制度改革这块，在"七权"同确、"三权促三变"的这个过程中，我们的合作社起了很大的推动作用。例如，我们通过合作社这个平台和信用社签署了相关协议，凡是我们合作社的股民到他们信用社贷款的，必须享受的是全区利率最低，额度最高，放款速度最快的待遇。以前我们那个地方，农户想要拿自己的土地或房屋到银行抵押贷款，银行是不给予放贷的，因为土地农户个人只有土地承包经营权，土地的所有权属于集体，属于国家。房屋是农户唯一的住所，如果丧失了还款能力，银行不可以把你从房屋里赶出来强制执行拍卖，一不值钱，二没有人买。现在，我们通过合作社这个平台，可以实现农户用土地和房屋抵押贷款，只要我们的农户，夫妻双方出具书面的财产处置委托书，交到合作社，合作社给农户出具相应的书面担保协议，交到银行就可以在2个小时内贷到你对应的款项了。这样就把我们沉睡的资产、资源盘活了，打通了创业当中资金短缺的瓶颈。

在合作社的建设中，我们始终坚持"3451"体系：

"3"就是三大原则保障。一是入股自愿、退股自由要保障；二是办理手续高效便捷要保障；三是坚持土地底线不能非农化的原则要保障。

"4"是四大支持体系。一是土地储备体系，将零星土地储备起来存到合作社，待有机会对外合作时，便于统一划地，达到零存整划；二是利益共享体系，经营所得收益按照合作社30%、村集体30%、村民40%的模式进行分成；三是金融支撑体系，村民将土地或其他生产要素入股后，合作社与信用社通过谈判达成协议，村民只需要签署财产处置委托书，信用社只要收到合作社书面担保，2小时内放贷3万到50万不成问题；四是风险防控体系，在村集体收益的30%中抽取20%作为风险防控基金，在实际生产过程中，坚持以市场为导向，实施先订后种的原则，建立营销团队、专家团队、生产团队、农机服务团队，把风险控制到最低。

"5"是实现五大目标任务。一是让全村的土地活起来，把破碎的土地集中起来实现效益最大化；二是让全村劳动力活起来，合作社下有建筑公司、运输公司、妇女创业联合会和劳务公司，将全村1400多劳动力按特长归类管理；三是让金融市场活起来，完善金融支撑体系后，村金融市场非常活跃，贷款还款非常畅通；四是让农村资产活起来，盘活房产、土地、林地等"死"资产，使抵押、质押、入股、交易等都很方便；五是让农产品活起来，生产的农产品少于15吨不发货（原来是人挑马驮，现在是集中发货）。

"1"是以村党总支为核心。现在的合作社，是全村人的合作社，我们已经实现了"村社一体，合股联营、联产联业、联股联心"。

通过"七权"同确，我们形成了"六化"同步模式，即：合作社资产价值化，合作的资产必须先确定或是折价，以便进行抵押、变卖、交易等；村民身份股东化，让资源变资产，资产变资金，村民变股民，村民都把土地入了股；村民利益股份化，入股的时候通过村民代表大会确定田700元/亩，地500元/亩，坡地300元/亩；合作运行制度化，成本核算，管理包产量；自然农业法人化；多方关系合作化，与山东合作产业园，与大学合作旅游。

在村民自治方面，我们规范村社管理和运营。现在全村的层面是一个什么层面呢？村干部与合作社理事交叉任职，村社合作做到"一分清七统一"：

一分清：我们通过产权制度改革和"七权"同确，把个人与个人、个人与集体的财产一并分清。分产到户这30多年来，我们个人占用集体的公房、荒山、晒坝、空地等，通过这次确权一并把它收归集体。在开展工作的时候，也遇到了很多困难。鉴于这种情况，我们分为4个梯队把集体资产收回。顺序大概为，先收村干部的，再收党员的，再收村民小组长和村民代表的，最后收村民的。

七统一：一是全村的资金统一管理；二是村干部统一使用、统一管理（我们就打破了三年换届的这个瓶颈，实行的是定岗不定人，通过两个方式来管理村干部：一是例会制，每周的例会都会给村干部安排相应的工作，在下周的例会上汇报上周的工作完成情况，班子之间给出对应的测评，工作完成了打钩，没有完成的打叉，连续三周被打叉的干部，第四周就必须离开自己的工作岗位，让有能力的人来接替。二是驾照式扣分，分4个步骤测评，每个人都有一张工作分配表，分值占50分，班子成员无记名互评占20分，11个村民给班子测评占10分，最后是921户农户测评占20分。我们执行的是年薪制，3万块钱的年薪，300块钱一分，得多少分就拿到对应的多少钱。低于60分的，第二年必须让位）；三是土地统一规划；四是农产品统一种植、销售；五是美丽乡村统一建设；六是酒席统一办理（只能办红白酒，全村有6个服务队，由服务队免费给予办理）；七是村务财务统一核算（全村7个办公室，13个机构，没有哪个办公室有账、有资金，全村就一个核算中心，一个出纳，一个会计，一个财务总监）。

这里，我再举个例子，2016年3月，村里面有一条2.5公里的路要修，要铺彩色油砂。由于当时下雨时间太长，路面的淤泥太多、太深，而且和铺油砂的师傅讲好的，明天就要铺，时间紧急。我们请来的区里面环卫站冲洗大路的车子无法进行清理，鉴于时间关系，我们就发动了老百姓，来了1000多号人，小的有15岁左右的，大的有八九十岁的，很团结，干活的积极性很高。到吃晚饭的时候，都没有人回去吃饭，说分批去吃，也没有人去。大家都说，大家一起干，干完再吃。看到这个情况，村里面就安排人到城头区买馒头，先给大家充饥，边吃边干活。晚上天黑不见亮了，很多年轻人就自发回家拿手电筒，骑摩托车，开自己汽车的车灯照亮着干。当时的场景，我现在都还记得清清楚楚，我看到了村民的干劲和团结，也看了塘约村的未来。

5年来，我们村集体经济从2014年的不足4万元，到2018年312万元，贫困人口从2014年的136户600人，到2018年除了民政兜底的19人以外，实现了整村脱贫，且这19人我们合作社直接送他们股权，每人送15股，每股作价500元，就是7500元，加上年底的分红，就可以达到9000多元，再加上民政兜底部分，现在这19人的年收入已经过万。

这几年，我们村在党建引领、改革推动、合股联营、村民自治等方面走出一条村社合一、抱团发展、脱贫致富的"塘约道路"，被时任中共中央政治局常委、全国政协主席俞正声评价为"新时期的大寨"。但同时也清醒地认识到，我们的改革仍处于"摸着石头过河"的阶段，仍然存在着这样那样的问题。农村的脱贫致富和长远发展，归根结底是要靠把农民群众组织起来、武装起来自己干，靠辛勤劳动过上好生活。外力千帮万扶，最根本的是要落到扶人扶志扶智、激发群众内生动力上。我们将继续发扬自力更生、艰苦奋斗的精神，继续巩固农村土地集体所有制不动摇，带领大家走好"塘约道路"。

（中共贵州省委党史研究室、中共安顺市委党史研究室

2019年11月采访）

头雁引领群雁飞，大坝大兴党旗红

——记贵州省安顺市西秀区双堡镇大坝村党支部书记陈大兴

首先，欢迎访谈组的同志们！

我想邀请大家先看一个短视频。（播放）大家知道这是哪里吗？大家看完视频后的直观印象是什么？

这就是大坝村，一个坐落在安顺东南方向大约30公里，群山之间的村子。很荣幸，也很高兴能和大家一起走进这个美丽的村子和她背后的故事。

走进大坝，就好像置身于一幅明媚的山水画。蓝天白云下，一栋栋红瓦白墙的别墅掩映在青山绿水间，一样的小楼，一样的院落，鸟语花香，果树成林，一条条柏油路在阳光下格外耀眼，人行道彩得柔和，路边的太阳能灯杆静静地矗立着，透着现代气息。这里的人们，或忙碌，或悠闲，看着他们洋溢在脸上的笑容，总让人忍不住想到一首歌——《在希望的田野上》。

这些年来，大坝村一路发展，一路载誉，从区、市、省到全国级的荣誉无一不有。曾获安顺市"四在农家·美丽乡村"先进村、贵州省新农村"整乡推进"示范村、2018年中国美丽休闲乡村、第五届全国文明村镇、全国先进基层党组织等多项殊荣。

可是，谁曾想到，在这些光彩夺目的称誉背后，大坝村曾经还有一个沉重的标签——省级二类贫困村。大坝是一个历史不足百年的村庄，第一户人家搬来之前，是一片荒野，没有人烟，没有农田，没有路。随着从"三川四码头"逃荒而来的人们陆续来到这里，开荒种地，才慢慢聚成村落。所以大坝是一个当地人看不上，外地人"辗家"来定居的"移民村"。大坝人也和所有中国农民一样勤劳，但这块土地却没让这些勤劳的人们致富。天公不作美，这里不仅土壤贫瘠，还严重缺水，只能种点苞谷、土豆，产量还很低，辛苦一年的收成居然不够吃上三个月。民间有这样的一句话来形容曾经的大坝，"大坝大坝，烂田烂坝，小伙难娶，姑娘远嫁"，一点也不夸张，这是以前大坝的真实写照。新中国成立后，在20世纪五六十年代，曾有人建议把大坝村并到邻村，邻村都不愿意接收。

这些镜头记录下的大坝，道路坑坑洼洼，泥泞四溅，污水横流，房前屋后柴草乱堆乱放，猪屎、狗粪到处可见，每到热天，村里臭气冲天，令人发呕，到过这里的人无不怨声载道。从离我们时间较近的几个数据也可见一斑，2008年人均年收入仅1982元，村集体经济收入不到1万元。2014年全村也仍然还有55户190人贫困人口，贫困发生率高达11.85%。

如此大的反差，真是让人难以相信。短短几年间，为什么大坝会发生翻天覆地的变化？在她华丽转身的背后又有着怎样的人和怎样的故事呢？

一名党员，一面旗帜

2016年，安顺日报社组织启动了"走进一百个美丽乡村"的活动，在对数十个美丽乡村的走访中发现，每一个"乡村蝶变"故事的背后，几乎都离不开村党支部书记这面旗帜的引领。大坝村也是如此，它所取得的新成就，发生的新变化，展现的新风貌，都和它的村支书息息相关，甚至可以说，这个村支书一辈子的梦，就是大坝村全体村民的梦。

这位村支书是谁呢？他就是当地有名的"陈百万"，妻子戏称的"陈白劳"，村民眼中爱折腾的"侠客者"，《贵州日报》记者眼中的

"白头翁"……他就是陈大兴。

陈大兴一开始只是大坝的一个普通村民。那他自己的人生是怎样与这个村子密不可分的呢？他个人的梦想又是怎样和全村人的梦想捆绑在一起的呢？

1996年秋，大坝村当时的村支书，当了33年的村支书陈万德身患癌症，病痛折磨和威胁着他的生命，但这个时候更让老支书担忧的心病却不是足以可以摧垮一个人的绝症，而是谁来接自己的班，谁来带领全村继续和贫穷斗争。经过反复掂量、深思熟虑后，他郑重地向镇领导推荐了一位年轻的小伙子：双喜。双喜是谁呢？就是陈大兴。这是他的小名。陈大兴，这个28岁的小伙子身上的一些良好品质让他觉得放心，不自私，讲公道，能吃苦，有骨气，有头脑，也有一定的组织能力。一天，老支书躺在病床上，伸出孱弱的手紧紧地握住陈大兴作最后的托付，希望他挑起大坝的担子。此时的陈大兴，低头不语，泪湿眼底，百感交集。他无法肯定答复，是因为自己太了解这个村子的穷和这个村子里人的苦。他害怕连自己的小家都撑不住，更无法撑起大坝村这个大家。经过了激烈的思想斗争，最终是记忆深处的一段话，让他在拒绝与接受的徘徊犹豫之间，作出了自己一生最重要的决定。这段话不是别人说的，就是老支书曾经在一次村民大会上对这乡亲们讲的："我们村现在很穷，但不会永远是贫穷！大家一定要团结起来跟穷斗。作为党员，做什么事情都要走在前面，党员就是要为村里好，为百姓好！"在人生选择的十字路口，是这一段平实质朴却情真意切的话牵动着陈大兴的心，左右了他。他慢慢地抬起头，目光变得坚定起来，语言也变得坚定："好吧，既然大家都信任我，那我先干！"陈大兴的这一句回答，让老支书放下了心里沉重的石头，老支书眼前的这个年轻人，没有辜负他满心的期望。就在那一刻，陈大兴就暗自发誓："一定要把老支书没走完的路走完，带领全村人摘掉贫困村的穷帽子，让大家过上好日子！"

从此，陈大兴从甘堡林场的临时护林员变成了大坝村的村支书。这位村支书可是一点也闲不下来，脑子里琢磨的就是怎样带领村民致富。

发展思路决定发展出路。在接过大坝村后，陈大兴更清楚地意识到，没有产业才是导致大坝村贫穷的主要原因。要摆脱贫穷，必须要有可以支撑全村的产业。而在找到一个真正适合大坝的产业的路上，陈大兴走了很久，走得很艰辛。累过，苦过，亏过，充满希望，又几乎绝望。但无论如何，还是紧盯产业不放，因为他深知，好的产业才是村民们脱贫致富、开源活流的根。在党中央发起脱贫攻坚战的背景下，产业扶贫才能真正实现精准扶贫，才能扶贫扶到家，扶到点子上。发展方向又决定发展成败。产业结构调整必须规划好发展方向，才能少走弯路、见效快。陈大兴带领村民们进行了一次又一次的尝试和努力，都因这样那样的原因失败了，最终能把金刺梨产业做大做强，做成特色，做成接二连三的产业链，实际上就是在认真总结多次失败经验的基础上，因地制宜、稳扎稳打发展产业，合理、科学调整产业发展方向的结果。

从凿开大坝出山之路到找准大坝产业发展之路，功夫不负有心人，陈大兴在"山重水复"的摸索后终于迎来了"柳暗花明"。摸爬滚打，屡败屡战，是因为这位当家人知道，"让全村富起来是在自己的责任"，"不给大坝找准产业，还当什么村支书"。他的艰辛付出最终得到了回报，最让他开心的回报就是大坝村走出了贫困的阴影。他的艰辛付出也得到了村民、组织和社会的广泛认可，曾被评为全国农业劳动模范、贵州省优秀共产党员、贵州省优秀党务工作者、全省脱贫攻坚先进个人等。

陈大兴不愧为大坝村的领头雁，头雁高飞引领着群雁齐飞，很好地起到了示范带动作用。他充分激活了大坝村党员队伍的活力，让党支部释放出"雁阵效应"。"雁阵效应"带给我们这样的启示：靠着团结协作精神，才使得候鸟凌空翱翔，完成长途迁徙。雁阵如此，支部作为一个团队，更应如此，唯有顽强拼搏、协同共融才能带领党员和群众走得更远，走向更好。

一是支部带动，增强凝聚力。群众富不富，全靠党支部。大坝村党支部书记身先士卒，积极作为，支委委员齐心协作，根据各自特点、专长等从党建、经济、村务、财务等方面进行区域化分工，明确责任，各司其职，充分发挥了领导班子的整体合力。通过全面推进支部建设规范化、标准化，深入开展党员议事决策、入户走访、重温入党誓词等丰富的主题党日活动，充分激发出党员的先锋模范作用。陈大兴对党支部的工作要求是：平常工作看得出，关键时刻站得出，危难关头豁得出。大家也确实是这样做，党支部在群众心中的威信树立起来了，核心凝聚力也增强了。

二是党群互动，扩大向心力。党支部又是怎样把群众带动起来的呢？发展产业，党支部成立合作社，带着村民干，干得热火朝天，干得成果丰硕，抱团发展走上致富路。贫穷落后、单打独斗的时候，村民们对党支部、对党组织、对党员的认识几乎是模糊的，而现在，党支部的影响力和党员的形象开始变得真实、生动和具体起来。在支部带领下，有方向，有干劲，为美好生活而奋斗，民心也就有所归依。同时，大坝村村级治理按照"政府引导、村委主体、村民自治、社会参与"的模式，充分发挥群众自治的基础性作用。健全党支部领导下的议事决策机制，积极鼓励村民参与议事，通过召开全体村民大会、村民代表大会等对全村重大事项进行民主投票决策，很好地密切了干群关系，进一步凝聚了向心力。

三是产村联动，激活生产力。大坝村的产业模式是"党支部+合作社+基地+农户"这一生产经营模式。村社合一，统一技术培训，统一农资采购，统一销售等，促进了产业的科学有效管理，基层党组织在服务农民、服务产业方面更具针对性，农民被组织发动起来了，充分激发出大坝村产业发展的生机和活力。

四是村企推动，提升竞争力。大坝建立了"村企联席"制度，定期和驻大坝的企业、合作社、施工队等负责人座谈，听取他们对土地流转、项目建设、产业发展等的意见和建议，帮助企业解决生产经营困难。西秀区派驻大坝村第一书记丁凯这样谈道："党组织延伸向基地，基地的产业聚在公司，公司效益又富于农民。"

在党支部的坚强领导下，大坝村走出了一条农村党建工作和经济建设一体化发展之路，党支部深度融合于产业发展的全过程，党员模范带头，广泛发动群众，形成最大合力，有效应对经济形势新变化，加快现代农业发展步伐。陈大兴和他率领的基层共产党员，是飘扬在大坝村父老乡亲心中的一面旗帜，透过这面旗帜，人们感受到了共产党员带领群众共同致富的决心和信心，感受到了共产党员大公无私、以天下事为己任的情怀和担当。这面旗帜耀眼夺目，高高飘扬，让共产党员的形象更加真实具体、可亲可敬。

一产蓬勃，百业俱兴

大坝形成今天的产业规模和格局，得从陈大兴一次偶然的遇见说起。2007年中秋节，美好团圆的日子，陈大兴没有和家人一起度过，不是不想和家人团聚，而是心中有太多牵肠挂肚的事让他觉得闷得慌，想要出去走走，找个地方散心，这地方也不远，就是大坝附近的九龙山国家森林公园。让他倍感压力的事，不是别的，都是关于自己十多年前扛过来的大坝村，从上任那天起就开始带领大伙发展产业，一桩一桩地试，一茬一茬地干，可就是走不出赚了赔、赔了换、换了再赔的怪圈。大坝村的出路到底在哪？他还在苦苦思考着，探寻着。心中的烦闷，也得找个朋友诉说，这个朋友，是他在甘堡林场当护林员时结识的伙伴陈兴明，现正在九龙山国家森林公园给西秀区林业局管苗圃。恰好陈大兴也在村里搞了几年苗圃，两个人很有共同语言。

老朋友见面，有说不完的话，聊家庭，聊生活，从当护林员的往事聊到这些年育苗的酸甜苦辣。陈兴明见陈大兴说起育苗真是滔滔不绝，知道他对育苗非常上心，就带他去林业局的苗圃看看。陈大兴一听去看规模化的育苗基地，饶有兴趣地紧随其后。他看到各种各样的树苗，高高低低好大一片，而其中一块地里，长势茂盛还挂着果的刺蓬蓬显得有些异样。陈大兴很好奇地询问，陈兴明告诉他是林业局培育成功的无籽刺梨，还顺手摘了几颗让他尝尝。如果只是野生刺梨，那就不稀奇了，山上随处可见，烂了都没人要。安顺有一个生动的谜语这样描述野生刺梨"一个小顶罐，装满糯米饭，不吃糯米饭，只吃小顶罐"。为什么是野生刺梨，因为它"装满了糯米饭"，就是说它有很多小籽。刺多，吃起来麻烦，籽多，又影响口感。而陈大兴手里捧着的这无籽刺梨，果然和平时见到的野生刺梨不太一样，圆圆的，黄里透红，表面的刺很细。

放到嘴里一嚼，更不一样，肉厚脆爽，水分充足，酸甜可口，无籽化渣，确实不一般。自从见了刺梨苗，陈大兴突然变得不像上山时那么心事重重了，离开时还满心欢喜地带刺梨回家给自己的妻子儿女们品尝，脸上洋溢着喜悦，心里早已在盘算着。他下定决心要做第一个吃螃蟹的人，要种这还没人愿意种的刺梨，还主动到去林业局科技推广站去联系树苗。林业局本来就有推广无籽刺梨的想法，见陈大兴积极性这么高，把剩下的刺梨苗赠送不说，还表示要派技术人员到现场做栽培技术服务。这可给了陈大兴一颗定心丸。接下来他要做的事情，便是回家开家庭会议来统一思想了。妻子觉得丈夫为了给村里找路，都把自己找得遍体鳞伤了，也担心再一次失败，但终究还是和他站在一起，支持他。因为她已经习惯了她的丈夫就这样"折腾"。

2008年年关过后，春暖花开，正是插苗种树的好时节，陈大兴和妻子在租来的30亩试验田里翻土、培植树苗。总共试种1200棵，暂时不张扬，这是夫妻俩的约定，因为他们自己是农民，太了解农民了，至今还没有脱离贫困，在成功得少，失败得多的产业发展路上，已经再试不起，折腾不起，输不起了。到一个完全陌生的行当去蹚水，还是让自己先来。如果失败，乡亲们少一次失望，如果成功，对大家就有说服力。功夫不负苦心人，30亩试验田的刺梨苗全部存活，但离挂果还有3年。每一株都要浇水、施肥、除草、松土、打枝、治虫，管理好才能根深叶茂，个中苦累，只有自知。陈大兴白天忙村里的事，很多时候都得晚上去"打夜战"，汗水浸湿锄把，指头弯曲变形，压力劳累，汗流浃背，只有坚持。不被看好，不被理解，不被支持，都忍着。他只是想要给大家寻找一个产业新天地。妻子理解丈夫，心疼丈夫，相信丈夫，承担起主要的活儿，像照顾1200个孩子一样照顾这1200棵刺梨苗，无论刮风下雨，烈日凛冽，都忙碌在试验田里。3个春夏秋冬，1000多个日夜交替，听过多少鸡鸣犬吠，伴过多少日出日落，刺梨苗在精心的呵护下茁壮成长。2011年秋收时节，终于开出了致富花，结出了幸福果。试验田里，客商们进进出出，争相议购。有人估算了，每一株刺梨树大约可以摘成熟果实20斤，一亩地栽种了100株，亩产达2000多斤，30亩合计6万多斤，按照市场零售价40元每斤算，可以卖120

万元。

　　三年前亲手种下的"刺蓬蓬"变成了"黄金果"，陈大兴夫妇乐坏了。更让陈大兴高兴的是，他发现村里的人们在改变对刺梨的看法，有为他欢喜的，有准备引种的，虽然也有个别在继续观望着的。于是，陈大兴做出了一个让人瞠目的决定——刺梨不卖，拿来送人，请大家来现场免费品尝，在试验地里自采自吃。2011 年 11 月 12 日，由西秀区林业局组织，一场上万人参加的无籽刺梨现场品尝会在大坝村举办，这是大坝历史上的第一次盛会，田间地头，人头攒动，接踵摩肩，乡村公路上车水马龙，水泄不通。大家不仅可以自采自吃，还可以免费打包带回家，真是高兴而来，尽兴而归。现场品尝会持续开了六天后，安顺市委、市政府又组织在大坝召开全市无籽刺梨推广现场观摩会，在这次大会上，无籽刺梨有了一个好听的名字——金刺梨。从此，更多人认识了陈大兴，知道了金刺梨。不久，陈大兴收到上级通知，让他培育刺梨苗，以供扩大种植面积所需。陈大兴，这个在很多村民看来，摆着"陈百万"不当，偏要做"陈白劳"的支书，靠金刺梨在大坝村下活了一盘棋。他不想只是自己一家人过上好日子，而是要带着大家一起过上好日子。接下来，大坝村便开始着手成立合作社，流转土地，扩大种植。2012 年，大坝村的金刺梨种植面积达到 2300 亩，很快又增加到 5000多亩。"小金果"托起了致富梦，大坝村增收和脱贫速度都在加快。很快，金刺梨开始在全市范围内铺开，覆盖 300 多个村，带动了 6 万人就业。全市目前金刺梨种植面积已达 20 多万亩，年产值 10 亿元。金刺梨就像星星之火，迅速成了燎原之势，成为安顺市一项重要的农业产业。

　　金刺梨产业的成功直接推动了大坝村多元化产业发展。一是种养结合。大坝村除了主打金刺梨，还种植晚熟脆红李 1200 亩、雷竹 300 亩、牧草 300 亩；利用山塘资源发展荷花、莲藕种植等水面经济 300 亩；发展 300 头肥牛养殖项目，引进蚂蚱养殖项目，建成 600 个蚂蚱养殖大棚，形成覆盖山上、地中、水下，农牧禽结合的立体循环种养业体系。金刺梨还获得农产品地理标志证书、无公害农产品证书等。金刺梨种植基地已获得无公害农产品产地认定和有机转换认证。蚂蚱深加工产品"蝗尚小吃"成功注册商标。二是工农结合。大坝村坚持用工业的思维谋划农业，针对金刺梨规模化种植后出现的滞销问题，村支两委在深入开展市场调研后，组建了贵州大兴延年果酒有限责任公司，建成年产5000吨果酒的贵州大兴延年果酒厂，主打产品有12度金刺梨十红果酒和42度的金刺梨白兰地。此外，还积极开拓果啤、果汁等业务。2018年底，新增生产的新型金刺梨啤酒一经上市就深受广大消费者喜爱，产品供不应求。三是农旅结合。大坝村依托毗邻九龙山国家森林公园的区位优势，充分发挥村内果园、田园的自然生态优势，积极发展乡村旅游产业。利用千亩金刺梨果园，在金刺梨花开时节举办金刺梨赏花活动；利用丰富的果树资源，在李子、桑葚等果实成熟时举办果园采摘活动；利用闲置的房舍，发展乡村民宿，开设农家乐和农家旅馆；引进青岛榕昕集团投资1.5亿元，建成占地面积2000亩，集奶牛养殖、奶制品加工、亲子娱乐等于一体的生态牧场，目前已经养殖奶牛300头，日产鲜奶1000公斤。目前，大坝村每年游客接待量已突破1万人次以上，形成了集观光、休闲、度假于一体的生态休闲旅游产业链。

在我们面前呈现出来的是一个产业兴旺的大坝。一方面，乡村生产类型是丰富的、多元的，大坝可谓是种植业、养殖业、加工业、乡村休闲旅游业，乃至房前屋后庭院经济等多业并举。另一方面，乡村产业的经营主体也是多元的，有农户为主体的产业类型，也有合作社、农业企业、外来资本等为依托的产业，彼此促进，相互融合。

来过大坝的人，应该都会觉得这真是一方环境优美的休闲之地，生态宜居的康养之所。近年来，大坝坚持节约优先、保护优先、自然恢复为主的原则，抢抓贵州省人居环境改善机遇，强化规划引领作用，大力实施村庄整治、基础设施建设、生态治理等人居环境综合整治工程，逐渐打造成型一个宜居、宜业、宜游的美丽家园。

早在1996年，大坝就将所有自留山收归村集体统一管理，只种不砍。1998年全国天然林保护工程实施以后，村委采购了大量树苗免费发放给村民们种在自家的自留山上。20多年过去了，小树已经长成了大树，荒山已经变成了森林。后来，大坝又被划为九龙山国家森林公园保育区、国家重点公益林保护工程。今天的大坝，地表植被完整，森林覆盖率达86%，成了一个大氧吧。大坝村利用错落山势在低洼处修山塘，进行河道生态修复，引入九龙山森林公园水系，还成功申报高标准农田示范项目灌溉工程，引入山京海子湿地水系。曾经，严重缺水是制约大坝发展的一个重要原因，而今天的大坝再也不会为水所困。为改善水环境，大坝村通过生态污水处理系统统一集中收集、处理，达标后再排放，净化后的水质达到国家三级标准，实现水资源循环利用。生产生活垃圾，则按照"户分类，村收集，镇处理"三级联动模式进行清运处理。大坝村还积极开展有机种植，种植业不用农药，申请了有机种植基地，并已经获得有机转换证。甚至在肉牛养殖项目中对牲畜排泄物的处理方面，都是通过微生物发酵降解进行无害化处理，既实现了污染零排放，又能为种植业提供免费的生物有机肥。大坝村就是这样着眼细节，稳扎稳打，保卫蓝天、碧水和净土。

红瓦白墙、风格统一的别墅群是大坝最亮丽的风景，因此大家常称呼大坝为"山里的华西村"。的确，大坝的美丽乡村建设与人居环境改善与华西村渊源不浅。为什么这样说呢？这得谈到陈大兴的一个梦。2012年陈大兴参加了省委组织部组织的一次基层干部赴华西村的学习。被誉为"天下第一村"的华西村让他深深震撼。在那时，他就暗下决心要让大坝村百姓像华西村百姓一样，家家住别墅。接下来，仅仅用了5年时间，大坝就好像"金蝉脱壳"，陆续拆掉了150多户破旧老房，建起了130多栋别墅。每栋两层半，共330平方米，并配一个车库，美观实用。这样统一规划建设，有效避免了为建新房而占用耕地，大大提高了土地利用率。拆除后的空地又由村支两委统一规划使用，产生更大的经济效益。与此同时，还配套加强基础设施建设，完善公共服务体系。优美的环境，完备的设施，让这里的人们尽享田园风光与现代生活。

正是基于这样合理、科学乃至超前的规划，大坝村形成了分明的四大功能区域和四大产业板块。大坝的美，美在乡村建设，美在产业规划。产业发展带动美丽乡村建设，美丽乡村建设促进产业发展。这样的大坝，岂不是生态宜居？

仓廪实而知礼节，衣食足而知荣辱。在大坝，大家一心一意做产业、谋发展，忙碌的日子有滋有味，生活条件改善了，心胸眼界也变宽了，文明礼让，团结和睦。大坝人从抛掉办酒陋习，从"大操大办带头禁，移风易俗我先行"做起，开始新生活，引领新风尚。为了培育文明乡风、良好家风、淳朴民风，村支两委煞费苦心，把"绣花"的功夫都用上了，通过举行丰富而又接地气的学习培训、文化娱乐等活动，引领大家传承"忠孝传家、积德向善、互助守望"的家训寨风，引导村民尤其是年轻人学习中华优秀传统文化和乡土文化。比如，在"念福"中劝解人们修身养德，颂党恩，传国策，在二月二、六月六等农事节会中学会把握节令，敬畏自然，等等。人们在喜闻乐见的活动中受到感染，养成文明的生活方式，形成文明的生活风气。乡村振兴，不仅要"面子"美，更要"里子"美，而这"里子"就是家风、民风、乡风。实现乡风文明，就是在百姓头脑里搞建设，不搞形象工程，不能急功近利，只能春风化雨，潜移默化。大坝村正是这样来提升乡村软实力的。

治国安邦重在基层。习近平总书记强调："要夯实乡村治理这个根基。"大坝的乡村治理是如何推进的呢？

首先，支部发力强引领。大坝党支部将坚持和加强党对基层治理和集中统一领导这一核心理念贯穿始终，提升组织力，强化政治功能。全面领导村委会、村务监督委员会、合作社等组织机构。不断完善党组织领导乡村治理的体制机制，建立村级重要事项、重大问题由党支部研究讨论机制，努力把改进作风和增强党性相结合，把为群众办实事和提高群众工作能力相结合。

其次，以民为本聚合力。村民自治是基础，是乡村治理的本质。在实施"别墅计划"过程中，针对项目建设、集中居住、土地流转等问题，大坝村两委反复讨论了 10 天，先后举行了 3 次村民大会，由村民表决投票，得到绝大部分村民支持后才决定实施。村规民约也是反复征求群众意见后制定的，足见大坝村对村民的主体地位的尊重。大坝村实行重大事项集体决策机制，通过召开全体党员大会、村民代表大会、村企联席会议等对土地流转、项目建设、产业发展等重大事项民主投票决策，让村民广泛参与到村级事务中来。大坝村因地制宜，制定了《村民二三四公约》。公约通俗易懂，严格落地，村民在自觉遵守中提高了自我管理、自我约束、自我教育和自我服务水平，也更具有主人翁意识。

村民自治制度的完善充分体现了村民意志，保障村民权益，激发农村活力。

再次，法治强村百姓安。村务公开，接受群众监督。学法普法，提高法治意识。治安巡逻，化解矛盾纠纷，拉近警民距离，综合行政执法改革不断下沉，延伸到基层，到农村，让群众的获得感、幸福感、安全感得到提升，奠定了法治乡村、平安乡村的坚实基础。

最后，模范引领促和谐。如何让全体村民自觉遵守各项规章制度？大坝村深挖乡村人情社会蕴含的互助互信、邻里相帮等道德规范，积极引导村民向上向善、孝老爱亲、重义守信、睦邻友好。用身边人、身边事为榜样，用榜样的力量凝聚共识，化作行动。

生活富裕是乡村振兴的根本，是实现共同富裕的必然要求。生活富裕，农民收入必须提高。"三农"问题首先要从农民增收入手，"村有主导产业，户有致富门路，人有一技之长"这"三个有"是大坝村的目标，"入一份股、打一份工、创一份业、建一亩园"这"四个一"则是大坝村的增收模式。村民的收入持续快速稳步增长，正是有赖于多种渠道收入叠加，而且家庭经营性收入、工资性收入、财产性收入、转移性收入等还在悄然发生着结构性变化。从某种意义上说，大坝村民不再是传统的农耕农民，很多家庭的经营性收入的主要构成也不再是第一产业。比如，王江平用自家别墅开起农家旅馆和农家乐，2017年仅该项收入就达12万元。生活富裕，农民必须全面发展。马克思指出，人的本质是一切社会关系的总和。基于这样的认识，乡村的生活富裕一方面要通过农民的发展表现出来，体现在身体素质、文化素质、心理素质、创造美好生活和感受美好生活的能力全面提升；另一方面，要体现在农民日益增长的美好生活需要必须得到满足，必须尊重、保护农民的根本利益。这意味着必须要更加注重农民生活质量和水平的提升，更加注重农民在民主、法治、公平、正义、安全、环境等方面的多元需求。而这一切，大坝村做到了。

大坝村给我们上了新时期乡村振兴最生动的一课。从发展产业一点突破，到乡村规划循序渐进，再到乡村振兴面面俱到，可谓"举一纲而万目张，解一卷而众篇明"。而这一切，出发点和落脚点都是人民，都是为了维护最广大人民的根本利益。马克思认为："人们为之奋斗的一切，都同他们的利益有关。"也就是说，作为马克思主义政党的中国共产党，就是维护和发展人民群众根本利益的政党。正如习近平总书记指出的："必须以最广大人民根本利益为我们一切工作的根本出发点和落脚点，坚持把人民拥护不拥护、赞成不赞成、高兴不高兴作为制定政策的依据，顺应民心、尊重民意、关注民情、致力民生。""党中央的政策好不好，要看乡亲们是哭还是笑。"乡亲们的哭和笑，是党执政为民的标尺。那么，从大坝乡亲们脸上灿烂的笑，我们可以肯定地说，党和国家的政策，在大坝村得到了很好的执行，不光很好，还能落地生花。

在乡村振兴的生动实践中，大坝村最为突出的经验和最有利的优势是，以党建统领一切，不断夯实基层党组织的核心地位，以发展金刺梨种植产业为主的村集体经济为抓手，以产业为纽带，凝聚士气，把农民组织起来，增强了党组织的凝聚力、战斗力和创造力，让基层党组织这一战斗堡垒在驱动乡村全面振兴中发挥不可替代的作用。

一颗初心，终身使命

2018 年全省脱贫攻坚"三优一先"表彰大会上，陈大兴曾作为全省脱贫攻坚优秀党组织书记代表发言。他怀着非常激动的心情和大家分享了他 20 多年来他和大坝村的三个梦——脱贫梦、别墅梦、小康梦。今天，这三个梦都逐一实现。

习近平总书记说过，不忘初心，方得始终。中国共产党人的初心和使命，就是为中国人民谋幸福，为中华民族谋复兴。这个初心和使命，是激励中国共产党人不断前进的根本动力。他还指出："为什么我们党在那么弱小的情况下能够逐步发展壮大起来，在腥风血雨中能够一次次绝境重生，在攻坚克难中能够不断从胜利走向胜利，根本原因就在于不管是处于顺境还是逆境，我们党始终坚守为中国人民谋幸福、为中华民族谋复兴这个初心和使命，义无反顾向着这个目标前进，从而赢得了人民衷心拥护和坚定支持。"我们清晰记得，党的十九大闭幕仅一周，习近平总书记就带领中共中央政治局常委专程从北京前往上海和浙江嘉兴，瞻仰上海中共一大会址和浙江嘉兴南湖红船。在这里，习近平总书记带领新政治局常委班子回顾建党历史，重温入党誓词，他意味深长地讲道："入党誓词字数不多，记住并不难，难的是终身坚守。"回顾党的历史，我们知道，出席党的第一次全国代表大会的各地代表平均年龄只有 28 岁，朝气蓬勃、敢作敢为、开天辟地的青年，有着相同的理想与追求，同样的目标和起点，但最后的人生走向却各自迥异，有的成为烈士、有的当了叛徒，还有的做了汉奸，只有 2 个人在 28 年后，最终站上了天安门城楼。细细寻思，党的一大代表人生走向之所以有着天壤之别，归根结底在于他们是否真正确立，进而践行，以至最终坚守住了初心和使命。

一个时代有一个时代的主题，一代人有一代人的使命。对于共产党人来说，无论何时何地，初心使命不曾改变，只是表达的方式不同。在山河飘摇、民族危亡之时，共产党人是用"为有牺牲多壮志"的大无畏精神给初心和使命作最好的注释。在一穷二白、百废待兴的建设年代，共产党人是用"敢教日月换新天"的大气魄对初心使命做最好的解答。新中国历经 70 多年风雨，铸就 70 多年辉煌，取得了令世界瞩目的历史性成就和变革，实现了从"赶上时代"到"引领时代"的跨越，正是因为有无数共产党人脚踏实地的付出、兢兢业业的奋斗。焦裕禄、谷文昌、杨善洲、邹碧华、李保国、王继才、张富清、黄文秀……从这些被习近平总书记点赞的优秀共产党员身上，可以发现一个共同之处：他们虽然来自不同年代、不同岗位，但都奋发向上、积极进取，把为党和人民事业奋斗作为最高人生追求，在各自领域创造了不平凡的工作业绩，在担当尽责中彰显了共产党人的初心和使命。

我们再看看奋斗在大坝这一片热土上的共产党员，以陈大兴为代表的基层共产党员，他们怀揣的初心、肩负的使命。

首先，是如何确立的问题。确立了初心和使命，前进的方向也就逐渐清晰了，前进的勇气也就鼓足了。就像屈原的"亦余心之所善兮，虽九死其犹未悔"。确立初心和使命，实际上就是立心、立命，立志，仍记得周恩来"为中华之崛起而读书"之心、方志敏"党有指示,虽死不辞"之志,把个人与祖国紧紧联系起来,在为崇高理想信念奋斗的路上,九死一生,无惧无悔。陈大兴,一个没有走出大山的村支书,他的初心听起来可能不那么宏大,但一样真切打动人心。"我一定要把老支书还没走完的路走完,带领全村人摘掉'贫困村'这顶穷帽子,让大家过上好日子!"这是他答应老支书接任后心里暗下的决心,也是他最朴素、最纯粹的初心。他明确了初心,瞄准了目标,挑起了担子,义无反顾地向前走,带着乡亲们找产业发展的路,走乡村振兴的道,圆乡村蝶变的梦。

我们常被一些穷则思变的故事打动,折服于其中的精神和力量。什么是穷则思变,塘约就是!大坝正是!为什么要变?全是因为穷!这种穷,不只是财物匮乏的穷,更是处境恶劣的穷,是山穷水尽,是穷途末路的穷。为什么能变?是因为他们的领路人把为民作为自己的人生信条,怀揣一颗纯净的初心,一颗急民所急,忧民所忧,顺应民意,全心全意为人民服务的赤子之心。这难道不是一个基层党组织的支部书记,一个共产党员用一心为民的情怀对党的性质、党的宗旨最生动而且最有说服力的诠释吗?

其次,是怎样践行的问题。陈大兴在带领全村寻找一条可持续发展的产业路的过程中,一次次陷入困境。种烤烟、种药材、种竹荪、养牛、办苗圃,能试的都试了,能干的都干了。跌倒了,爬起来;再跌倒,再爬起来,咬定青山不放松,用大坝人描述的就是牛脾气,就算"前头是一面崖壁,也要去撞一个血洞洞"。在陈大兴这里,你要问他什么是践行初心使命,就一个字"干"。他就是一个实干家。省委、省人大常委会有位领导在 2018 年全省项目建设观摩会上,对大坝村的发展赞不绝口。"世界上的事情都是干出来的。不干,半点马克思主义都没有。"实干,才能彰显共产党人的精神风范,才能挺起共产党人的精神脊梁。

最后,也是最难的,是怎样坚守的问题。坚守,归根到底是一种精神,是一种情怀,是一生从初心出发的担当。党的历史证明,担当是共产党人的立身之本,担当精神是共产党人的魂,是脊梁精神。习近平总书记指出："能否敢于负责、勇于担当，最能看出一个干部的党性和作风。"新时代呼唤担当，在实现中华民族伟大复兴的新征程上，新时代党员干部必须牢记初心使命，始终把人民对美好生活的向往作为奋斗目标，敢于担当、勇于担当、善于担当，对党和人民忠诚，为党和人民担当，用担当诠释忠诚。

坚守初心使命，要怀热爱之心。翻看历史，我们党诞生于国家、民族的危难关头。中国共产党人怀揣着对国家、民族和人民深沉的爱，奋起追寻救国救民的真理，竭力探索救国救民的道路，为了党和人民的事业不懈奋斗，甚至付出宝贵生命。如果缺乏这种热爱，我们党不可能一路披荆斩棘，奋勇向前；如果缺乏这种热爱，党员干部就会失去坚守初心和使命的强大动力。陈大兴也是如此。如果没有他内心深处对他脚下的那片土地和他身边的那群乡亲的热爱，他一定不会有 23 年的坚守。

坚守初心和使命，要立坚定信心。为中国人民谋幸福，为中华民族谋复兴，不是敲锣打鼓就能完成的。坚定信心能让我们党能在困难中看到光明，能在逆境中砥砺奋进，能"不畏浮云遮望眼""乱云飞渡仍从容"。陈大兴和他守望互助的班子，这些基层的中国共产党人，一心为了百姓的幸福干，一心为了改变村子的面貌干，再困难，再艰苦，都相信自己的选择是正确的，在大坝村乡村振兴的过程中，信心十足，始终掌握着改变乡村命运的主动权。

坚守初心使命，要有强大决心。走在继续扩大改革开放进程中的中国农村，机遇多，风险也多，陈大兴和大坝村，为什么能不畏风险挑战，能抢抓产业振兴、农业农村发展现代化的机遇？源于他们带领群众走向共同富裕的决心。因此，即便出现问题，面临挑战，他们也能保持清醒认识，奔着问题去，冲着挑战去。

坚守初心使命，要持不变恒心。靡不有初，鲜克有终。没有恒心，就可能违背初心。从诞生之日起，我们党始终持之以恒地为理想信念而不断奋斗。在新的赶考之路上，仍然需要我们一以贯之，久久为功，没有歇一歇的时间，没有等一等的余地。回顾在大坝村 20 多年艰辛探索发展的历程，陈大兴一个人的坚持，慢慢成为一群人的坚持，成为所有人的坚持，十年如一日，坚持下来，奇迹才慢慢发生。

在中国特色社会主义新时代，不忘初心、牢记使命就是共产党人党性的有力彰显，就是对党性的砥砺淬炼。令人感动的是，这种彰显，这种淬炼，让我们在这个叫作大坝的村子里，在以陈大兴为代表的一群基层共产党员的身上看到了最生动、最真实的演绎。

没有比人更高的山，没有比脚更长的路。我们不否认人各有异，怀有不同的梦想，定下不同的目标，处在不同的岗位，但只要是共产党员，有一点必须恪守终生——那就是要牢牢坚持以人民为中心，不辜负新时代赋予我们的新使命。团结奋进，山海可蹈；勠力同心，未来可期。一个人梦想或许很小，但14亿多人的梦想加起来，就一定很大。在以习近平同志为核心的党中央的坚强领导下，共产党人冲锋在前，带领全体中国人民在实现中华民族伟大复兴的中国梦的征途上，一定能汇涓成海，聚沙成塔，书写属于新时代的辉煌篇章。

（中共贵州省委党史研究室、中共安顺市委党史研究室
2019年11月采访）

驻村书记：塑造党员之旗

——访贵州省凯里监狱四级高级警长、龙场镇乐榜村第一书记金延森

脱贫攻坚这一世纪工程，惠及全国 5500 万农村贫困人口脱贫，同时也注入了上万名驻村干部的心血。历程艰辛，成果不菲。乐榜村，位于贵州省凯里市龙场镇东北 6 公里处，平均海拔为 900 米，是苗族、革家人聚居地。近日，贵州省凯里市龙场镇乐榜村驻村第一书记金延森给我们讲述了他在驻村脱贫攻坚路上的奋斗故事。

我叫金延森，来自贵州省凯里监狱 11 监区，现为四级高级警长。同时，受组织委派，现任凯里市龙场镇乐榜村第一书记、驻村工作组组长。驻村至今已经 4 年多了。

2016 年 4 月 21 日，我刚到乐榜村接任驻村第一书记时，被眼前村里的贫穷落后景象惊呆了。煤炭资源长年无序开采，导致地质灾害频发，乐榜村水资源及生态环境遭到不同程度的破坏，一年下来，干旱时间较长且有时十分严重，撂荒的土地多，流转费用低，加上其他历史性原因，这里的村民几乎过着望天吃饭的贫困日子。

我用了将近 2 个月的时间，跟随村委干部走访村子里的每个角落，了解村情民意，采集各种信息，开展项目规划，进行摸底调查。通过调查得知，全村建档立卡贫困户贫困人口 201 户 777 人，其中，洛榜

70 户 255 人，沙子冲 131 户 522 人，初始贫困发生率 46%，属深度贫困村。2016 年，虽然经过多年的扶贫，乐榜村仍有建档立卡贫困户 137 户 524 人，贫困发生率为 17%，仍居高不下。

乐榜村的贫困状况，同自己脑海中的"新时代"形成了强烈反差，在走访极贫户时，也曾背地里悄悄抹过眼泪，甚至产生疑虑：自己能否在任驻村第一书记期间，团结村支两委带领村民摆脱贫困？沉甸甸的担子和脱贫攻坚时间表容不得自己半点迟疑。于是，我从家里匆匆搬来基本的生活用品，在村委会旁边一个简陋棚子里住了下来。

抓党建，寻求力量之源

乐榜村由原来的洛榜村和沙子冲村两个村合并而成。那时，村里干部纪律松散，党员活动可来可不来，党的民主生活不规范，村支两委班子意见难以统一，政策讲解和落实也做不到位，党支部和行政领导难以得到群众的信任。

群众富不富，关键看支部。为此，我驻村做的第一件事就是抓党建，垒起组织力量。我们首先健全完善了党支部各项工作制度，以"两学一做"学习教育为契机，以"铸魂行动"为抓手，恢复"三会一课"，定期召开支委会、上党课、集中学习、开展主题党日活动，把党员的心收回来，把组织的力聚起来。通过加强党的建设，提高了支委成员和党员的党性修养，统一了思想，凝聚了人心，解决了各自为政的现象，党支部的战斗堡垒作用日趋明显。

2018 年 4 月，为加强党的领导、整合优质资源、推动产业发展，我们还在乐榜村山联合作社组建了种养殖专业联合党支部，有力地加强了对 3 个合作社的领导。为壮大党组织力量，我们还恢复发展党员工作。由于村民文化程度普遍偏低，我就手把手地教他们如何写入党申请书、思想汇报，给他们上党课，保证他们不仅在组织上入党，更重要的是在思想上入党。2017 年以来，我们发展新党员 4 名，为党组织注入了新鲜血液，终结了乐榜村多年未发展党员的局面，提高了党组织的战斗力。现在，正在培养的入党积极分子有4人，有2人列为发展对象重点培养，还有4名致富能手和知识青年向党组织递交了入党申请书。

通过三年多的努力，乐榜村党的基层组织及党员在群众中的形象和作用逐日提升。2017年，乐榜村党支部荣获镇党委先进基层党组织称号；2018年、2020年两年均获市、镇两级党委脱贫攻坚先进基层党组织称号。乐榜村党总支部党建工作已经走在全镇前列，被凯里市委组织部列为党建工作示范点。

抓项目，打下脱贫之基

如何争取扶贫项目，改善村民居住环境，以提振村民信心，是我驻村抓的第二件事。驻村初期，村里没有一点自有资金来改善基本公共居住环境，只得争取政府的扶持及单位的资助。我先后多次到我前期所在单位鱼洞监狱和现在的凯里监狱以及凯里市民政局、林业局、民宗局、交通局等单位来争取组织的理解和支持。

我驻村这几年，乐榜村相继修建和硬化杨家寨进寨公路260米以及串户路1000余米，从江禾组到江口村的道路硬化3000米，修建砂子冲环村公路1480米，帮助改善学校道路硬化300余米，修缮垮塌灌溉水渠60米、恢复塌方路面45米，修复、解决了5组80户220余人的饮水用水难问题，在沙子冲修建多功能广场2640平方米，修建团坡组100平方米停车场，引进500万元的土地整治项目并全力推动开工建设，目前在紧锣密鼓建设中。乐榜村委会办公楼补漏和装修已施工完毕并交付使用。2009年以来，全村完成危房改造309户（C级205户，D级104户），异地扶贫搬迁68户305人，按照政府的统一部署，分散安置在凯里市上马石、清江小区等5个安置点上。工程项目的交付使用，改变了乐榜村的面貌，村民的获得感和幸福感随之提升。社会的广泛关注与支持，让贫困群众感受到党的关怀与温暖，看到了脱贫致富的希望。

抓产业，着力脱贫之本

产业，是脱贫攻坚的根本，既管眼前，也管长远。为此，发展产业，帮助村民提振脱贫致富的信心，是我驻村抓的第三件事。

2017年元旦，一位朋友的到来让我看到了希望。他就是贵阳银河生态农业科技发展有限公司总经理，凯里人，也是少数民族，对家乡扶贫及建设情有独钟。当他了解乐榜村状况后，立即介绍并提出合作开发牧草种植及肉牛饲养的项目。他说，项目很适合乐榜村条件，销路不用愁，效益也很可观。

听他一席话，我茅塞顿开。我立马和山联合作社的负责人详谈了该项目，并在村里取土进行化验。2月22日，春寒料峭，我带着村支书和合作社负责人到贵阳银河生态农业科技发展有限公司进一步商谈合作项目。银河公司总经理深入介绍了种植杂交狼尾草养育肥牛的想法和建议，并细致分析了项目情况和预期收益。3月14日，我又带着几位村领导实地考察了清镇卫城、鸭池河等地种草养牛项目的开展情况。

项目考察后，干部们心里有了点底。但如何组织实施，尤其是如何解决土地流转，又成为我们当时的最大问题。

我们工作组与村委一起在村委院坝里组织村民召开"坝坝会"，宣讲国家扶贫政策、讲解种草养牛的项目内容、帮村民算经济账。之后，我们又挨家挨户做工作。经过多次大小会议，广泛交流沟通，种草养牛项目终于在村民代表大会上得以通过。

2017年4月1日，贵州银河生态农业科技发展有限公司与乐榜村山联合作社签署了合作协议，银河公司投资800万元，在乐榜村种杂交狼尾草并养殖500头肉牛，项目采取公司、合作社、贫困户三方入股的模式，贫困户以国家帮扶资金入股，占股60%，实现了资源变资产，资金变股金，农民变股民。

项目刚刚实施，却发现原先计划流转的184亩土地草料难以满足

500头肉牛的喂养。我们又挨家挨户地走访解释，耐心地为村民算账，即使遇到棘手的人户，也不厌其烦地做工作，终于争取并流转土地500余亩。

金秋时节，草场丰收，看着草料被一捆捆打包放进存料棚里，村民们也看到了发展的希望。

2018年3月15日，第一批110头西门塔尔牛到乐榜村安家落户，标志着种草养牛项目彻底落地。项目的成功实施，带动贫困户142户531人。种草养牛项目受到了贵州卫视的关注和采访，并在贵州新闻联播中播出，乐榜村因此首次受到外界关注。

2017年，为充分利用江禾地域1000亩灌木林优势，我们开发了本地小山羊饲养项目，入股村民87户，初期投入20万元，陆续投入种羊，最多时达到500头，2年分红13余万元，通过实践，正在加强管理，变放养转为圈养，在提高村民收入的同时，保护山林环境。

2019年，凯里市政府相关部门资助投资33万元，扩大小云谷林下鸡养殖规模，使养殖场2020年销售收入达60余万元，实现利润30余万元。2020年，受新冠肺炎疫情的影响，林下鸡销售一度受挫。我得知后，又往市里相关单位跑，争取他们开展消费扶贫，保证了产销平衡。

2016年，合作社蔬菜种植基地也就20亩，现在扩建到80多亩，种植品种包括白菜、西红柿、辣椒、莴笋等。为提高村民们的收入，我们在争取外围力量扩建蔬菜大棚的同时，引导村民种植错季蔬菜，充分利用蔬菜季节价差提高农户收益。

为规范种养殖业，我们沙子冲组注册成立了佳谷源种养殖专业合作社，江禾组注册成立了时代种养殖专业合作社。江禾组的养羊项目，依托天然矮灌木林的优势，计划发展至2000只羊，将帮助50户贫困户脱贫，带动87户村民致富，在2017年就已收到成效。

2018年，乐榜村山联合作社利用大棚的优势种植错季节蔬菜无藤瓜和西红柿共5亩，因合理利用市场规律，两项销售近10万元，改写了山联合作社成立以来亏损的历史。此外，我们还大力推动村集体注册成立了乐犇生态农业发展有限公司，为下一步的规模化种养殖和多种经营夯实基础。

抓小事，建立和谐关系

村里的工作就是"上管天，下管地，中间还要管空气"。尽管琐事又多又繁杂，但我一直有个信念，那就是村民的事就是我自己的事。

沙子冲有位 65 岁的村民叫吴玉敏，公安机关电脑里系统记载她的出生时间与实际偏小 14 岁。她从 2013 年起一直申请更改却没有结果。逢人提及此事，她都哭泣不已。关键是由于系统记载年龄偏小的原因，她享受不了国家的一些政策。我得知后，带着她多次去派出所申请更改。我们一是拿出了她时间记载正确的老户口本做佐证，二是用她已是 40 多岁大儿子的有效证件进行逻辑反推：吴玉敏不可能 12 岁就生她儿子。后经派出所调查核实上报，终于修改了记录。吴玉敏拿到国家发放的养老金后激动地说："金书记，每月养老金虽说不多，但埋藏在我心底的郁闷终于解除了，我可以放心安度晚年，谢谢您了！"

我或许就是一个操心的命。村里水沟垮了、路基塌了，村民孩子找不到工作、项目资金补助未到账、没米吃了，甚至老婆跑了、和女朋友生气了村民都来找我。3 年多来，我们还积极参与调解矛盾纠纷 60 余起，成功化解 40 余起。同时，利用调解纠纷的机会积极向村民宣讲法律知识，提高村民的法律意识，推动村级治理能力的提高，为构建和谐村寨发挥了积极作用。

2020 年初，新冠肺炎疫情突发，疫情防控战役打响。疫情就是命令，我们驻村工作组义无反顾地加入疫情阻击战。在口罩、防护服等防护用品不能及时到位的情况下，我们从大年三十起就放弃休息，不计个人安危每天穿梭在值班卡点、村民家、村委会之间，循环往复一次又一次对外出返乡村民来自哪里、乘坐的交通工具、返乡时间、是否发热感冒等情况进行地毯式排查。同时宣讲新冠病毒防控知识，发放防治新型冠状病毒的宣传资料，张贴标语、横幅，劝导红白喜事停办简办、倡导村民不集聚不扎堆等。对元月二十三日后回乡的村民及接触人员作重点监测，对重点人员进行体温测量。我们根据实际情况封堵路口 5 个，只保留一个通道并设置卡点进行值守，制定乐榜村卡点值守规定，发动村民 78 人参与卡点值班，严禁外来人员车辆等进村，劝阻外出村民和车辆，每天对交通卡口执勤点、村委会办公楼、脱贫攻坚分队办公点等公共场所进行消毒。经过 2 个月的奋斗，乐榜村没有一例村民感染新冠病毒的情况。

不畏难，塑造党员之旗

我初到乐榜村，遇到不少困难。

第一个困难就是语言不同。由于少数民族居多，很多家都是留守老人和小孩，他们大多数都讲一口苗话，我听不懂他们讲啥，他们也听不懂我的意思，有的村民还把我当成不知底细的"生意人"，非常尴尬。于是，我一有空就跟身边懂苗话的村民、亲戚和朋友学苗话，增进同村民的亲密关系。

第二个困难就是工作术语不熟。我自参加工作以来，一直在监狱系统工作，现在驻村到镇里开会，经常听到"森防工作""特困供养"等术语，每每此时，总是感到一头雾水。为此，我也在工作中利用业余时间抓紧补课。

再一个困难就是居住问题。我刚刚驻村时，一直住在村委会旁边一个用彩钢瓦搭建的简陋棚子里，房间里既不挡风又常漏雨，冬天凉，夏天热，夜里蚊虫多难以入睡。有的村民嘻说我是"牛书记"，言下之意为住在牛棚的书记。我的妻子到农村来看我，也因此心痛落泪。

家人的挂念，常常是我工作的动力，但对家人的愧疚，则让我难以释怀。我的妻子许通碧担负全部家务长年操劳而患上重症。有一次，她独自一人坐车到省城贵阳进一步检查，险些昏倒在医院。"90 后"女儿金丹在贵州大学硕士研究生毕业后，主动报考贵州省王武监狱招考，加入到狱警行列。2020 年初，新冠肺炎疫情暴发，武汉警力告急，身为共产党员的女儿义无反顾地报名奔赴抗疫前线，并荣立二等功。

我曾对我的年轻警员，当然也包括我的女儿说："我们装上这身警服，代表的不再是个人，而是我们的国家！"在女儿身上我仿佛看到了我的身影，我为女儿骄傲，为我们在任何岗位上勤奋工作、勇于献身的人民警察自豪！

2019 年，乐榜村贫困户、贫困人口全部清零，乐榜"贫困村"的帽子已经成为历史。

2017 年，我荣记贵州省监狱管理局三等功一次；2018 年 7 月，被凯里市评为脱贫攻坚优秀共产党员；2018 年 10 月，被黔东南州委州人民政府评为驻村优秀第一书记；2019 年 10 月，被评为贵州省脱贫攻坚先进个人；2020 年 10 月，被黔东南州委、州人民政府评为脱贫攻坚优秀干部。

我将继续坚守脱贫攻坚岗位，继续关注和帮扶乐榜村村民，牢记初心使命，继续艰苦奋斗，向着党和国家制定的第二个百年目标、全面建成社会主义现代化强国的目标迈进！

（中共贵州省委党史研究室、中共凯里市委党史研究室

2020 年 6 月采访）

为民初心代代传

——记贵州省遵义市务川自治县涪阳镇
当阳社区胜利村王章礼一家

从祖辈带头筑坝开渠引水，经父辈带头凿壁挖山修路，再到今天孙辈带头发展产业振兴家乡，一家三代人带领乡亲决战贫困，凿出"九连环"，铺出"十八弯"，栽上"摇钱树"，让通向幸福的小康路蜿蜒于高高的大山之间。

我们走访了贵州省遵义市务川仡佬族苗族自治县涪洋镇当阳社区原胜利党支部85岁的老支书王章礼及其家人。他们给我们讲述了半个世纪来一家人相传为民初心、接力感恩奋进、带领村民走向小康的故事。

引　水

"高山山，高山山，一年四季把门关，一天三顿老苗饭，脚上烤起火斑斑。"这是昔时流传在胜利村村民中的一首民谣。当阳社区胜利组也就是昔时的胜利村，地处海拔1000米至1350米，四周群山环绕，前后悬崖陡峭。

水，是生命之源，农业生产的命脉。可就是这水，却成为胜利村村民脱贫路上的第一只拦路虎。从前的胜利村，由于环境恶劣，村民种植基本以玉米之类抗旱作物为主。"打雷公田"就是春耕时节与天抢水，是村民农作的一件要事。白天下雨白天抢，半夜下雨半夜抢，女人垒土拦截山雨入田，男人则抢水耕地犁田。即使这般辛勤劳作，一年下来，村民们种的水稻收成都很低。以玉米为主，再掺和些洋芋、红苕、蒿草甚至野菜的"老苗饭"，便成为家家四季主食，虽是涩口，却能填下肚子。要是天公作美，田里的谷子一亩能打上三四百斤，吃上一顿大米饭，就是村民们待人接物的最高"礼遇"。如果老天不开眼，遇上点旱情，村民们只能下山四处奔走借粮。

王章礼，1935 年 9 月 29 日出生，新中国成立后参加过儿童团、民兵，1954 年加入中国共产主义青年团。他打小就对这里的草木和乡亲有着深厚的感情，乡亲们度日如年的困难生活，让他看在眼里，疼在心里。一个雷雨交加的夜晚，王章礼全家出动打田。第二天清晨，才 8 岁的小儿子放牛，疲惫不堪的他被牛挤下山崖，让王章礼一家留下了永久的痛，也让王章礼萌生了改变家乡贫穷面貌的决心。

1970 年，王章礼光荣地加入了中国共产党，随即当选为党支部副书记。1972 年，他就被大家推选为党支部书记。上任后，他立志实现埋在心底的梦想，这梦想也就是他主持党支部做的第一个决定：开渠引水，拔掉穷根。

引水，说起容易，实则艰难。难就难在一是取水地属于邻县正安，地域管辖不同，土地占用如何解决？二是引水需要翻山越岭，凿壁开渠怎么开展？三是为引水，还得先修上十多里的简易道路，资金从哪筹集？还有就是村民思想不一，住得远的担心享受不到，住得近的担心钱打水漂，说啥的都有。因此他们不愿苦干，宁愿苦熬。

"引水，我们是要辛苦三五年，甚至八九年；不引水，我们的后代将永远延续艰苦生活，永远要看老天的脸色吃饭。""千难万难，干就不难！"王章礼苦口婆心地开导大家。他一方面说服取水点吴家沟村民，寻求邻村的同情和支持；另一方面胜利村用好地进行置换，工程用地问题首先得以解决。接着，村民家家凑点钱，组织外出劳动，用工换点炸药、铁锤和钢钎。1974年10月，一阵鞭炮声响，筑坝工程破土动工了。王章礼带领村民用了3年农闲时间，且大多是天寒地冻日，于1977年，将一条高6米、宽20米、底部厚10米、上部厚6米的水坝一点一点地夯筑起来。

紧接着，他们又开始修渠。将4000多米外的水引到村里，要经过四道山梁、两道绝壁。王章礼常常用《为人民服务》和《愚公移山》里的故事激励大家，让大家渐渐树立起信心。年复一年、日复一日，他们硬是用钢钎一点点地凿，用铁镐一点点地挖。途经绝壁时，他们就用绳子把背篓和站在里面的人一起吊在几十米高的半空中，贴在绝壁上凿眼、放炮。背篓来回晃动，人也随之来回晃动，作业十分艰难危险。

1977年，因点炮躲避不及等原因，有两名村民相继献出年轻的生命。"我们早就说了不行，你就是不听；是不是要再死些人，你才善罢甘休！"一些村民不解一个劲地埋怨。"要奋斗，就会有牺牲！"王章礼统一了支部20余名党员的思想，形成了坚定的意志。腊月十八，大家掩埋好亲人的尸骨，腊月二十三，又擦干眼泪踏上修渠脱贫之路。他们下定决心，哪怕是年前四五天也要抢，要干！此后，乡亲们已经豁出去了，叫抬就抬，喊干就干。老百姓心里明白，不这样干，水引不来，田浇不了，穷就永远丢不掉。

1981年春，历经七年奋战，一条十里长的水渠将水源源不断地引进了山寨。九个村民组的人喝上了清清的溪水，田也从此得到了满满的灌溉，"望天抢水"的历史一去不复返了。

引水成功后，王章礼又带领村民进行部分坡改梯工作，全村农田面积增加到500多亩，水稻亩产也由从前的四五百斤增加八九百斤。看着溪水流进山寨，村民们实现了吃上大米饭的愿望，王章礼欣慰地说："这是我当村支书26年最满意的一件事。"

修　路

　　"以前，我们胜利村九个村民组的人出山只有这两条山间小道，一条是左边七公里长的凤凰路，一条是右边四公里长的鹰子岩路。每条道都是崎岖狭窄，最窄的地方也就刚刚可以下脚，在没有负重的情况下，走起来都得十分艰难。村民们祖祖辈辈生产的烤烟、生活的煤炭都要沿着小道肩挑、背着进村。下雨天全是稀泥，成人行走要拄拐，小娃娃上学经常滑倒摔伤。1945 年到 1984 年，就有 15 位乡亲魂断在这道上。没有特别事，村民基本不出村。"王章礼的三儿子、村委会主任王大生谈起往事不堪回首。路，那时的确成了胜利村的"生命线"，成为村民生存和致富路上的又一只"拦路虎"。

　　要想富，先修路。从 1984 年开始，村党支部书记王章礼就开始做方案。但是，每一套方案都绕不开悬崖绝壁。村民们毅然决定集资开山修路。两条路，一条他们请正安县交通局帮助测量；另一条则由村民凭借人眼观望自己测量。王章礼就与大儿子王大洪每人带一个组分头在凤凰岩和鹰子岩开山修路。

　　1998 年，七公里长的毛坯路基本打通。可芭蕉岩几个险恶地段十分狭窄，单凭人力实在无法施展。这一年，已 63 岁的王章礼从党支部书记岗位上退了下来。在全体党员和村民代表的推举下，王大洪接过父亲交给的支部书记接力棒，老三王大生又接过大哥交给的村委会主任接力棒。王大洪、王大生兄弟俩上任后，继续带领大家开山扩路。

　　这一年，正赶上务川县实施坡改梯工程，兄弟俩就带领村民承包了这一工程，在父亲的支持下，他们又把家里赚的钱全部拿出购买炸药等材料。为打通山崖地段，他们还用 1.5 万斤大米抵兑工钱从正安县请来专业队伍。在这深不见底的山崖上，就算是这些风钻能手也都望而却步、犹豫不前。

　　这时，王大洪站了出来。"别人可以推辞，我们不能退缩。再险也得干！路不通，难致富！"他心急如焚。于是，王大洪恳切地对钻机领队说："师傅，你教教我风钻怎么操作。我先下去钻钻试试。如果行，你们再下来干。"就是这样，他们悬空在山崖上一点点地开凿。由于环境太险、作业方法太简单，村民王庭芳还险些跌落山崖。

2000年初，村民们风雨兼程、砥砺奋进16年，两条十多公里的进村路彻底贯通了。入村公路通后，王大洪他们并不满足，又带领村民修建通组路。2004年初，胜利村九个村民组全部通车。通车那天，村民们放起了鞭炮，王大洪从自家圈里牵出一头肥猪，请乡亲们一去聚餐庆贺。

眼下，随着各级政府脱贫攻坚行动向纵深推进，当阳社区胜利组出山公路全部修缮硬化，为产业发展创造了条件。

兴　业

如何因地制宜带领村民发展产业，让村民的也腰包鼓起来，王章礼一家人又坐在一起，老中青"三结合"，共同寻找产业发展的方向。最后，他们把发展烤烟成为胜利村产业发展的首选。

2000年初的一天，王章礼把六儿子王政和王大洪的儿子王旭叫到跟前，对他们说："我已退休，做不了什么事，你大哥和三哥在村里任职忙，如何带领村民致富，就看你们了。"那年，叔侄俩背负重托，流转土地200亩，带领全村30多户农户种植烤烟，当年就出产4万多公斤，其中支付农户人工工资6万多元，解决了几十个贫困户就业。到2009年，全村烤烟产量每年都在6万公斤以上，产值180万元。这一年，王政和王旭也光荣地加入了中国共产党。

2006年，王旭从湄潭县引进茶苗准备试种。当时公路条件差，茶苗几经周转才运抵茶基地。80亩茶栽满，他们竟用了三个多月的时间。由于茶园海拔地势高，每年都有不少茶树冻死或旱死，尽管进行两次补栽，到2008年，茶树只成活了55亩。由于投入过大，此时的王旭入不敷出，他把茶园管理托付给从村支部书记位置上退下来的父亲王大洪，自己又踏上了外出打工之路。

2017年初，王政和外出打工归来的王旭合伙成立了合作社，并着手发展养殖产业。为打消村民养猪顾虑，他们开出了优越的合作协议。一是合作社为村民免费提供仔猪、饲料和养殖技术，村民只需投入劳力；二是猪在喂养过程中死亡不用村民赔偿；三是肥猪出栏时，超出领养部分按2∶8比例分成，农户占8成。2017年，合作社发放猪50头，17户人家领养并收益。此外，他们还在茶基地旁办起养鸡场，利用吴家沟水库养鱼，带动贫困户25户。他们每年还拿出利润的20%，分发给兜底贫困户，共享产业发展和党的政策温暖。这一年，王旭被支部党员大会一致推选为支部副书记。

2017年，伴随着全国脱贫攻坚行动蓬勃开展，合作社总结以往教训，因地制宜地引进了正安特产白茶，欲将白茶种植作为全村脱贫攻坚的主打长效产业全面开发。王大洪和王政负责动员留守村民，王旭负责联系外出打工的200多名村民。他们通过召开党员大会、村民代表会和组建外出务工人员微信群等方式，把村民们组织起来并进行宣传贯彻。短短3个月，就完成了2300亩土地和山坡流转，移栽茶苗1300多亩。村民们因此获得土地流转收入，68户贫困户还有了相对固定的务工收入。村民王庭林对此感慨地说："我在合作社做了两个多月，每个月都有2000多元务工收入，在家门干活，还能照顾家，再也不用往外跑了！"

2018年，由于脱贫攻坚任务重、群众期盼高，社区主任王大生"白加黑""五加二"地忙里忙外，体重减少三四十斤。于是，他产生了辞职念头。老支书王章礼得知后，毫不留情地训斥他："你是共产党员，在关键时刻怎么能打退堂鼓！身体再不好，再有什么想法，也必须把脱贫攻坚任务干完后再说！"打那，王大生不再提此事，一家上下都把脱贫攻坚作为责无旁贷的大事。

王鹏飞，是王章礼的孙子、王大洪的儿子。1997年出生的他，3岁起就和爷爷、爸爸一起生活，他从小耳闻目染了长辈是怎样为群众分忧、为村民谋福的。20岁那年，他完成学业，走上社区政务管理岗位，担任科技副主任，在完成大量事务性工作的同时，他重点负责起社区白茶日常管理和协调工作。

王大生、王政、王旭、王鹏飞以及社区管理人员从当阳社区8200余人的角度想问题，先后带领大家种植花椒600亩、辣椒400亩，烤烟400多亩，白茶1300多亩。

2014年，胜利村建档立卡贫困户87户312人，贫困率达40%，超平均贫困率12个百分点。2016年，当阳社区胜利组实现脱贫摘帽；2017年当阳社区胜利组农民人均可支配收入7888元，贫困发生率降到了2.73%。2018年，当阳社区胜利组在外地买房的村民有106户，购买小轿车70多台。村民难舍乡愁，又返回村里修建新房，全组170户村民实现了"两不愁三保障"，"人民对美好生活的向往"正一步步实现。

如涪阳镇委书记所说："王章礼老支书一家'为民初心薪火相传、坚守使命真抓实干'的精神和行为，是我们党红色基因教育的鲜活范例，值得广大党员、群众认真学习和发扬光大。"

为民初心代代传，感恩奋进正当时。党的十九大召开后，82岁的老支书王章礼率领儿子王大洪、王大生、王大志、王政，孙子王旭、王鹏飞走村串户，他们把党的声音传递给村民，正带领村民振奋精神走在新时代乡村振兴的大路上。

（中共贵州省委党史研究室、中共务川县委党史研究室
2019年10月采访）

共产党员站在哪里都是一面旗帜

——记时任黔南布依族苗族自治州龙里县洗马镇金溪村党总支副书记程万礼

2016年10月20日中午13时51分，时任贵州省黔南布依族苗族自治州龙里县洗马镇金溪村党总支副书记的程万礼，正在金溪村村委办公室发放刺梨产业补助化肥时，因多日奋战在扶贫一线，劳累过度，突发脑溢血，紧急送医抢救无效，于21日凌晨6时去世，他的人生在48岁定格。

"共产党员站在哪里都是一面旗帜，尤其在农村，党员一定要把群众的利益放在首位，多为群众办好事、谋实事！"数月前，在金溪村"两学一做"学习教育启动会上，程万礼一字一句朗声说道。生命的最后一刻，这位布依族汉子仍站在工作最前沿，坚守着当初的铿锵誓言。

2012年7月，程万礼在原坞坭村支书陈登伟的多次动员下，放弃在龙里亚冶铁合金有限公司已经打拼出的一片天地，选择回到村里为家乡建设尽绵薄之力，并挂职担任村主任助理。2013年12月，程万礼全票当选原坞坭村主任。2015年11月，在龙里县村（居）调整中，原坞坭村和原顶溪村组建为新的金溪村，程万礼再次被推选为金溪村党总支副书记。"这条公路是程万礼担任村主任时为我们跑出来的。过去大家要出门只能走坑坑洼洼的泥路，晴天一身灰，雨天一身泥，光是到街上都要走一个多小时，遇到下雨天更是行走艰难。"村民罗飞指着硬化过的通村公路说。

作为省级一类贫困村的原坞坭村，交通基础设施落后，全村唯一的一条通村公路破烂不堪，不仅影响村民的出行，更是成为该村脱贫致富奔小康的瓶颈。为解决村民出行难问题，程万礼先后多次找到洗马镇领导要求争取实施通村公路项目，并立下"军令状"，涉及的土地协调、矛盾纠纷调解等由他全权负责。2015年5月，原坞坭村村通公路工程项目开工建设。2015年12月底，一条全长7.26公里，路面宽度5米，总投入486万元的通村公路顺利完工。如今，该公路已成为1800多名群众走出去和外面的人走进来的纽带，承载着当地村民脱贫致富的希望。

金溪村平均海拔1350米，属高寒地区。长期以来，由于基础差，无支撑产业，村民增收渠道狭窄，一直在贫困线下苦苦挣扎。2016年4月，金溪村积极争取龙里县2016年财政专项扶贫资金精准扶贫肉牛养殖项目落户该村，并由程万礼具体负责项目的组织实施。该项目涵盖精准扶贫户63户198人，投入资金100万元。为推动项目顺利实施，程万礼深更半夜挨家挨户动员村民，最终解决了圈舍修建征地难题。他还采取"支部+合作社+贫困户"产业模式，示范带动贫困户发展肉牛养殖，着力实现贫困户由个体脱贫向组织化"抱团"脱贫。目前，该基地存栏肉牛已达40余头。

金溪村谷仗自然村寨辖117户587人，其中61户243人为精准扶贫户。贫穷、落后就是这里的代名词。村寨境内山高谷幽，峡谷俊秀，古树参天，溪水清澈，风光旖旎，原生态的布依族民居和民风民俗保存完整，被称为深山里的世外桃源。但由于长期以来缺乏开发和打造，村民们一直守着"青山绿水"过穷日子。2016年3月，程万礼看准了谷仗的资源优势，多方联系引进"贵人·善行"爱心会对谷仗进行精心打造，"贵州变形谷"应运而生。5月14日，一场主题为"醉美变形谷·别样四月八"的爱心公益扶贫暨民俗体验活动在谷仗举行。活动吸引了"贵人·善行"爱心群友及贵阳等地近2万名游客与布依族群众共度传统节日，体验农耕生活。此次活动共创造了50余万元的旅游收入。如今，"贵州变形谷"已成为该村群众脱贫致富的"聚宝盆"，成为该县打造乡村旅游的新名片。

"程支书是村里的'拼命三郎',去世的前一天还在想着村里的贫困群众,还在念着即将实施的中药材种植项目。"驻村干部刘荣海说。10月19日,程万礼带着驻村干部和其他村干部深入谷仗村民组召开会议,就贵龙中药材科技有限公司在谷仗种植菊花、芍药等进行安排部署。并对进一步打造"贵州变形谷"、发展乡村旅游征询群众意见和工作建议。与程万礼共事三年多的金溪村委会副主任王明德说,程万礼自担任村干部以来,给群众做了不少实事好事。他带领嘎哈村民组群众修通了3.7公里通组路,修复了嘎哈村民出行的石桥,发动村民实施了刺梨种植725.6亩、中药材种植680亩、土鸡养殖5000多只、生态鸭养殖1000余只,激活了全村产业发展的"一池春水"。

乡亲们都说,程万礼是村里的热心人,为人处世好,热爱公益事业,乐于帮助别人,邻居不论哪家有事,他都主动热情去帮。"万礼是一个好人,在他去世后,我还梦见过他,舍不得他啊!"谷仗村民组村民李禄万说。李禄万是谷仗村民组的精准扶贫户,两个儿子多年前去世,80多岁的他和78岁的妻子独自带着一个孙女艰苦度日。妻子方格珍患类风湿疾病,常年卧病在床,加上孙女在贵阳就读职业技术学校,家庭十分困难。为帮助李禄万一家走出困境,程万礼多次开车接送方格珍到龙里县人民医院等地诊治。经多方治疗,方格珍现已能够下床行走,做一些家务。程万礼还积极联系省内外爱心团队及爱心人士到李禄万家献爱心。2015年9月,村民陈登海的女儿陈小梅考上贵州大学,因家庭困难,打算放弃上大学的机会。程万礼得知后,三番五次上门做工作,还为陈小梅办理了3万元助学贷款,陈小梅得以顺利入学。今年9月,精准扶贫户程玉国的女儿程敏敏被贵州惠水职院录取,一直为学费发愁。程万礼带头组织村干部及党员群众捐款,并开车送父女俩入校报到,解了程玉国的燃眉之急。

以村为家,用最牢固的信念帮扶发展,用最真诚的心打动乡亲。程万礼用自己的行动走进了群众的心里。

一个党员,就是一个标杆,一面旗帜。程万礼留下的是深入田间地头了解群众生产、走访贫困群众的身影;留下的是脱贫攻坚、同步小康、建设美丽乡村的决心；也树立了一心为民、尽职尽责、服务群众，以具体行动践行党的群众路线的榜样。沿着他生命中点点滴滴的轨迹，我们能看到这名龙里县优秀共产党员鞠躬尽瘁的一生。程万礼，一面永远飘扬在党员群众心中、飘扬在脱贫攻坚路上的旗帜！

（中共黔南州委党史研究室供稿）

梅香茶韵看丹寨

——访贵州省黔东南苗族侗族自治州丹寨县茶叶
协会会长、华阳茶业有限公司总经理杨梅

丹寨，地处贵州省东南部，境内有汉族等21个多民族聚居，总人口17.4万，其中苗族占总人口的78%。在这里，苗族、水族、布依族等少数民族繁衍生息，历经千年变迁。然而，由于种种历史原因，两年前，这里还是国家级贫困县，是建档立卡贫困人口最多的县份，脱贫攻坚任务繁重。

2020年4月5日，《中国日报》（*CHINA DAILY*）以"THE ART OF TEA"（茶艺）为题，整版图文并茂地报道了中国西南偏远小镇的杨梅和她的茶和茶艺。她走出校门，便走进茶山。从传统小作坊做到现代加工厂，让黔茶走出"大山"，走遍全国，走向"大海"，走得越来越好。作为丹寨茶业的领军人物，她让茶业融入脱贫攻坚这一世纪工程。近日，杨梅给我们讲述了她在创业路上打拼的故事。

一、还乡

我叫杨梅，出生于1981年8月10日，是土生土长的丹寨人。目前就任丹寨县华阳茶业有限公司总经理。

我们一家是林业世家，我的爷爷、父亲、二叔和堂弟都在林业部门工作。受家庭环境潜移默化的影响，我打小就对绿色、对林业情有独钟，我选择的学校和专业也离不开林业。

2000年，我毕业于贵州省林业学校森林资源管理专业。与此同时，我自我加压，充分利用课余时间，进修完成了西南林学院林学本科所有科目。我毕业那会，正赶上丹寨县大力发展茶产业，中央对退耕还林又给予财政资金扶持。受这些因素的影响，我决意回乡创业。

二、创业

2000年，在父亲的支持和指导下，我开始种植茶叶。我们利用国家退耕还林扶持政策，开垦了几十亩茶叶种植园。刚开始的时候，我们只是单纯地从事茶叶种植，每年把茶青采摘下来，然后卖给茶叶公司。

2008年，为了规范生产、拓展销路、增加茶农收益，我们成立了现在的华阳茶业有限责任公司。在春茶采摘基础上，通过精心管护，我们也探索解决了夏秋茶采摘的问题，打破了每年只采一季茶这一瓶颈问题，提升了茶树采摘利用率。随着种植面积越来越大，茶青原料越来越多，我们便开始从事茶叶加工。当时，我们的加工作坊还很小，采用传统烧柴手工灶的制法，也就是说只能做些手工茶。之后，我们又建了一些小厂房，进了一些简易设备，探索进行机械化加工。

在此期间，我们借助与丹寨国营金钟农场技术与销售合作的机会，从金钟农场那里学习茶叶加工技术，他们手把手地教我们；我们再把加工好的干茶卖给他们，由他们对外统一销售。

三、发展

2016年，为寻求更加广阔的发展，我们进驻丹寨金钟工业园区，建造现代化工厂，工厂厂房建筑面积为3500平方米。我们引进了当今先进的茶叶加工设备，加工产能已经提至名优茶50吨/年，大宗茶绿片和红片200吨/年。

2017年，我们得到了贵州省茶叶研究所和丹寨县农业部门的大力支持，他们在病虫害的防治，种植、加工技术上给予我们帮助与指导。我们的茶园基地也由起初的一个发展成现在的七个，种植面积也由初期的几十亩发展到现在的2500多亩，主要品种有福鼎大白茶、安吉白茶、中黄三号、黔茶一号等。

茶园的扩展和厂房的扩建，只解决了生产规模问题；而要保证企业行稳致远、茶农长期增收，我们必须在"做精品质、提升品牌"上下功夫。

随着公司知名度的提升以及顾客需求的提高，我越来越感觉自己学的那点东西以及对茶叶的理解已经赶不上发展的需要。于是，我先后六次走出去，到"中国名茶之乡"的杭州，参加中国茶叶协会、中国茶叶学会举办的培训班学习和取证。通过潜心学习和虚心问询，自己从最初的初级评茶员、初级茶艺师，提升为国家三级评茶员、茶艺师。

我们公司茶叶种植一直坚守"不施化肥、不打农药""只做有机茶"的经营理念。进驻园区后，我们在原有技术的基础上加大研发力度。2019年，我和张加佳副总研发加工技术，制作的中黄三号、安吉白茶、金观音获贵州省第七届"黔茶杯"绿茶类特等奖、红茶类一等奖。我们华阳公司还获得贵州省秋季斗茶大赛优质奖。

在公司与英国太古集团、贵州詹姆斯芬利茶业有限公司合作后，我们茶叶种植基地取得了国际ETZ基地认证。2019年，我们通过了国际可持续化雨林认证。我们的茶产品从2017年起，在第三方监测中农药残留物连续四年达到国际通用的欧盟标准，每年茶叶通过贵州詹姆斯芬利公司出口英国、出口欧洲约 200 吨。2018 年，我们华阳茶业公司获得贵州省农业产业化经营龙头企业的授牌。

四、扶贫

茶叶，是丹寨主要支柱型产业。茶叶种植，能够把荒山、荒坡、荒田、荒土用起来、串起来，使荒山变成"金山"，不失为产业脱贫的重要抓手和途径。

2017 年，在贵州省、黔东南州和丹寨县扶贫产业基金的助推下，我们公司与丹寨县排调镇羊告村、龙泉镇白元村和马寨村、扬武镇羊排村建立了长期合作关系，带动贫困人口参与茶叶采摘和管理。

我们的员工，不管是固定工还是季节性用工，基本来自茶叶种植基地和茶叶加工厂周边城乡居民，大多还是建档立卡贫困户。其中有部分人员以前在外地打工，当他们得知公司用工需求以及未来发展愿景后，他们放弃在外奔波生活，主动回乡参与建设。对他们来说，一则能够得到相应的务工收入，二则可照顾家里的老小，全家常聚，过上如意快乐的生活。

在长期的劳务合作中，我们从当地务工人员中选拔优秀人员进行技术培训，建立长期合作关系，在提升他们技能的同时，企业也解决了用工及技术队伍稳定和水平提升问题，实现了"我与企业同发展""企业发展我收益"企业与员工双赢。

在与我们华阳茶业公司合作的人员中，长期务工 20 余人，日工资120—150 元，收入稳定；季节性务工 2 万人次 / 年，其中涉及建档立卡户 420 人，他们主要从事茶叶种植过程中的施肥、除草、采茶，收入与当地其他行业相当，80—150 元 / 天，有些项目员工收入还与工作量挂钩，多劳多得。

2018 年，丹寨县摘掉"贫困帽"；2019 年，完成贫困人口清零任务。我们公司能够融入脱贫攻坚这一伟大的世纪工程，并在其中履行社会责任、作出应有贡献，感到非常荣幸和自豪。2017年、2018年我们华阳茶业有限公司荣获丹寨县脱贫攻坚先进集体；2019年，公司荣获黔东南州脱贫攻坚先进集体的荣誉。2019年，我本人也荣获了丹寨县颁发的五一劳动奖章。

五、愿景

近年来，丹寨县高度重视茶产业发展，把茶产业作为调整农村经济结构和农业产业结构及增加农民收入的重要支柱来抓，依托良好的生态资源优势，我们结合山区产业发展实际，在原有茶园的基础上，进行品种改良、扩种茶苗、新建茶园，积极引导农户参与到茶叶种植产业中来，并"优中选优"引进外地茶企和着力培育本地茶企，树立丹寨硒锌绿茶品牌，解决茶叶的加工和销售等问题。如今，大山里的茶园，成为助农脱贫、产业增收的"绿色银行"。

走进龙泉镇马寨村茶园，一片碧绿葱翠映入眼帘，满山的茶树在阳光雨露的滋润下，探出千万嫩芽。茶，本就是文雅之物。国人饮茶早已脱离解渴养生这一基本需求，更是一种养心修性的需要。品茗，是一种道，一种情趣，一种境界。

20年来，"把山里的茶卖出卖好"是我坚守如一的初心。2015年，我被选为丹寨县茶叶协会会长。作为行业带头人，我感到肩上的责任重大。

2019年，我们丹寨县有茶园面积12.07万亩，可采茶园面积8.77万亩，实现产值8.44亿元，带动1.67万人参与，其中贫困人口4928人，连续十年列入全国重点产茶县（茶业百强县）。

目前，丹寨以福鼎大白茶、安吉白茶、金观音、中黄三号等为代表的名优茶，品质优、价格适中、特色明显，在市场中具有较强竞争力。初步形成"黔丹""添香园""福""苗缘""三泉""供福""东得来""向阳草""山水传承""春情帝茗"等各具地域特色的茶叶品牌发展格局。

"一芽一叶"的传统工艺孕育出色泽翠绿、香气高爽、汤色清澈和滋味醇厚的丹寨绿茶，在畅销国内的同时，给村民带来了丰厚的收入。2020年，全县有茶叶企业50多家，茶叶年营销产值有望突破10多亿元，占全县企业产值的半壁江山。丹寨县将力争经过2至3年时间，提质增效茶园面积3万亩，实现年产干茶5000吨以上，年产值10亿元以上的目标。

2015年，万达集团积极响应国家开展社会扶贫的号召，在国务院扶贫办的指导下，在审计署和贵州省的建议下，开始对口帮扶丹寨县，在全国首次提出并实施了"企业包县，整县脱贫"。万达丹寨扶贫不仅在2016年和2019年两获国家脱贫攻坚奖，而且，2019年入选联合国开发计划署全球最佳减贫案例。

今年，我们开启了新一轮的扶贫计划。在茶业扶贫方面，通过"丹红""丹绿"品牌打造带动销售、加工和种植，推出线上认领的扶贫茶园模式，实现一对一帮扶，以爱心认领结合市场销售的方式带动全县茶树种植、鲜叶采摘、成品加工环节的良性发展，巩固脱贫成果，带动农户致富。

世界之茶，源于中国；中国之茶，源于贵州。丹寨，一座有着七项国家级非物质文化遗产的历史文化名城，茶的历史同样源远流长，且潜力巨大。

我们华阳茶业公司正在抢抓丹寨省级经济开发区和省级农业园区建设的发展机遇，助推社会脱贫致富，善始善终，善作善成，帮助茶农增收，助力家乡建设，为推动中国茶文化和茶产业永续发展作出自己的贡献。

（中共贵州省委党史研究室、中共丹寨县委党史研究室
2020年6月采访）

点亮一盏方向的长明灯

——记贵州省黔东南苗族侗族自治州台江县民族
中学校长、"时代楷模"陈立群

陈立群，男，汉族，浙江省临安市人，1957年11月出生，中共党员，1982年1月毕业于浙江师范大学数学系，获澳大利亚伊迪斯·科文大学教育管理硕士学位，中学数学高级教师。曾任浙江省杭州市学军中学校长，现任贵州省黔东南苗族侗族自治州台江县民族中学校长。

陈立群从教38年，担任校长30多年，有着丰富的教学经验和高效的管理理念。2016年，原杭州市学军中学校长陈立群，婉拒百万高薪，独自背起行囊，走进贵州的连绵群山，担任黔东南州台江县民族中学的校长，他开出的唯一条件是"分文不取"。陈立群乐教善教、不忘初心，培养出一批优秀教师骨干队伍，使台江民中的办学质量大幅跃升。他翻山越岭、走寨访户，足迹遍布台江县所有乡镇，家访并资助了100多户苗族贫困家庭。他心有大爱、无私奉献，始终把帮助贫困家庭孩子求学成长作为己任。

百万年薪不如坚守初心

好老师，能点燃心中的那把火，能点亮远处的那束光，能让高远的志向、高昂的志气、高雅的志趣成为引领一生的精神力量。

陈立群出生于浙江农村，曾经也是个放牛娃，因家境困难一度辍学，改革开放后考上大学，人生轨迹才得以改写。近40年的从教生涯中，以爱和责任让每一个孩子找到自信和快乐、前途和梦想，是他笃定追寻的目标。

陈立群原本计划在台江支教一年，把学校管理理顺了就走，但每当看到山里孩子期待的眼神，他就心软了。"我从不后悔自己的选择，在浙江我是'锦上添花'，在这里却可以'雪中送炭'。"陈立群如是说。

担任台江民中校长后，陈立群经常走村入户家访，崇山峻岭，车辆经过之处，旁边多是悬崖。最远的一次家访，需要先开车一个半小时，再坐45分钟柴油船，下船后再走半小时才能到达学生家里。他不在学生家中吃饭，走时却总会留下几百上千元，目的就一个：千万不能辍学！陈立群就这样跑遍了整个台江，春风如雨，润物无声。

砸锅卖铁也要供孩子读书

"天下苗族第一县"，也是国家扶贫开发工作重点县的台江县，唯一的一所高中就是台江民中。在2016年8月陈立群受邀担任台江民中校长前，全校每年辍学学生有100多个，贫困家庭学生、留守儿童和问题学生占了全校近一半，每年高考二本上线率仅10%，多数年份只有个位数的学生超过一本线。

到偏远贫困地区支教，家人们为他担忧，朋友们为他可惜，陈立群却没打退堂鼓。一拖再拖的食堂和宿舍改造立即动工，校园实行全封闭式管理，挨个教室进行早读和晚自习检查，十几项教学管理规定相继出台。陈立群的雷厉风行与大刀阔斧，把所有人都镇住了。

连续3年，台江县高考增量从黔东南州末尾冲到了全州第一，2018年台江县打破高考11年无600分以上纪录，8人超过600分，2019年台江民中885名学生参加高考，561人考取本科，高于一本线者第一次超过100人。在陈立群的影响下，县里的各个村寨自发奖励考上大学的孩子，台江的苗族孩子们坚定了求学的信心和决心，父母们"砸锅卖铁也要供孩子读书"。

留下一支带不走的教师队伍

"一生诚做基，不装不作不混，励志笃行出大山；万代勤为本，用力用脑用心，真才实学报家国。"这是台江民中教学楼前两条巨大的红色条幅。经过大量的走访调研，陈立群深刻认识到扶贫必须先扶志。之后，台江民中不仅多了一个"12·9励志节"，有了一片"志向林"，更多了许多讲座和报告。

"陈校长把学校带得这么好，支教结束了怎么办？"每次招生、家访和座谈会，都会有人提出这样的问题。培养一支带不走的骨干教师队伍，才是学校持续发展的关键。因为待遇跟不上，台江民中每年都有十几位教师离职。为了解决教师待遇问题，陈立群经常跑当地教育部门，他还拿出所获国务院政府特殊津贴和杭州市杰出人才奖20多万元，设立了台江县民族中学"奖教金"用于奖励优秀教师。

在他的推动下，台江民中启动"青年教师培养行动计划"，针对工作3年以内的年轻教师、工作3年到8年的骨干教师和工作8年以上的资深教师，分别设立不同的培养目标。还建立了"走出去"培养制度，已有8批134名教师到杭州市重点中学学习。2018年，贵州省教育厅以陈立群之名成立全省名校长领航工作室。担任校长后，陈立群义务讲座和报告 60 多场，黔东南州 16 个县市接受培训的校长和教师超过 1 万人次。他为贫困地区培养了一批留得下、靠得住、教得好的师资队伍。

"中国那么大，教育欠发达地区那么多，总要有人站出来去做这件事。"说到支教之路对自己的影响，陈立群感激地讲："我一直感恩过去的宏志生、现在的苗族同胞，是他们提升了我的教育理念，是他们提升了我的办学思想，是他们丰富了我的人生经历。"陈立群曾荣获首届全国教育改革创新杰出校长奖、2018 年中国教育十大人物等称号。2019年 9 月 9 日，在全国人民喜迎新中国成立 70 周年、第 35 个教师节到来之际，中共中央宣传部在北京向全社会宣传发布陈立群的先进事迹，授予他时代楷模称号。

折翼天使翔长空

——记贵州省黔南布依族苗族自治州龙里县洗马镇乐宝村齐敏

　　齐敏，黔南布依族苗族自治州龙里县洗马镇乐宝村建档立卡贫困残疾人，自小患小儿麻痹症，导致左腿残疾，行动不便，身高只有1.3米。然而，她没有向命运低头，而是通过勤劳的双手，闯出了自己的一片蓝天。

　　乐宝村，平均海拔有1200米，全年平均气温14至16度，年降水量1100毫米，当地独特的土质与适宜的气候非常适合种植反季节蔬菜。村民们常年有种植蔬菜的习惯，但都是以一家一户的小规模种植为主，产量规模停滞不前。加上生产技术落后，种植蔬菜旱涝不稳，品质也没有保障，即使好蔬菜也卖不出好价钱，没有形成大规模的种植效益。

　　2007年，齐敏从龙里县谷脚镇谷冰村嫁到洗马镇乐宝村与贫困户夏山芹结为夫妻。起初，齐敏看到乡邻们靠种植辣椒和养猪增收，也参与其中，但因没有掌握好种养技术一直未获成功。不服输的齐敏通过书本学习和虚心请教，将自家田地作为实验田，水田改为旱地，结合当地气候和土壤条件，通过近十年时间的摸索，终于掌握了一套适合当地的辣椒种植技术。她种植的辣椒成色好，产量也大幅增加，终于得到市场的认可。

　　2016年，齐敏抱着试一试的态度，看准乐宝村独特的优势条件，决定组建一家蔬菜专业合作社。万事开头难。创办合作社初期，群众不愿买这个账。老百姓纷纷质疑："她一个残疾人组建蔬菜合作社，真搞不懂图个哪样？""大面积种出来卖不出去怎么办？"

"人活着，总要有个奔头，为喜欢的事多拼拼！"为增强村民们的信心，齐敏白天忙着组建蔬菜合作社的事情，晚上拖着残疾的腿挨家挨户串门，动员鼓励群众发展蔬菜种植。通过努力，最终有17户村民愿意加入蔬菜合作社，抱团闯市场。

2017年，在龙里县残联等相关部门的资助下，以齐敏为负责人的贵州龙里县众望蔬菜种植专业合作社注册成立。合作社按照"利益共享、风险共担"原则，通过采取"合作社＋基地＋农户"的模式，集中17户社员的60余亩土地发展蔬菜种植。社员以每亩土地3000元折合成股金，入股合作社。合作社出技术和负责销售，群众出土地，负责种植和管理。收益合作社占10%，群众占90%。

2017年底，齐敏的家庭顺利摘掉建档立卡贫困户的帽子，主动申请放弃低保。"共产党的政策很好，在脱贫攻坚中给予了我们资金、技术、物资上的帮助，主动申请放弃低保是我认为自己不仅可以靠勤劳摆脱贫困，还可以带动大家一起致富，低保应该给那些更需要帮助的人。"齐敏自豪地说。

近年来，通过合作社流转土地以及散户种植反季节辣椒达230余亩，覆盖种植户108户276人，其中精准扶贫户69户171人参与种植。"思路清，干劲足，我们的蔬菜种植很快上了路。""一亩地平均可产2000公斤鲜辣椒，按每公斤3元计算，亩产值就是6000元。全村230亩可为群众增加收入138余万元。"齐敏扳着手指算起辣椒增收账。村民都说："跟着齐敏干，有奔头。"齐敏带动村民靠种植辣椒增收，被龙里县评为德行龙里十大年度人物。

2019年底，为了让村里因交通不便撂荒的1000余亩耕地变成菜地，齐敏和乡亲们集资3万余元，克服重重困难，在陡峭的山谷里修通了后坝至烂坝的4.5公里产业路。

如今，成了当地致富带头人的齐敏，积极申请入党，目前已经是一名预备党员，还注册成为一名农技志愿者，把自己掌握的辣椒种植技术毫无保留地传授给乡亲们。她帮助乡亲们联系和拓宽销路，继续带领大家一起致富奔小康。

在"脱贫攻坚春风行动"中，乐宝村围绕产业扶贫做文章，因地制宜推广金银花种植，全力开启脱贫增收的新模式。目前，乐宝村已种植金银花1.2万株，共计70余亩，项目覆盖17户53人，其中贫困户8户28人。金银花种植成为当地群众脱贫增收的新希望。

（中共贵州省委党史研究室、龙里县档案史志局

2020年6月采访）

坚守初心"背篼人"

——记贵州省黔南布依苗族自治州长顺县

敦操乡"背篼干部"

"为百姓捎带点啥！"贵州省黔南布依苗族自治州长顺县敦操乡驻村扶贫干部这一平凡之举，一茬一茬地坚守下去。他们捎带的是民生，赢得的是民心，彰显的是"背篼人"的为民初心。近日，我们走访了几代"背篼人"，他们给我们讲述了"背篼干部"的动人故事。

源自为民初心

受访人胡荣忠：我是胡荣忠，2009 年 1 月受组织上的安排到敦操乡担任党委书记。

敦操乡地处麻山腹地，位于长顺县最南端，距县城 68 公里，距省城贵阳约 155 公里，面积 65.3 平方公里，下辖敦操、斗麻、打召 3 个行政村。人口 1870 户 8613 人，其中贫困人口 544 户 2106 人，苗族 7720 余人、布依族 760 余人，少数民族约占比 99%。有耕地面积 6856 亩，其中田 640 亩，地 6216 亩，人均耕地 0.97 亩，耕地中有 70% 属岩溶地貌，是一个偏僻深山少数民族聚居区。2015 年农民人均纯收入

7002 元，是长顺县脱贫攻坚重点乡镇。

敦操乡属典型的喀斯特地貌，老百姓祖祖辈辈在山旮旯的岩缝缝里种玉米，玉米是当地的主要农作物。农户每年的收成只够吃 4 个月左右，全靠国家低保户救济粮来维持生活，全乡 90% 以上的都是贫困户。土地就那么一点点，而且严重地缺水，道路是山间弯曲陡峭的泥沙路，生产生活基础设施跟不上。采用什么方法，如何发展产业，让老百姓摆脱贫困，成了我们那届乡党委和政府急需解决的问题。

仅靠乡里 30 多名干部跑项目来改善基础环境和生活状况，远水解不了近渴，不现实。于是，我们最初的想法就是动员青壮年村民出去打工。由于极端恶劣的自然环境和严重落后的思想观念，尤其是老百姓长期形成的故土观念和生活顾虑，敦操乡村民都不愿离开家人，我刚到时，全乡外出打工人员统计下来也就 500 余人。

于是，我们便从解除老百姓的后顾之忧入手。乡村两级党组织和政府干部坐下来，大家集思广益想办法，讨论如何为老百姓做点实事。最后，集中归纳为"三定五帮一创建"工作法。"三定"就是定服务地点、定服务时间、定服务人员。定点、定人就是将全乡 62 个村民组划分为 34 个服务地点，确保全乡 34 个乡村干部各自负责一个具体服务地点；定时就是将每周四定为"为民服务日"，所有定点服务人员必须到服务点工作一天，了解老百姓都有什么需求，帮助他们解决在生产生活等方面遇到的困难和问题，其余时间根据群众需要随叫随到。"五帮"就是帮助贫困家庭寻找一条致富路子、帮助外出务工人员照顾好家庭成员、帮助急病家庭解决用车难和协调解决除新农合报销以外的医疗费问题、帮助边远群众捎带日常生产生活物资、帮助刑释解教人员重树信心，回归社会，等等。"一创建"就是最终实现创建文明和谐乡镇目标。

我们乡干部帮助居住偏远的老百姓捎带日常生产生活物资就是其中内容之一。我们乡包括乡党委书记、乡长在内的 34 名乡干部，都要为负责联系点的群众带货。敦操乡 62 个村民组分散在麻山各地，17 个村民组未通公路，最远的村民组距乡政府所在地需要走 8 小时以上的山路，最近的也要走 2 小时，坡陡路滑，其艰难程度可想而知。

我们开始是塑料袋带货，行走在山路上，塑料袋经常被山路两旁的树枝枝、刺笼笼挂坏，有的干部骑摩托车用挎包带货，挎包甩来甩去也不方便。后来，看到当地老百姓扯猪菜、种粮食，都喜欢背背篼，我们就想到了背篼带货。于是，乡里统一购买了背篼，并分发给每一个干部。

每周三之前，每个干部都通过事先询问和手机等方式了解责任区百姓的需求，大家每人手上都会拿着一份长长的清单，上面列有村民需要购买的盐巴、洗衣粉、面条、酱油等生活物资。周三是敦操乡的赶场天，乡干部就抽空利用这天把货买好。为帮村民节省每一分钱，大家要跑几个店铺和超市，做到货比三家，有时采购的货物堆起来几乎跟人一样高。

每周四是统一的"为民服务日"，大家分头行动，把货带到山寨，送到老百姓手中。干部们相互帮助，每人都抢着背更多的东西，有时一人背篼里货重达到四五十斤。

2011年，敦操乡党委按照黔南州委"三实三创"和县委"四戒四求"的要求，明确把这项便民利民服务措施作为一项工作重点，要求乡、村干部统一穿上印有"为人民服务"字样的工作服。

日复一日，年复一年。背篼带货，不仅方便了留守老人和儿童，也让年轻人安心在外打工。看到我们这些艰难跋涉、乐此不疲的干部身影，当地群众亲切地称我们为"背篼干部"。

随着敦操乡村民后顾之忧的解除，外出打工人员越来越多，最多时达到3251人，其中有1000多人集中在浙江省义乌的一个工厂磨水晶。我们走访他们时，他们对我们说，有家乡干部的支持和帮助，再累再苦也心甘情愿。

那时，除乡干部和学校教师外，敦操乡基本没有外来人员。我叫信用社做了个统计，当时乡信用社有存款1.3亿元，仅当地常住村民存款就有1.1亿元。村民外出打工，不仅解决了就业及财富积累问题，更可喜的是，村民生存技能在提高，思想观念在变化。

为民送去温暖

外出打工的人多了，但寨子里空巢问题又凸显出来，持之以恒地解决群众家里的实际问题，成了"背篼干部"的日常工作。

受访人陈虎：我是敦操乡扶贫工作站工作员，负责斗麻村脱贫攻坚工作，在脱贫攻坚岗位上，我已坚守十多年了。

有一次，打召村打亚组71岁的梁吉林老人对我们乡干部王军说："我年龄大了，走不动了，想去乡里买几把面条都力不从心。还好，有你们帮忙，真是太谢谢你们了！"那时，王军他们一行三人从乡里出发到打亚组，要在山路上跋涉三个小时，由于货物多走得急，三个工作队员不是肩膀磨得浸血，就是小腿出现抽筋。

有一年腊月，打亚组贫困户梁水妹母亲去世，她愁得不知所措，情急之下找到乡干部梁东元。梁东元及时向乡党委领导汇报了她家困难。乡党委书记胡荣忠得知后，便和梁东元一起，为梁水妹家背去100斤大米、20斤糯米、20斤猪肉和1桶菜油。当梁水妹看到我们的"背篼干部"在泥泞的山间小道上深一脚浅一脚行走时，感动得流下了眼泪。

2013年，我们敦操乡遭遇了一场大冰雹。当时，由于公路只通到斗麻村村部，到最远的寨子还得步行2个多小时，我们扶贫工作队员就用背篼背，将米、油等生活用品和赈灾物品送到群众手中。

斗麻村邑洞组和达海组是两个比较边远的村寨，村民们一直盼望修一条路方便出行。村民梁小胖趁干部梁小韦带货之机说："小韦呀，你能不能建议修一条通往达海和邑洞的路，这样寨里的20多个孩子上学不用在陡坡上爬上爬下，村民们种庄稼也方便了。"梁小韦将此事向乡主要领导进行了汇报。乡党委召开专题会议，决定立项并争取相关单位4.5万元专项资金共同解决通寨公路问题。开工那天，2个组59户人家，上至八旬老人，下至十岁孩童全部到齐，现场热闹非凡。

探索产业发展

受访人胡荣忠：产业发展是彻底摆脱贫困的根本，在如何适应当地条件发展产业上，我们不断探索，下足了功夫。

起初，源于敦操乡在外上千名水晶生产熟练工，我们向县里申报了开办农民工创业园，但受全省产业规划尤其是环境保护政策的约束，项目最后被叫停。之后，我们又到关岭县学习考察种植花椒，也试验种植了几十亩。花椒长势不错，但因采摘等成本高出收益，项目也流产了。

接连的受挫，我们并未就此放弃。2011年，听说仁怀一带酒厂酿酒需要大量高粱，我们就到仁怀和关岭两地考察，寻找合作伙伴，决定种植高粱。当初，为调动当地村民的积极性，乡政府提出种子、薄膜由乡里先行出资垫付，结果无一村民响应。于是，决定由我们乡干部试种。大家自愿集资，租用了老百姓27亩土地。翻犁、施肥、除草和收割大家轮流来干。此前，我们都没有从事过像翻犁这样繁重的农活，大家经常干得筋疲力尽。一年下来，高粱长势和收成都特别好。那时，玉米亩产300—500斤，高粱亩产可达到1000斤；价格玉米几角钱一斤，高粱一斤可卖一两块。产量悬殊，价格也悬殊，村民们路经高粱试验地时，个个看得羡慕，纷纷流露出想试一试的想法。第二年，我们争取到县扶贫办专项扶贫资金30万元，购来种子和薄膜，动员村民种植高粱。村民跃跃欲试，一下就播种了3500多亩。秋收时节，我们乡干部开着一台农耕车到60多个村民组，挨家挨户地收，连夜装车发运，虽然干得辛苦，看到村民的积极性上来而且见到收益，心里还是乐滋滋的。

有一次，我从贵州大学一老师那里得知，有一公司正在寻觅钩藤种植合作伙伴，我迅速登门寻求合作。起初，那位公司老板得知我们只有几百亩土地可供使用，达不到他上万亩的预期时，婉言谢绝了我们。后得知我们旨在带动农户脱贫，尤其是这位贵州大学指导老师从中撮合，那位老板最终答应和我们合作。我们随即报请县里批准，计划开发种植

2500亩。一方面，我们长时间带货与老百姓建立了相互信任关系；另一方面，我们的干部从当地山上砍回野生钩藤现身说法，说明收益，又经这家公司先行流转200亩土地示范种植，村民的兴趣上来了，他们纷纷腾地开荒，全乡第一次就开发了4000多亩。

除此之外，我们还根据敦操村民种植养殖的喜好和习惯，相继引进开发了黑毛猪1500余头，受益农户450户；发展养蜂3000箱，受益农户500户；发展养羊3000余只，受益群众75户。对养猪养牛户，我们采取"先见后补"的方式进行政策性补贴，政策及时落实到户，村民的积极性和参与度都很高。乡里还拿出资金补贴农户种油菜、辣椒、生姜和芭蕉，把有限的土地利用起来，实现了从无到有、从有到规模化，产业发展正方兴未艾。

"背篼干部"精神在路上

受访人罗扬华：我是土生土长的敦操人，现在乡综合治理办公室工作，也是乡扶贫工作站一名成员，负责敦操村脱贫攻坚工作。

我小的时候就对行走在街上的"背篼干部"产生了兴趣。在读大学时，我更加关心我们家乡的发展，对"背篼干部"有了进一步的了解和崇敬。在我的求职目标上，我就早早选择了乡村公务员。2016年9月通过省公务员统考，我如愿录取并分配到我的家乡敦操乡政府工作。作为一名"90后"青年，能融入"背篼干部"行列，我感到无比光荣和自豪。

在新时代的大背景下，"背篼干部"为民工作内容有了大的提升，例如，原来的"三定五送"工作法，现在已经发展成为"一背四送"工作法，"一背"就是背起脱贫攻坚的使命，"四送"就是送致富项目、送技术服务、送惠民政策、送贴心服务。我们经常请县里的专家和老师到乡里给村民传授养猪、养牛知识，开展厨师、家政服务等技术培训；协调合作社与农户的联系，给农户发放鸡苗，开展家禽养殖。我们每一个干部都是政策的宣传员，把党的惠民政策、各种资金补贴宣传落实到各家各户。又如，我们动员村民人人参加养老和医疗保险，享受国家的优惠补助，避免村民因病致贫、因病返贫。

我们的工作内容虽然发生一些变化，但我们为民服务的初心始终没有改变，只要群众有需求，我们随时都上门服务。有一次，我负责的网格有一老人长期远出，刚回家进门就发现家里没有水电，她不知所措进而联系上我，我就立即跑到时水电部门，联系帮她恢复了水电。

2020年6月，我光荣地加入中国共产党。我将把"背篼干部"为民服务的精神传承和发扬下去，坚持从小事做起，从实处着手，使自己的人生价值在为群众服务中实现，让生命的意义在为群众服务中升华。

受访人李新荣：我现任敦操乡人民政府副乡长，分管教育、医疗和办公室工作。

2016年以来，在脱贫攻坚大背景下，我们敦操乡路、电、水等基础设施实现了全覆盖，各方面工作都发生了很大的变化，取得了可喜的成效。

就拿与老百姓息息相关的教育、医疗和居住来说，在教育方面，我们敦操乡99%以上的都是少数民族，其中苗族占比90%，由于各种历史原因和民族习惯，长期以来，教育不被重视且十分落后，成为我们敦操乡的工作重点和难点。2016年以来，我们在抓好适龄儿童业务教育的同时，狠抓升学教育和职业技能教育。迄今为止，我们敦操乡子女考上大学本科以上的有100多人，其中2020年就考上35人，由此可以看出村民对教育的态度有所转变。在卫生医疗方面，我们乡贫困户实现了医疗保险全覆盖，我们严格落实"三重医疗保障"，乡卫生院医生坚持每月走访大病户、重病户。针对贫困户就医费用问题，除了享受正常医保政策外，我们还通过民政部门申请临时救助，不让贫困户因病返贫。在居住方面，除帮助补贴村民危房改造修饰外，对那些"一方水土养活不了一方人"的偏僻山寨，我们组织易地扶贫搬迁，2012年搬到我们敦操乡安置社区120多户，2018年和2019年搬到长顺、广顺镇安置社区140多户。

我们在扶贫同时，也开展扶志工作，力推物质和精神双脱贫。针对当地老百姓长期形成的不良卫生习惯，2019年，我们敦操乡倡导开展了"洗碗革命"，全乡1700多户，每户赠送一个爱心包，里面装的都是洗洁剂、洗碗帕、锅丝和筷子等，教村民们洗碗、擦桌子。我们广泛开展群众自治，相互监督、相互学习，自评卫生户，推进文明乡村建设。2020年，我们敦操乡又启动了"思想革命"，首先开展的是领导干部上讲台，包括田书记在内的乡领导班子八人轮流利用周三赶集日到广场宣讲最新政策，开展感恩教育。

不言桃李下成蹊

"背篼干部"做法和事迹引起了县、州、省各级领导以及主流媒体的重视，经中央电视台《新闻联播》和《朝闻天下》栏目以及新华通讯社等多家媒体的采访报道，"背篼干部"在社会引起强烈反响。

2012年3月23日，贵州省委组织部、省委宣传部联合下发《关于开展向长顺县敦操乡"背篼干部"学习活动的通知》，号召全省基层党组织和广大党员干部学习和发扬"背篼干部"精神，掀起向"背篼干部"学习的热潮。

4月1日，时任中央政治局委员、中央组织部部长李源潮作出重要批示："'背篼干部'当邮差、装民生、背民心，他们的事迹和精神很感人，应大力宣传和提倡。"

4月13日，由省委组织部、省委宣传部主办举行了贵州省"背篼干部"精神报告会，时任贵州省委书记栗战书在会见报告团成员时强调，学习、宣传、倡导"背篼干部"精神，构筑我省"精神高地"，努力冲出"经济洼地"，将学习活动落脚到加快发展上。4月15日，栗战书在中国共产党贵州省第十一次代表大会上的报告中进一步指出："敦操乡干部用背篼背走了贫困、背回了人心、背出了干群鱼水深情。在他们身上，我们既看到沉下身子捧出真心为老百姓服务的真挚情怀，也感受到埋头苦干、无私奉献、誓要改变家乡面貌的精神力量。这就是新时期的贵州精神！这种精神激励我们转变作风、服务基层、推动跨越，激励我们吃苦奉献、迎难而上、只争朝夕，激励我们风气要正、作风要实、干部要干，激励我们艰苦奋斗、长期奋斗、不懈奋斗！这，就是我们需要的干部，就是我们倡导的作风，就是我们所要构筑的'精神高地'。全省共产党员、广大干部都要学习和弘扬这种精神，肩扛起重于泰山般的富民兴黔使命，树立起坚如磐石般的后发赶超信心，振作起敢为人先的精神状态，带领全省人民万众一心、攻坚克难、奋力跨越！"

2013年12月，敦操乡人民政府荣获中共中央组织部、中共中央宣传部、人力资源社会保障部授予的人民满意的公务员集体光荣称号。

金杯银杯不如群众的口碑。在川洞组的后山上，有一小片野生黄果树林，野果虽是酸涩，但可解渴。我们的干部每每送货途经此地时，大多在午后时分，习惯性地在这歇歇脚，摘上几个野果放在嘴里，再哼上几句山歌解渴驱乏。村民们早已知道我们这些"背篼人"是不会到他们家扰民的，于是，不论是上山拾柴，还是放牛经过，都不去摘这些果子，好像故意留给了我们这些"客人"。我们的干部把群众当作自己的家人，群众则将我们的干部当成了自己的亲人。群众对我们乡村干部的理解和支持，就是对我们的最好褒奖。

（中共贵州省委党史研究室、贵州省黔南布依族苗族州

史志编纂委员会办公室、长顺县档案史志局

2021年6月采访）

整乡搬迁过上幸福日子

——访贵州省黔西南布依族苗族自治州晴隆县

三宝彝族乡整乡搬迁建设指挥长吴金山

贵州省黔西南布依族苗族自治州晴隆县三宝彝族乡是全省20个极贫乡镇之一，位于晴隆县城东南边界，距县城46.03公里，东、北、西三面与鸡场镇相连，南与安谷乡接壤，海拔1400—1800米。居住彝、苗、汉三种民族，少数民族占总人口的98.2%，其中彝族占36%，苗族占62.2%；汉族占1.8%。全乡经济基础薄弱，信息闭塞，人民群众整体文化素质偏低，增收比较缓慢，是全县最边远、落后的民族聚居乡镇之一。在新阶段扶贫开发中，三宝彝族乡被列为省级一类重点贫困乡之一，所辖三个村全部是二类贫困村。2010年，人均纯收入2238元，人均占有粮食486公斤。全乡国土面积24.15平方公里，其中耕地面积5370亩，林地面积24560亩，森林覆盖率为67.8%，荒山面积4295亩，人均耕地面积1.13亩。全乡无矿产资源，森林资源主要有杉树、椿树、核桃、板栗；经济作物主要有薏仁米、油菜等；粮食作物主要有玉米、水稻、小麦等。2014年全乡有1317户6263人，贫困发生率高达83.73%。

2015年底，贵州启动大规模易地扶贫搬迁工作，计划"十三五"规划期间搬迁188万人，三宝彝族乡被列入整体搬迁项目，整乡搬迁至晴隆县近郊。新市民居住区因具有民族特色且精美宜居，取名为"阿妹戚托小镇"。

2020 年 6 月 30 日，通过实施易地搬迁、发展易地产业、促进易地就业，全乡群众全部搬出了大山，从根本上阻断贫困代际传递。三宝彝族乡是全国唯一一个整乡搬迁的建制乡。2021 年 11 月，贵州省政府对黔西南州政府《关于晴隆县部分乡镇行政区划调整的请示》作出批复，同意撤销晴隆县三宝彝族乡。

吴金山，晴隆县人，1964 年 11 月 12 日出生，汉族，1984 年 8 月参加工作，1992 年 11 月入党。2002 年到 2011 年先后任县委常委、宣传部长、常务副县长、县委副书记，2011 年到 2018 年任县政协主席，2018 年 8 月任县人大主任。在三宝彝族乡整体搬迁工作中任搬迁建设指挥长。

三宝乡为什么要搬迁

2015 年，当时我还在县政协任主席。党中央在 2015 年 4 月发出了打赢脱贫攻坚战的号令，提出"五个一批"，即发展生产脱贫一批、易地搬迁脱贫一批、生态补偿脱贫一批、发展教育脱贫一批、社会保障兜底一批。当时这个三宝乡到底以什么方式来脱贫，其实我们一直在反复斟酌和商量。

三宝乡到底以什么方式脱贫？其实差不多将近一年的时间，大家都在犹豫，大家都在调研，就不知道我们到底是以什么方式来脱贫。三宝乡是由两大民族组成，一个是苗族，一个是彝族，其中有叫彝族乡的，但是苗族占的比重相对还要大一点，占 72%，彝族只占 27%，只有几户人家是汉族。而且三宝乡普遍文化程度偏低，40 岁以上的人基本上没有文化，很多人甚至没有到过县城。苗族和彝族互不通婚，早婚、早育、近亲结婚的情况可以说是普遍存在的。

关于三宝乡为什么要搬迁的问题，州里面的领导和我们成立了一个工作组，对此反复调研论证。当时我们的州长杨州长，还有我们的副州长来了以后就和我们反复的斟酌，最后还是下定决心，一定要整乡搬迁，因为不光是一个摆脱贫困的问题，关键是要把群众的思想观念完全改变过来。当时我是政协主席，刚好联系三宝乡。所以我和三宝乡从2015年开始就结下了不解之缘。

搬迁工作的开展阶段

当时我负责联系三宝乡，县里面当时也成立了一个指挥部。首先是宣传动员，三宝乡虽然只有6000多人，但要把一个整乡一户不漏搬出来，比我们想象要复杂得多。

阿妹戚托小镇这个地方，以前是一片山坡，2017年的6月才开始动工，所以当时做思想动员工作，那种难度可想而知。我们一方面做思想动员工作，另一方面又要搞小镇的建设，一旦这个目标已经确定，就必须想办法完成任务。

当时开展动员工作非常难，老百姓没有见到你这个地方，还没规划，他根本就不知道什么样子。我们只是拟一些协议，向村民们介绍说这里离县城非常近。但是思想工作做下来效果都不好，把苗族懂得苗话的和懂得彝话的县里面的两个干部同志调到三宝乡来参与动员工作都没有效果。

尽管困难重重，我们还是按照相关的规划设计启动小镇建设规划。三宝彝族乡整乡搬迁安置点选址在晴隆县南环路，邻国道、顺高速，取名为阿妹戚托小镇，占地面积1450亩。为充分尊重民俗习惯，打造了彝乡苗寨，配套教育园区、医院、商业区、民宿酒店、产业园、菜园、感恩馆等，实现群众增收和家园美丽双促进。

在对小镇的规划设计中，我们用了苗族和彝族艺术的图腾，一个是虎，一个是牛头。我们还喊来村干部和部分群众代表能做思想工作的，请他们来了以后，就把设计图给他们看，来了有七八次。我还带他们到西江苗寨去看，告诉他们以后三宝乡建成就是这么一个样子小镇建立的时候，工程量非常大。2017 年 6 月动工，晴隆县向山要地、削峰填谷，发扬愚公移山精神，通过严格管理、跟踪督查、科学施工、倒排工期，实行"保质量、保安全，加人、加班、加设备"的二保三加工作法，高效推进了阿妹戚托小镇的建设。我们乡真正的第一批搬迁是 2018 年 3 月开始，前后一年的时间。

当我们遇到群众思想工作做不通的时候，州里面的领导就和我来反复地斟酌这个事情，到底要怎么办？我就想了若干的办法。第一，就是教育先搬，把小学、幼儿园全部搬过来。把学校搬过来，这叫小手牵大手，他的子女来这里读书了以后又去做老人的工作，但是搬来了以后，虽然是把学校建好，但是还有的家长宁愿把孩子带出外头去打工，有的甚至花高价到附近兴仁去上学。

看到这个情况，我在村干部和组干部之间做了思想工作，带头搬迁。同时给州里面的领导汇报请求支持，在全省范围之内，将三宝籍和以前在三宝乡工作过的干部同志全部抽回来，还动员他们家的亲属同他们的单位脱钩，到三宝成立队伍干工作，一共有 60 多个人。这是第二个办法。

省州给我的最大支持就是能做事，做成事，不出事。要做成这个事非常考智慧和能力。到 2021 年 2 月以前，我做的所有笔记都是关于三宝乡的搬迁工作，这几年的所有心思完全放在三宝乡了。上面领导追问，老百姓又搬不走，我们的干部就千方百计，想尽各种办法，用各种方式让老百姓搬出去。

开始有些人赶着牛住到山洞里，一去就是几个月不回家，就是不见面。三宝乡搬迁的事，县里面非常重视，工作压力是这几十年来前所未有的，到后面很多干部都想打退堂鼓，甚至想的是不要工作了。但想着所有的搬迁工作的压力都差不多，三宝乡是全国唯一的整乡搬迁，它有它的特殊性，户户都必须来，人人都必须来，只有这样，才能彻底改变三宝人民的生活水平，所以我们就咬紧牙关一直坚持了下去。

搬到小镇后怎么办

搬迁难，但搬迁以后的问题并不比搬迁本身问题少。指挥部全体干部深入推进农村产业革命，扎实抓好"五个专项治理"等工作，全力写好易地扶贫搬迁的"后半篇文章"，用心用情用力做好各项工作，促进新市民快融入、能脱贫、能致富。

搬上小镇后怎么办？我认为省里面在异地移民搬迁这个问题上考虑得非常仔细。首先是"六个坚持""五个体系"，这"六个坚持"中心意思就是坚持以城镇文化集中安置，以县来统带统化。此外是基本公共服务，搬来以后教育、医疗、民政方面有没有保障？他享受的东西和我们整个城镇是不是完全相同？甚至是不是比其他地方还要优得多？这些都是群众关心的问题。实际上我们的教育园区从幼儿园、小学到初中、高中完全能够满足人民的需要，兴义和贵阳包含贵阳一中，他们派老师来给我们管理、教育，还有宁波来帮扶我们，使这里的教育师资力量得到了充分保证。我们还建立了晴隆县第二医院，可以视频和贵阳远程医疗。

民政这一块，由于户口还没有拿上来，存在不愿意迁户口的问题。我们就出台一个黔西南州的新市民计划，使搬迁群众享受和城区居民一样的待遇，最关键是享受低保，把原来的农村低保转为城市低保。我们还建立一个产业园，有 11 家企业在里面，引进了摩托、山水服饰等劳动密集型产业，给老百姓提供更多就业机会。我们建了一个百花百果园，凡是搬上来的老百姓，没有种菜吃的，有两分地可以种菜。

我们打造了一个 24 道拐旅游点，用旅游解决就业，建立了些民宿。有些商户门面优先三宝人来做生意。我们组织劳务输出，解决零就业家庭，保证每个家庭必须有一个人就业。我们还重点解决弱劳动力全部就业，请 60 岁左右的老人在地下车库做保安，解决了 150 户弱劳动力的就业问题。

我们的社区治理很有特色。晴隆县做的是1中心、1张网、10连户。1中心就是有一个平台，1张网就是网络覆盖，10连户就是10户连起来，10户10户做一个小单元，社区与社区比，街道与街道比，户与户比，凡是环境好的都有表彰，环境卫生差的都有公示牌。外出打工的老百姓的孩子就委托我们干部当代理家长，每个星期我们都上传孩子和老人的视频发给他，让他们放心，还要汇报孩子的学习情况。

关于文化活动，一年三大节日，布依族的三月三、苗族的八月八、彝族的六月二十四，除了疫情时期，正常时段都是必须做的。月月有赛事，如逗鸟等，周周有活动，如打篮球等，夜夜有狂欢（不下雨都有表演），表演的演员除每月固定工资外，每学会一个舞蹈还有200元的收益。

关于基层党建，我们要求党员把党徽带起来，把党旗飘起来。到党成立一百周年庆祝活动时，我们带领群众高唱《阿妹戚托献党恩》，喜迎党的百年辉煌。

下一步，晴隆县将始终坚持焦点不散、靶心不变，在思想认识、精准打法、工作作风、工作统筹上狠下功夫，在五个体系和新市民计划建设上下功夫，在把阿妹戚托小镇打造成旅游扶贫示范小镇上下功夫，在盘活三块地上下功夫。真正实现三宝人民"山下住好房子、山上分钱票子、充分就业过上好日子"。

（中共贵州省委党史研究室、中共晴隆县委党史研究室

2021年4月采访）

退伍不褪色　脱贫展风采

——记贵州省安顺市普定县穿洞街道办事处
靛山村党支部书记褚代洋

　　知晓褚代洋的名字，是在贵州省2020年脱贫攻坚先进表彰大会的名单中，但没有什么特别的印象。他是怎样的一个人？有什么样的业绩？他是如何在短短几年时间把一个脏乱差的后进村变成了远近闻名的先进村的？

　　"褚代洋同志政治立场坚定，有理想、有作为、有思路，有奉献精神，家乡情结浓郁，工作务实创新，几年来，在他的带领下，靛山村脱贫攻坚和社会各项事业成效显著，他以自己的实际行动很好地践行了立党为公、执政为民的情怀，是一个组织放心、群众信赖的好支书、好主任"，这是穿洞街道办事处党工委书记龚启旺对他的评价。

退伍不改初心　回村造福乡梓

　　褚代洋，男，汉族，大专文化，1973年12月出生，1990年入伍，1992年退役，1993年在云南省昆明市的一销售公司当销售员，1997年在昆明开打印店，每月盈利3万余元。2000年与人合伙开办广告公司。

2006 年，褚代洋回到家乡承包荒山种楠竹。2009 年至今，先后担任村科技副主任、村委会主任、村党支部书记，现为安顺市普定县穿洞街道办靛山村党支部书记、主任。多年来，他一直坚守着退伍不褪色的军人本色和改变家乡面貌的信念，践行着共产党员的初心。在他的带领下，靛山村的基础设施得到进一步完善，产业带动人均增收 3500 元以上，贫困人口实现清零，全村面貌发生了天翻地覆的变化，靛山村多次成为市县观摩点。2019 年 7 月，褚代洋被安顺市委授予全市脱贫攻坚优秀共产党员称号。在贵州省 2020 年脱贫攻坚"七一"表彰大会上，荣获优秀基层党组织书记称号。

靛山村是贵州省安顺市普定县穿洞街道办事处的一个行政村，辖 4 个自然村寨，9 个村民组。位于穿洞街道办西南部，东抵玉秀街道办秀水村、化处镇白果村，西抵穿洞街道办兴利村，南与化处镇焦家村比邻，北与穿洞街道办小窑村接壤。距普定县城 14 公里，距街道办 3 公里。全村总面积 5.2 平方公里，耕地面积 1896 亩，林地面积 3400 亩，天然林面积 1500 亩，水面 180 亩。全村总人口 498 户 2043 人，其中，建档立卡贫困户 83 户 341 人。

2005 年，褚代洋回家过春节，看着贫穷的家乡，萌生带领家乡群众致富的想法，从此改写了自己的人生轨迹。

"家乡的水土养育我长大，如今我有了一点成绩，又怎么能忘了家乡？"褚代洋说。改变靛山村的贫穷面貌，一直是他不改的初心。2009 年，褚代洋毅然放弃经营多年的生意，全家回到靛山村，村里聘请他担任科技副主任。那时的村子，产业结构单一，农户靠种植水稻和玉米为生。林权制度改革后，山上的林场分到每家每户，许多村民每年都砍伐树木销售，换取并不丰厚的财富。全村除了外出经商和务工人员，多数村民在贫困边缘徘徊。

"农村人讲致富要思源，是党和部队培养了我，面对家乡的贫穷落后，我不能无动于衷。"褚代洋说。靛山村靠近林区，村里的道路崎岖难行，一到雨天更是满地泥泞，不仅村民们日常生活不便，更限制了产业发展。早在 2006 年的时候，褚代洋就投入 2000 多元作为启动资金，通过募捐、集资、赞助等方式，完成了中寨组和王家坡组两个村民组大部分的连户路硬化，在一定程度上减轻了村民出行的困难，但发展任务依然任重道远。

担任村科技副主任后，他指导村民修入村路、修机耕道、种经济作物，实施庭院硬化 4000 平方米，硬化通组路、产业路 7 公里，连户路 8400 余米，改造危房 48 户，整治老旧房 13 户，拉通了自来水。与此同时，他对靛山村发展优势和劣势进行了全面的分析，仔细思考家乡的发展规划，形成了 2 万多字的初稿，靛山村的发展蓝图在他的心中初步形成。

化解难题聚民心　逆境前行显身手

刚进入村委班子时，对于这个"少小离家老大回"的游子，村里不少人是抱着怀疑态度的，毕竟当时村支两委各项工作全面滞后，多这么一个小伙子能顶什么用？靛山村是多姓杂居，以褚姓为多，但褚姓又分为长房、二房等辈，同姓与异姓之间，同姓与同姓不同的辈分之间，均有不同的派系，一盘散沙，加之村里有一个千余亩的林场，在收入的分配上存在不公，村里许多人长年上访，有几个差不多成了市、县的上访专业户。由此，因派姓众多，各自为政，当时的靛山村已经有五六年没有选出村委会主任。但村民的顾虑是多余的，通过与村民的沟通和协调，褚代洋进入村委会的当年，就引进投资修通了靛山村林区的公路，为靛山的林木运输提供了便利，助推实现林木销售 20 余万元。

真金白银进了口袋，村民们的信心随即高涨了起来。之后的一年里，褚代洋用踏实的工作和灵活的头脑赢得了全村人的信任，大家都相信，这个小伙子能带领他们脱贫致富！于是，在 2010 年底的村委会换届选举中，褚代洋以高票当选为靛山村委会主任。2016 年 10 月，他又当选了村党支部书记，村里人都将他视作致富的"领头羊"。

在逆境中求发展，注定没有平坦的道路可走。采访中，褚代洋讲到了印象最深的一次会议。那是 2017 年在街道办事处开的一次大会，当时，脱贫攻坚工作由常规转向实战，工作千头万绪，没有项目，没有资金，人手也不足，加之村班子刚换届不久，班子成员相互之间还有待磨合，而土地流转等具体工作也因为群众不理解而推进困难。街道办党工委书记、主任在会上明确提出，在困难面前，共产党员要先上，认为有困难干不下去的可以提出辞职。会后，考虑到家庭的实际困难等，褚代洋也提出了辞职。办事处书记找他谈话，询问了解辞职的原因，他如实托出。书记说，辞职可以，要找一个人来干。他回答说，找不到合适的人，实际上只有我合适，因为我熟悉村里的情况。书记说，既然如此，为什么要当逃兵？回忆起这段经历，褚代洋仍然显得十分激动。他说，我是一名党员，是一名退伍老兵，最听不得人说自己是"逃兵"。受此刺激，激发了他在军营练就的韧劲，就这样坚持了下来。

在如何凝聚民心上，褚代洋下了很大的功夫，充分体现了一个共产党员应有的觉悟和担当。听街道办党工委书记介绍，褚代洋大孩子是先天残疾，爱人长年照顾，说没有一点怨言是假的，按政策的规定他的孩子可以享受低保待遇，但考虑到还有比他困难的群众，他主动放弃了低保。他有一辆私家车，以现在的工作强度，村干部的报酬根本抵不了加油费等用车的开支，如果没有奉献精神，工作肯定是无法推动的。但他不计较自己的得失，无怨无悔，私车公用是工作的常态。为了凝聚民心，他上任后，不厌其烦地做群众的思想工作，慢慢聚拢人心。

凝聚人心只是基础的工作，如何形成强有力的决策力和执行力的制度，才是加快发展的当务之急。说干就干，建立村民议事会制度提上重要日程。过去村里开展工作，总是村两委唱独角戏，没有很好引导群众参与，服务群众不在点子上，也不到心坎里，做事不少，认可度却不高。为了让群众说得上话、有地方说话，靛山村成立了村民议事会，由党支部牵头，凡是大事、难事都由全体村民共商、共评、共管，干什么、怎么干、干得怎么样，大家"打开天窗说亮话"，以此引导群众自律、自治。为进一步调动干部和群众工作的积极性，确保村支两委的决策得到贯彻落实，他组织召开了一次十分成功的村民代表大会，大家达成一个重要的共识：凡是全村规划必须修建的生产、生活道路，无论占到哪户的田地，一律不予赔偿，村民必须无条件支持。

分类施策兴产业　脱贫攻坚迈大步

2016 年，褚代洋担任村党支部书记，当初绘制的山上有茶树、山腰发展养殖、山间韭黄香菇助力致富的发展蓝图正式付诸实施。

褚代洋刚担任村党支部书记时，村班子人手少，年龄偏大，能力相对较弱。要打硬仗就必须有一支过硬队伍。思来想去，作为老兵，他想到了村里的退伍军人，决定调动村里退役军人的力量，发挥退役军人听党指挥、能打胜仗、作风优良的过硬品质。他把村里 11 名积极性高的退役军人重新编成战斗班组，每个人分别与一名在家的党员协同配合，参与村里各项工作，年龄稍大的负责政策宣传、化解矛盾，年轻的安排参与土地流转、基础设施建设等。为了推进工作开展，当时还定了一个"土规矩"——"白天分头，晚上碰头"，办法一起想，有事一起上。老兵们充分发挥军人优良的作风，成为脱贫战场的骨干力量，其后，有 2 人进入了村班子，8 人成为致富带头人，退役军人的拼劲、闯劲逐渐转化成推动乡村发展的后劲。

有了发展思路和目标，但缺乏产业发展资金又成了拦路虎。恰在此时，为助推决战脱贫攻坚，加快工作进程，2016 年底，普定县委政府为每个村注入 100 万元资金，用于成立村级公司，发展特色产业，破解空壳村发展难题。褚代洋快速行动，于 2017 年初注册成立村级公司——普定县靛山村农林发展有限公司，按照县委政府主推的茶叶、韭黄、食用菌和肉兔养殖"三种一养"的发展思路，靛山村拉开了产业发展的序幕。

实际上，在发展产业的道路上，褚代洋也有过惨痛的经历。那是 2013 年，他到贵阳市沙文镇、西秀区罗仙村等地参观学习回来后，带领 6 户群众发展小香葱种植 86 亩，没想到却撞上了几十年难得一遇的洪灾，小香葱种植失败，亏损了 27 万元，自己也因此背上了 10 多万元的债务。这次惨痛的失败，让褚代洋的妻子有些动摇了，她说："自从你当了村干部，就没有好好顾我们这个家，家里一个孩子还小，一个孩子患大病，每天都需要有人照顾，我又出不去打工，过去的一点点存款，这次也亏损了，家里已经支撑不起了。如果你继续当村干部，我们这个家就要垮了。"

面对困难和挫折，褚代洋并没有退缩，他安慰妻子说："我们家现在没有钱了，但村里还有很多的家庭比我们更困难，我作为村主任，有责任帮助他们摆脱贫困。而且只要村里面发展起来了，我们也就跟着富起来了。其实我们村有很多资源的，比如我们的荒山、水库、田坝等，都是可以发展的。只要大家齐心，引进企业投资，带动我们发展，我们的生活一定会越过越好。"最终，妻子被说服，表示理解和支持他的工作，褚代洋也安下心来，继续朝着心中的目标前行。

靛山村四面环山，山上有 2000 余亩缓坡地，山脚有 600 多亩窝地。过去一直是农户单打独斗，窝地种水稻，坡地栽苞谷，只解决了吃饭问题，看似饿不着，实际上过着穷日子。在对村情进行全面了解和分析后，褚代洋决定把农户的土地集中起来，变单兵作战为抱团攻坚，打一场产业"翻身仗"。村两委提出了"先治坡，后治窝"的规划，村干部挨家挨户与群众算经济账，最终共流转 1500 多亩坡地种植白茶，引进 2 家企业对茶叶进行加工、包装，让农户的"柴山"变成了"金山"，坡上产业逐步有了起色。

在省委提出"来一场振兴农村经济的深刻的产业革命"后，村两委也及时调整作战部署，聚焦窝地优势，乘着全县 10 万亩韭黄产业大发展的势头，联合邻村打造 1600 余亩韭黄坝区，在山脚种植食用菌 20 万棒，同时整合资金参股建设养兔场，存栏种兔 1.2 万只，配套建设有机肥料厂，既解决养殖场环保问题，又为韭黄、茶叶提供有机肥料，逐渐形成以韭黄、茶叶、食用菌种植和肉兔养殖为主导的"三种一养"循环农业产业布局。与此同时，借助省军区搭建的产销对接平台，推动农特产品进军营，为产业发展提供了稳定可靠的销路保障。

为了发动群众广泛参与，村里成立了公司和合作社，村两委成为带动发展的"火车头"，通过"村公司（合作社）+ 基地 + 大户 + 贫困户"的模式，发动群众以土地、技术、资金入股，农民成为产业工人在种养殖基地务工，收获流转费和务工工资"土地双薪"，带动人均每年增收 6400 余元。群众的腰包鼓了，更加坚定了感党恩、听党话、跟党走的决心和信心！

2019 年，靛山村"三种一养"产业带动 127 名群众务工就业，利益联结 83 户建档立卡贫困户，人均年收入达 4500 元以上，贫困发生率从 16.8% 降至零。

在项目建设中，褚代洋十分注重工作的方式方法，讲法理，也重人情，在与群众沟通中经常站在对方的角度思考问题，并以自己的行动为其他同志作表率。当初，茶园建设项目推进之时，村下属的高坡组有 11 户农户，因为担心项目有风险，无论如何都不愿流转土地。这 11 户的土地夹在项目建设用地的中间，如不流转，连片开发的规划方案就无法实施。为了打消群众的顾虑，他和村会计以自己的林地向村民作抵押，最终实现了土地连片流转，确保了项目建设的顺利进行。2017 年，在推进危房改造工作中，有 2 户村民无力出资，褚代洋二话不说，先行进行了垫付。褚代洋就是这样，遇到困难和问题，总是动之以情，晓之以理，用自己的真心真情去说服和感化群众，赢得了广大群众的理解和支持，为全村各项事业的健康发展奠定了坚实的基础。

胸有蓝图着力绘　逐梦小康天地宽

得益于得天独厚的区位优势和海拔高、日照长等气候特点，靛山村的产业发展欣欣向荣，尤其是种植的白茶因较之其他地方能提前 18 天左右上市，效益明显，声名远播。靛山村白茶的价格每市斤稳定在 800—1000 元，批发价在 600 元左右，产品畅销港、澳、台及东南亚国家，供不应求。2016 年，靛山村全村农业产值只有 80 多万元，目前，全村人均年收入近万元，每年各项产业仅发放的务工工资就达 300 多万元。与此同时，村的集体经济也逐步壮大，仅茶园一项，村集体收入可达 15 万—20 万元。

在大力发展产业的同时，村的社会治理同步推进。依托"腾讯为村"网络平台，定期发布农业资讯，宣传惠农政策，公开党务村务，让全村的党员群众通过手机平台监督村务、预约办事、发表意见，逐步形成了"有事大家议、好坏大家判、遇事大家干"的良好氛围。目前，靛山村村民450人进入自己的为村平台议事、说事、谋事，那些远在异地务工的村民也纷纷加入进来，在网络平台上看自己家乡的变化，参与讨论，寄托乡愁。每天，褚代洋忙里忙外，只有晚上，才会进入"我的村庄"界面，看村民们的建议，然后发起话题。有时，看到一个好的举措策略，就把它分享在"我的村庄"界面下，让"腾讯为村"网络平台发挥润物细无声的作用。与此同时，发动在家青年80多人组成护林防火、环境整治、产业管护、文明创建等志愿服务队，设立文明形象曝光台，修订新时代村规民约，狠刹私搭乱建、厚葬薄养、滥办酒席等不良风气，营造文明新风。因为群众意见得到充分尊重，心气理顺了，心里也亮堂了。如今的靛山村，村容村貌大变样，产业路纵横基地，农用车、拖拉机能开到田间地头，太阳能路灯照亮每个角落，垃圾有序收转，休闲广场上充满欢歌笑语。

靛山村在短短几年的时间里发生了前所未有的蜕变，各项事业实现了跳跃式的发展，与村支两委团结协作、群策群力分不开，是大家心往一处想，劲往一处使的结果，也与褚代洋踏实、务实和身体力行的工作作风分不开。在靛山村采访褚代洋的过程，不时被电话打断。一次，一个工作人员打来电话，似乎是请示一项工作要不要办的事，当着我及同行同事的面，他略带斥责而又断然答复："不是搞不搞的问题，而是要如何搞好的问题，一会我亲自过去！"采访临近结束时，一旁的村会计说，接到电话，有一个贫困户的一些数据需要核实，必须当事人到办公室当面核对。他二话不说，简单交代几句后，开着自己的私家车就去接贫困户。

"作为一名村干部和一名共产党员，让老百姓生活便利、幸福满满，就是我的初心和使命。"褚代洋坚定地说："我已经为这个初心奋斗了十年，下一个十年，下下个十年，我仍将为此奋斗不休。我必将以更加坚决的态度、更加执着的干劲、更加有力的措施、更加务实的作风，团结和带领靛山村党员和群众，闯出一片新天地。"

实现村民全部脱贫，是褚代洋的工作目标，但不是他的终极目标。随着规划目标的逐步实现，更加远大的乡村振兴宏图已在他的心中绘就。

在项目建设参观点，谈到靛山村未来的发展，褚代洋如数家珍，哪里适宜经果林种植，哪里拟发展生态养殖，哪里准备建康养基地，哪里计划建自驾游露营基地；对如何优化布局、产业发展怎样与文旅结合等等各项事业的发展规划也了然于胸。为了心中的梦想，目前，许多工作他都已作超前谋划。在拟建自驾游露营基地和观景点工地现场，基础的路沿石已具雏形，连接秀水村旅游项目及邻村"桃花水母"的断头路已经打通。褚代洋说，这里的一些项目还在协调和接洽中，但许多基础的工作，村里已进行了超前安排和落实。"栽得梧桐树，才能引得凤凰来"，这是他的原话，对未来的发展，他充满了信心。

回望靛山村的发展历程，有党中央的英明决策，有省、市、县各级党委政府的正确领导，有广大人民群众的大力支持，凭着对党的事业的忠心，凭着无私奉献、造福乡梓的情怀，凭着退伍不褪色的坚守和韧劲，我们坚信，褚代洋心中的梦想定能实现，靛山村的明天将会更加美好。

（中共安顺市委党史研究室供稿）

走进易地扶贫搬迁群众家

——记贵州省大龙经济开发区大龙街道人大工委主任、德龙新区党总支书记邓孔建

邓孔建，男，汉族，贵州瓮安县人，1984 年 4 月出生，中共党员，大学本科文化。2010 年 7 月参加工作，现任玉屏侗族自治县人大常委会委员、大龙街道党工委委员、人大工委主任、政协联络组主任、德龙新区党总支书记。

德龙新区是铜仁市的一个跨区县易地扶贫搬迁安置点，位于大龙经济开发区潕阳河畔，2017 年正式启动移民搬迁，安置了德江县 2881 户 13464 名搬迁群众。铜仁跨行政区域易地扶贫搬迁战役打响以来，他的身影总是在德龙安置点穿梭，不管是帮助搬迁，还是入户走访，不管是家庭琐事，还是民生保障，他都始终把搬迁群众放在心上。2019 年 4 月，德龙新区被省委、省政府推荐为全国易地扶贫搬迁后续扶持工作现场会观摩点。2020 年 7 月，他作为全省脱贫攻坚"七一"表彰先进基层党组织代表在省主会场作汇报发言。

在各级领导的亲切关怀下，他作为党总支书记，带领安置点党员干部牢记嘱托、感恩奋进，实现了搬迁群众"安得下来、融得进去、和谐发展"的阶段性目标。

党建引领促融入

作为安置点党组织负责人，邓孔建知道，这里的搬迁群众都是来自250公里外德江县的 19 个乡镇，人员构成相当复杂，其中重病重残 890人、60 岁以上老人 1573 人、学生 4101 人。500 里生活区域的大迁移，使搬迁群众面临地域文化习俗的适应问题。

为了让搬迁群众能够尽快融入新环境、成为新市民，他们从健全基层党建体系着手，创新基层治理机制，着力培育融入型社区，成立德龙新区党总支和 4 个基层党支部，有党员 93 人，并同步组建了 3 个社区自治组织、20 个群团组织、5 个经济组织，在党组织统领下强化社区服务管理。在他的协调下，还与群众迁出地的 19 个乡镇建立了跨区县沟通协调机制，采取定期和不定期召开协调会等方式，抓好搬迁群众的帮扶、管理和相关政策衔接保障。以"走进搬迁群众家里、走进搬迁群众心里·感恩党中央、感恩总书记"活动为载体，开展感恩教育和道德风尚、文明礼仪等方面引导培训，采取多种措施丰富群众文化生活，帮助搬迁群众克服生活方式、生活习惯、语言表达差异等方面困难。2020年以来，在他的带领下，召开协调会议解决民生保障问题 650 件、党组织开展走访慰问解决实际问题 75 个、开展感恩教育培训 29 场次。

服务群众是根本

为提高服务搬迁群众工作的规范化、常态化水平，邓孔建一直在探索。他推动大龙街道办事处在安置点中心地段规划建设党群服务中心，使用面积达 2000 平方米，集中开设就业、就医、就学、低保、医保、社保等方面职能部门的服务窗口，为搬迁群众提供一站式优质高效服务。

2020 年以来，党群服务中心办理民生服务 8975 项，服务搬迁群众 7000 余人次。在确保民生服务各项政策落实见效的同时，邓孔建还组织安置点党员干部积极做好日常服务保障，让搬迁群众时时处处感受到新市民的归属感。刚从大山搬出来的群众，总是会出现这样那样的问题，不是下水道堵塞，就是热水器烧坏，还有就是电磁炉、电饭煲等家用电器不会用。为解决新市民遇到的新困难，他积极与服务中心的干部沟通、与开发区各职能部门汇报，在安置点开设搬迁入住"第一堂课"，从怎样过斑马线、看红绿灯，用好生活设施、普及安全常识等生活细节入手，开展手把手、面对面现场模拟教学。党群服务中心在长期的服务工作中，履行了"有难事、找社区，半小时、准上门"的服务承诺。搬迁群众在遇到难事，总是第一时间向所在社区联系登记，社区收到服务订单后，立即派工作人员上门服务。问题解决后，由党群服务中心组织人员实地回访，满意则签字销号。2020 年以来，党群服务中心共为新区新市民解决实际困难和问题 827 件。

就业增收保稳定

易地扶贫搬迁，三分在建设，七分靠后续，后续关键则在就业。怎样让新市民的荷包鼓起来，成了邓孔建心中的一个梗。为了让搬迁群众能够在第一时间找到稳定的就业岗位，必须在摸清搬迁群众劳动力状况的基础上，实行分类指导就业创业。通过长期的实践，他积极探索了"1211"就业模式，引进了一批劳动密集型企业，建立岗位数据库和就业数据库，成立了一家专业劳务合作社，构建一对一帮扶服务机制。通过努力，新区成功引进了打火机组装、服装加工厂等劳动密集型产业入驻扶贫车间，让老人、残疾人等弱势群体有事可做、有钱可赚，还可以照看小孩，实现务工人员户均月增 800 元至 3000 元。新区还利用大龙开发区企业多的优势，按照人岗相适的原则，推荐相关人员到园区就业。对做惯了农活、不适应在企业车间上班的群众，则利用现有的闲置土地发展社区集体经济，因地制宜抓好魔芋种植、肉牛养殖等产业，有效满足部分搬迁群众想种地、干农活的需求。对于不愿意在企业和农业产业基地务工的搬迁群众，新区组织开展烹饪、挖掘机、电工、缝纫、锦绣等实用性较高的技能培训班 39 期，培训 2114 人次，帮助他们掌握一定的劳动技能，将新区门面以低于市场价出租或出售给搬迁群众，为他们自主创业提供便利。

目前，新区搬迁人口中的 5713 名劳动力，已组织到省外务工 2702 人、省内务工 2390 人、自主创业 288 人，就业率达 94.2%，实现户均就业 1.8 人以上。就业促增收，一定程度上让邓孔建心里的梗得到舒缓，但是他依然清醒认识到，易地扶贫搬迁后的帮扶工作任重道远，需要不断创新思路，不断探索实践，才能实现既定目标。

邓孔建就是这样的一个基层党员干部，他咬定青山不放松，自从他担任德龙新区党总支书记以来，就全身心投入到脱贫攻坚的路上，把搬迁群众的利益放在首位，把搬迁群众的困难放在心上。因为他深知，只有做好了搬迁群众的工作，才能让这一方百姓真正安居乐业。

（中共铜仁市委党史研究室供稿）

使命在肩，奋斗不止

——记贵州省工商联派驻贵州省毕节市织金县珠藏镇牛硐村第一书记肖智

"天地轮回转，环境本自然。靠山来吃饭，刀耕苞谷掰。嘴里叼烟杆，喝酒醉懒汉。思维不拓展，观念改变难。脱贫攻坚战，一刻不容缓。引领加苦干，众志流血汗。产业项目办，电商促交换。功成把家还，足以自慰欢。"这是肖智干了三年多第一书记后写的一首打油诗，从这首诗里就足以看出他这第一书记当得很深入、很有感触、很有成就。

一、踌躇满志踏上征程

2021 年，52 岁的肖智是贵州省工商业联合会办公室的处级干部。从务川自治县走出来的他，有过当乡镇干部的经历，还在县里做过文化馆、检察院、组织部的工作，在市里做过政协、统战部工作。这些工作经历，为他当上第一书记后得心应手处理工作打下坚实基础。

织金县珠藏镇牛硐村是贵州省工商联的对口扶贫村，从 2014 年起，省工商联就不断派人到牛硐村担任第一书记开展乡村脱贫攻坚工作。2017 年 9 月，肖智背上行囊，踌躇满志地来到这里任第一书记。

在来牛砌村之前，肖智先做足功课，首先通过各种资料充分了解牛砌村的现状；然后从其他第一书记那里收集信息和经验；再就是预先制订一个初步的工作计划和目标。他知道这第一书记意味着什么，就是党和政府把这个村脱贫攻坚的重担交给你的同时，也把对你的信任交给了你，把这个村的希望交给了你。

对于新来的第一书记，村民们给予了很高的热情，一双双热切的目光在不停地打量着他，他们都知道这个叫肖智的第一书记是来帮助他们脱贫致富的。他们或许还在想，这一任第一书记能给这个村子带来什么新的变化和发展？不管是待在家里的老人孩子，还是不断外出打工的成年男女，他们都在等待着、期盼着。

肖智是那种内心丰富细腻的人，从乡亲们的目光中，他感受到肩上的担子很沉很沉。他下决心沉下心来，认认真真为乡亲们做点实事。

二、走村串寨摸实底细

怎么入手？如何开头？肖智决定按照自己预先的计划，先做一个全村走访调查，理出需要解决的问题和困难后，再根据具体情况做出下一步方案。于是，在林间、在路旁、在地头、在场坝、在村民家的堂屋，肖智和他的班子成员马不停蹄地访贫问苦，村民们也很快与这位亲切可敬的第一书记熟悉起来。他们敞开心扉，有诉苦的、有闹情绪的、有反映问题的、有提意见的，还有提建议的，一个真实的牛砌村充分地展现在肖智面前。

牛砌村原来属于二类贫困村，全村 416 户就有贫困户 100 户，涉及 424 人。而且在珠藏镇的 21 个村中，牛砌村当时是条件最差、发展最慢、问题最多的一个村，虽然这几年党和政府加大了扶贫力度，使牛砌村 2017 年脱贫出列，但群众收入仍主要靠外出务工和传统农业支撑，造成贫困的诸多因素和问题依然存在，如果不解决，返贫仍然会出现。

首先是饮水困难。由于地势特殊，牛砌村原来用水全部靠天，就是夏天用小水窖将水蓄存起来备用，但一到冬天就常常不够用，就要到很远的地方去挑水。缺水，不仅影响了村民们的正常生活，而且村里设想开发的很多产业都受到影响和制约。

再就是电力不足。虽然牛硐村早已通电，但由于变压器能量不够，长期电力不足，连电饭锅都带不动。村里还没有路灯，到晚了上就是伸手不见五指。

还有道路不畅。牛硐村虽然离珠藏镇才两三公里的距离，但其中有一条条蜿蜒曲折的砂石路给汽车的行驶带来很大的困难，也严重地影响了产业的开发。

还有房屋破旧。一目望去，村里各家各户的房舍没有几家是像样的，大多破烂不堪，还有的是家徒四壁，寻不到一件像样的家具，有的连遮风挡雨都成了问题。更有甚者环境糟糕，一走进村里，房前屋后破破烂烂，村中小路杂草丛生，垃圾遍地。家家用两块木头搭在一个坑上的简易厕所臭不可闻，蚊虫遍布。

最关键的是村民观念落后。"命中有时终须有，命中无时莫强求。"这是一些村民的宿命论，认为人的穷与富是命中注定的，所以他们安于现状，对于村里的发展，大多采取被动和观望的态度。因为习惯了贫穷，这里以前成了光棍村，光棍积压到100多个。嫁进来的媳妇没有多久就跑了，剩下的娃娃交给老人带，于是贫穷便恶性循环。因为习惯了贫穷，游手好闲、消极懒惰、安于现状成为一些村民的生活常态，即便是一些年轻力壮的小伙子，也甘愿守在自己的一亩三分地消磨时光。

经过数月的走村串寨，肖智的扶贫日记字数每天都在增加，心中的底数也在增加，需要解决什么问题，怎么解决？需要做什么帮扶，怎么做？他的思路也逐渐清晰起来。

三、苦口婆心改变观念

"扶贫先扶智。"看着一些村民或无所事事地游走在村前村后，或悠闲懒散地在路边在门前闲聊打趣，或颓废地聚集在一起喝酒划拳打牌赌博，一种紧迫感像一声声警钟敲打着肖智的心，让他喘不过气来。他深深地知道，贫穷的根源就是人没有目标和追求，他决定先从改变村民们的观念入手，只有改变了观念，彻底脱贫才有希望，才能让脱贫后的牛硐村的每一个村民都永不返贫。

调查中他发现，群众观念之所以落后，村两委、村合作社在宣传动员群众上做得不够，群众对党的各项方针、政策认识不充分不到位。必须先把村两委、村合作社的思想武装起来，把他们的主观能动性调动起来，才能具备改变群众观念的底气。于是，他多次组织召开村两委、村合作社会议，多次集中宣传党的路线、方针、政策，特别是党的十九大精神和党在扶贫工作上的各项方针政策。不断提高认识、统一思想，着重分析该村未脱贫贫困户致贫、致困、制约经济发展的原因，做到边调查研究掌握村贫困情况，边制定帮扶方案和措施，然后召开全村村民动员大会。

牛硐村的村民们虽然习惯了几辈子的贫穷，但是内心对走出贫困还是充满着渴望，听说要开会听第一书记讲脱贫的事情，村民们都纷纷前往。动员大会上，人头攒动，喧喧嚷嚷，几百双兴奋的眼睛盯着肖智，他们不知道这位第一书记要告诉他们怎样的好消息。

"各位乡亲父老，贫穷是一种压力更是一种动力，我们不仅要脱贫，关键是我们要致富。在我们的现实生活中，从贫困中走出来过上富裕生活的例子千千万万，他们能做到，你们也能做到！"肖智慷慨激昂，苦口婆心，他讲到村里的贫穷现状并分析了造成贫穷的原因；讲到党和政府具体的扶贫措施和政策；讲到社会上各个爱心人士和爱心企业的热心和付出；讲到一个个第一书记的责任和雄心壮志；讲到生存的意义和奋斗目标，然后讲到村里的发展方向和脱贫致富方案……村民们听得很认真很专注，他们提出了自己的疑惑和问题，肖智一个个回答。会上思想还不通的，会后单独沟通。

这样一次次的聆听和互动，聚集了人心，增强了信心，村民们深切地感觉到生活有了新的盼头，他们的热情被调动，干劲被激发，纷纷表示："肖书记，你说怎么干，我们就跟着你怎么干！"

四、轻装上阵解决问题

思想打通了，观念改变了，接下来的事情就好办得多。针对村里存在的诸多需要解决的问题，经过村两委商量，"让环境上个台阶，让生活发生改变"成为当时牛硐村在脱贫攻坚战中攻克的主要目标，并作出了具体的方案和实施计划。

那段时间里，肖智废寝忘食跑上跑下，动用资源、集资筹款、动员社会力量，开始了连续不断的艰苦工作和艰难尝试，解决了牛硐村一个又一个最实际的难题。

为了解决用水困难和电力不足的问题，肖智带领村干部们多次翻山越岭寻找水源、化验水质，结果一次次被否定，最后不得不采用成本最高的、从珠藏镇引水的方案。他们从省工商联争取到捐助款 36 万元，从贵州晟扬管道科技有限公司争取到捐赠价值 10 万元的一批管材，从贵州省安徽商会对接到捐资 1.5 万元，加上珠藏镇党委政府出资的 8 万元，修建了 50 方、30 方、20 方的三个水池，铺设了 5.5 公里的主管道引进水源，让牛硐村家家户户都用上了自来水。同时，他们还积极争取织金县电力部门的支持，重新安装了大容量的变压器，重新布线，彻底解决了牛硐村用电难的问题。

为了解决村民们生活环境差的问题，肖智积极争取到省工商联的帮扶资金 74 万元，用其中的 40 多万元对村里的整体环境进行了修整改造。对村前村后道路庭院进行修整硬化；村前公路进行了扩宽升级；危房、旧房改造修整了 16 户；厕所改成水冲式 72 户；在原来安装 166 组太阳能路灯的基础上又安装 20 组；购买安装垃圾箱 12 个。同时，针对 100 户家徒四壁的农户、贫困户，为他们配备衣柜、碗柜、电磁炉、床，等等。

在那些日子里，村民们奔走相告积极配合，村子里充满了欢歌笑语。到 2019 年 3 月，所有的改造项目就全部实施验收完成。这让肖智感慨万千，谁说贫穷很顽固？只要有了目标和盼头，就可以做到"人心齐泰山移"。

肖智介绍，在危房改造中有这样个插曲，村里有一个 60 多岁的哑巴李志学，他和近 90 岁的母亲相依为命，他家的房子破旧不堪，属于危房改造的范围，但没有任何人和他沟通得了，给他比划着交流了半天，他以为要去拆他的房子，提起斧头就来追赶和他沟通的人。无奈之下，大家就商量，给他在村委会门前修了两间房子，并且把衣柜、碗柜、桌子、床、电视机、炉子等全部给他配齐，请他们母子搬进来住。面对眼前的新房子，李志学惊异地睁大了眼，感动万分，哇啦哇啦比划着鞠躬。疫情期间，李志学看见肖智和村委会干部天天在办公室值班，就三天两头地往办公室送东西，有一次，送了一瓶花生牛奶，一只下蛋的老母鸡，肖智给他送回去了。他又不断地送来鸡蛋、白菜、腊肉、葱蒜之类，不要他就生气，就只好收下，又给他买些东西送去。谁都知道，他是在用行动来感谢政府。

五、调整结构开发产业

世界上没有干不成的事，只有想不到的事。即使是在这样的穷乡僻壤，只要能够有想法，有图新求变的激情，牛硐村永远脱贫就是必然。针对牛硐村农业基础差，土地传统种植效益低下，产业项目发展滞后，村民难以持续就业等难题，肖智带领村班子成员经过构思和决策，在全力开发新型产业上下功夫，走出了一条适合牛硐村的发展之路。

肖智结合实际，多次邀请贵州省重庆商会、贵州省润黔水利商会、贵州省安徽商会、贵州省江西商会、贵州立尧科技有限公司到村考察项目，带动牛硐村脱贫工作。

同时，牛硐村加大产业结构调整力度，着力引导村民众种植经济种物。种植了魔芋 100 亩、板栗 900 亩、皂角 700 亩、油用牡丹 200 亩，以及黄豆、辣椒、竹荪和白及等。这些项目大部分与退耕还林套种，森林覆盖率达到了70%。在养殖业上，牛硐村争取政府贴息贷款，扩大脱温鸡养殖规模；做好贫困户在珠藏生态猪养殖场入股并分红、生猪直补工作。

此外，牛硐村还引进贵州立天健康医药有限公司投资1300万元，兴建生物化肥厂，目前厂房建设已完工，手续已办下来，拟近期投产，为赋闲在家的村民解决了就业问题。

为了调动各方资源惠顾村民，牛硐村积极为贫困户争取贷款，引导个体户办理营业执照；帮助群众拓宽就业渠道，切实增加收入；积极争取爱心人士捐款捐物，慰问贫困群众；发挥自己熟悉法律和经济知识的特长，为群众提供法律咨询和相关经济知识的解读。

肖智介绍说，针对魔芋种植项目，他们从省工商联的帮扶资金74万元中，用24万入股专注魔芋产品研发的立尧科技有限公司，每年3.6万元红利，分给村民，三年后本金全部退给牛硐村。同时，流转的100亩土地，400元钱一亩，村民最高的得了5000多元钱，土地流转后，村民在魔芋公司打工一个小时10元钱，一天可以赚个近百元钱。而且魔芋一年四季都可以种植，一年四季都有活干。这个产业很成功。

牛硐村的脱温鸡项目，开始是贴息贷款50万元，从安顺进一些小鸡仔，27天就可以喂到1斤多，卖出去一只就可以赚到1.5元到2元，效益是很高的。为此，肖智对接了温州大酒店董事长马林发等爱心企业家，捐赠3万元为10户贫困户入股养鸡场参加分红。为了打开销路，肖智还亲自到贵州省广西商会、贵州清镇大发养殖发展有限公司等相关单位对接销售事宜。

六、全村脱贫今非昔比

经过党和政府几十年坚持不懈的扶贫政策和脱贫攻坚，经过省工商联不断的对口帮扶和援助，经过一任又一任的第一书记的不懈努力，如今的牛硐村发生了翻天覆地的变化。

全村基础设施基本完善，交通便利了，卫生搞好了，村舍漂亮了，水电方便了，还办有脱温鸡厂、化肥厂等，最主要是老百姓的意识改变了，外出务工、回村创业、投入产业，全村充满生机和活力。

从产业上来说，牛硐村的成绩也是很喜人的。争取生猪入股珠藏镇农业循环园区和合作社，为65户贫困户入股6666元，每年分红666元；生猪直补项目，为19户自养户每头生猪补贴800元；魔芋种植项目为贫困户18户73人、非贫困户36户入股分红；村集体经济合作社脱温鸡养殖项目，13户入股，每户入股3000元，每年可分红300元；争取公益性岗位11个，每人每月400至800元不等。目前实现101户贫困户产业全覆盖。

如今牛硐村，三五成群聚在一起打牌、赌博、闲聊的现象没有了，光棍少了，社会治安也好了。在珠藏镇的21个村中，牛硐村成了条件最好、发展最快、脱贫最好、问题最少的一个村，2014年贫困发生率为21.85%，至2020年9月已实现全部脱贫。肖智不无自豪地说："去年省城贵阳有个女孩还嫁到牛硐村来了。"

原来贫困并不是难题，生活还可以这样美好。牛硐村的村民们从脱贫攻坚的奋斗中体会到了追求的快乐和充实，从创造幸福生活的体验中感受到了人生的价值和意义。肖智说："在牛硐村，我每天都被村民们为了过上幸福生活而不断创造的精神所感动。"

2020年3月，牛硐村被拟作为毕节市脱贫攻坚典型村示范点上报；2020年6月，牛硐居委会被织金县委评为全县脱贫攻坚先进集体。

七、为民效力无怨无悔

2018年、2019年、2020年度个人年度考核，肖智皆被评为优秀，并两次被织金县委、县政府评为2017年度和2018年度驻村帮扶工作先进个人；2019年6月被贵州省委表彰为全省脱贫攻坚优秀村第一书记。

肖智当了三年多的第一书记，非常辛苦，非常艰难。他表示，自己的内心充满无限感怀，一是感恩，感恩党和政府，脱贫攻坚诠释了我国社会主义制度的优越性，诠释了党和政府全心全意为人民谋福祉的宗旨；二是感谢，感谢省工商联各级组织的领导、支持和关心；三是感动，对社会各界特别是一些商会和爱心企业对脱贫攻坚的支持的感动。他认为，在他的人生旅程中，这三年多是最丰富的、最宝贵的、最有收获的。"这三年多来锻炼了我的能力、丰富了我的人生、体现了我的价值、坚定了我的信念。"

肖智表示，按照中央的战略部署，今后各项脱贫攻坚的工作和政策都要向乡村振兴转型，以迅速缩短贫困地区与发达地区发展差异，实现由脱贫向振兴转变。所以，为了巩固牛硐村脱贫攻坚所取得的成就，加速向乡村振兴转型，牛硐村将继续做好生物肥料厂服务工作；围绕乡村振兴战略和"毕节市脱贫攻坚典型村示范点"再谋划一些等产业；继续抓好产业发展特别是做好魔芋种植、扩大脱温鸡养殖规模等工作；转变地域扶贫模式，着力解决村民就近持续就业问题；监督用好省工商联以及几家帮扶党支部捐助的各类资金。继续邀请异地贵州商会、民营企业到帮扶蔬菜种植点考察，寻找合作商机，进一步推进帮扶工作。

（中共贵州省委党史研究室 2021 年 8 月采访）

一腔炽烈血，豪迈扶贫路

——记贵州省总工会派驻贵州省毕节市织金县熊家场镇
群潮村第一书记张恢

2021 年春节临近，一款作为礼品推广的"爪爪花"牌油辣椒进入人们的视线，据说这是一位驻村第一书记在扶贫工作中带领村民们开发的特色产品，带动了全村七八个产业共同发展。这位第一书记就是贵州省总工会派驻织金县熊家场镇群潮村的张恢。张恢当第一书记三年，消除了群潮村空壳村的名声，摘掉了贫困村的帽子，既为群潮村拔穷根、找路子、定产业找准了方向，又为打赢这场脱贫攻坚战找到了突破口，也为群潮村村级集体经济发展打下了坚实的基础，2019 年，群潮村实现了全村整体退出贫困目标。

访贫问苦：党建引领找出路

2018 年 3 月 15 日，张恢到贵州省总工会对口扶贫点织金县熊家场镇群潮村担任第一书记。他深知，自己即将面对的不仅是一项责任重大的扶贫任务，而是一个新的挑战。

先调查，再工作，这是我们党一贯的工作作风。张恢多次与村干部以及老同志沟通后，决定把深入群众，了解情况作为自己工作的第一项任务，离任多年的老支书主动给他当向导。

沿着群潮村弯弯拐拐的入户路，张恢在老支书的带领下，一家一家敲开了村民家的门，全村832户，他是户户访到。院坝里、堂屋里、场坝上，他与村民们围坐在一起，一杯热茶、一声问候，了解他们的就业情况、家庭收入情况、家庭困难等情况。一次次的促膝交谈，拉近了与群众的关系，也真实地掌握了群潮村的社情民意。

虽然群潮村在脱贫攻坚战中经过对口单位一轮轮的帮扶推进，已经加快了脱贫和奔小康的脚步，但是依然有一些难题和痛点制约着群潮村的发展。

首先，贫困依然困扰着群潮村。由于大多数劳动力都外出打工，家里留守老人、妇女、儿童比较多，劳动力不足，还有17户居住的是家徒四壁跑风漏雨的房子；还有36个留守儿童需要帮助，一些非常贫困的家庭需要救助，整个村子精神面貌不佳，奔小康士气不高，干劲不足。

再就是群潮村无村级集体经济来源，产业发展一直以农业生产为主，耕地面积少，全村大部分农户收入来源基本依赖传统种植业和养殖业，少部分以经商、加工、外出务工为主要收入来源。虽然在对口帮扶单位贵州省总工会的帮扶投资下，已经建有一个乌鸡养殖场，一个腊肉加工厂，还有生姜、大蒜、辣椒、竹荪等种植基地，但是品种多数量少，销售渠道单一，投入成本高，并未实现创收。村民内生发展动力不足，真正参与产业发展的积极性、主动性不强，等靠要思想严重。

"火车跑得快，全靠车头带。"张恢深知，要发展村级集体经济，要带领群潮村彻底脱贫奔小康，抓党的基层组织建设很重要。先把党员干部的思想统一了，才有条件和底气来发动群众。

于是，村党支部组织开展了"总书记的话儿记心上""擦亮党徽亮身份""党旗在新时代飘扬、党徽在新农村闪耀"等活动，逐步增强党员干部的责任感和使命感，充分发挥基层战斗堡垒作用。利用党小组会、群众会、院坝会、田坎会等形式，鼓励动员广大群众要相信有党和政府的领导，坚定必胜的信心，有国家的政策支持，有省总工会的帮助，村两委必将带领大家脱贫致富奔小康，共同彻底打赢脱贫攻坚战。

通过支部引领，党员带头，把群众发动起来、组织起来、带领起来，共同向贫困发起了进攻，扶贫济困、捐资助学、创办企业、对接市场，拉动了群众发家致富的内生动力。一时间，群潮村掀起了一股找出路、抓产业、奔小康的热潮。

做好实事：春风化雨幸福来

"当官不为民做主，不如回去卖红薯。"在张恢看来，这可不是简单一句调侃的话，这是体现党的干部为人民服务的工作作风和责任。因此，在走村串寨访贫问苦的那段时间里，张恢把群众的每一件事情都当成自己的事，一边走访一边解决问题。

当发现村里的妇幼老弱健康状况很不好时，张恢就联系贵州职工医院，把村民的身体普查一次。针对患慢性病的病人以及老年人，他就用他自己的车把他们送到职工医院去做一次体检，有问题的及时治疗。

得知村民李光荣两个孩子都没上幼儿园，夫妻俩没有工作，每月靠700元低保过日子，为了改善他们生活贫困的情况，张恢找到幼儿园园长对接及时将孩子送到幼儿园，并联系两家企业给予这个家庭长期帮扶，又找到镇党委给这对夫妇环卫工人的工作，帮助李光荣一家走出了困境。他了解到杨大刚、杨光珍、彭远先、陈武青等17户人家房屋陈旧破烂、跑风漏雨、家徒四壁，立刻向省总工会汇报争取资金支持，投入100多万元，帮助维修房屋、翻修加固，包括厕所、厨房全部改造，购买家具物品，使这17户的家庭环境彻底改变。村民卢启荣家没有劳动力，生活很困难，儿媳妇患病后，雪上加霜。张恢和帮扶干部马金松与村支两委干部通过募捐以及申请医疗救助，争取到资金帮助5万余元，同时帮助卢启荣维修房屋和购买家具物品，生活得到改善后，卢启荣主动到村提交退出贫困申请，表示要靠自己的双手创造幸福生活。

在学校调研时，张恢得知学校的电脑老化，缺少体育设施，而且幼儿园需维修，便积极协调省总工会女工部投入资金10万元，在熊家场小学建立了"工会儿童之家""工会爱心之家"，为学校采购了电脑、体育设施等教学用具。同时，争取项目资金24万元维修幼儿园、购买床上用品、增设户外玩具等。为了鼓励教育，张恢向省总工会争取"金秋助学资金"21.2万元资助82名考取大学的贫困生；在村集体经济收入中，拿出6500元奖励13名考取大学的学生。

为了解决饮水和排污问题，张恢积极向省总工会争取，为草地充组争取人畜饮水项目资金2.8万元，解决了一个村民组48户128人的安全饮水。争取项目资金24万元，修建了150立方水池，解决中小学、幼儿园及政府周边居民3000余人的饮水困难。为中小学争取7万元修建排污沟。

针对村里的36名留守儿童，张恢协调贵州职工医院、息烽温泉疗养院的党员、干部，进行一对一、多对一帮扶，签订协议，帮扶到大学毕业。息烽温泉疗养院的党员冯忠策帮扶杨大勇读高一的娃娃，坚持每个月帮助500元钱生活费；贵州省总工会党组成员、副主席杨杰，帮扶村民常开珍的孙子，一帮就到大学毕业，一帮就成了永远的亲人；张恢也帮了一个，这个娃娃平常学习成绩很好但中考没有考好，很想继续读书，张恢就去找相关部门和学校协商，让他读上了书，后来这个娃娃考试取得全校一年级前三名。送他去读书的时候，张恢发了一个朋友圈："少年，天高任鸟飞，海阔任鱼跃，祝你前程似锦。"很多人还以为是他自己的孩子。

2020年春节，新冠肺炎疫情突发。为了阻击疫情蔓延，群潮村两委在村里的各个路口都设立了防疫值勤卡点，派人值班驻守，那些得到过建档立卡帮扶的村民们纷纷自发给卡点服务，送饭、送饮料，络绎不绝，他们把对习近平总书记、对党中央和国家的感激之情，都融进了点点滴滴的行动里。

产业"造血"：因地制宜谋发展

困难解决了，生活质量提高了，发展产业就成了当务之急。如何摆脱产业无规模、销售无渠道这个制约群潮村产业发展的瓶颈和桎梏？怎样寻找一条符合群潮村发展的路子？张恢一直在思考。

在一次下乡走访中，张恢来到村民张兴美家，赶上了她家的饭点，吃到她家的油辣椒时，张恢感觉味道非常鲜美，当得知这个油辣椒是祖传秘方制作时，他就装了一小罐带到镇里，请镇党委书记和省总工会的领导品尝一下，大家都觉得味道非常很好。他就趁热打铁地提出："我们这个产业也抓，那个产业也抓，不如就开发辣椒酱这个产品，把相关的产业盘活。"

用种植基地生产的辣椒、生姜、大蒜、竹荪做辣椒酱，用养鸡场的鸡做辣子鸡，用腊肉厂生产的腊肉做腊肉丁辣椒，一个辣椒酱就能盘活整个养殖、种植基地，还会形成一个良性的产业链。这个想法得到大家的一致认可，就决定在群潮村利用张兴美家这个辣椒酱秘方发展辣椒酱产业。

说干就干，张恢和村两委一班人，不分昼夜，忙得连轴转。他一边向省总工会写报告、出方案，争取资金帮扶，一边组织劳力投入工厂建设；一边研发制作产品，一边带领大家到处去找市场。

这样，由包括张兴美在内的5户已脱贫农户入股创建的织金县"爪爪花"风味食品厂很快投入了生产，风味竹荪三丁拐、风味竹荪油辣椒、风味竹荪宫保鸡丁、风味竹荪麻酱鸡等油辣椒系列产品问世，第一年就实现年产量50万瓶。由此带动了养鸡场，以及辣椒、生姜、大蒜、竹荪等核心种植基地500亩，年产值550万元，加上对其他产业的带动，年产值可达到1100万元。实现了家庭户主向企业股东、农民向工人、家庭主妇向技术人员、家庭经济向企业经济的转变。

为了实现长远发展，张恢与省城多家企业联系，把政治可靠、群众公认、年轻优秀、乐于奉献、善于管理的青年选派到省城的企业边工作边学习，以岗代训，为村培养后备人才，鼓励这些年轻人都立志要学好大企业的管理经验，将来回到群潮为建设家乡贡献自己的力量。

打开渠道：为有源头活水来

在项目刚启动的半年时间里，张恢夜以继日，风雨无阻，既要跑市场，又要督促工程进度和监督工程质量。他知道抓好产业发展，产品的销售是关键。为了解决这一难题，张恢带领村里的干部和之前推荐到省城企业培训的本村青年，在贵阳摆摊设点，带着农产品跑市场、跑酒店、跑单位、跑超市，满世界寻找销路，逐步打开了销售渠道。

在艰难的销售体验中，张恢悟出，除了组织销售团推广营销之外，建立一个有带动性的口碑式推广的销售模式也很重要，就是把销售与个人的利益挂起钩来。首先，他向员工下达销售任务，一个员工销售200件，以提成为奖励。然后，发动全村2432人进行全员销售，外面打工的、读书的回来后，都把辣椒拿去代销，使他们能够通过推销辣椒酱获取提成收入。

"卖辣椒还有钱赚？！"群潮村沸腾了，家家户户奔走相告，交流推销经验，各显营销神通，"爪爪花"辣椒酱成了村民们的热门话题。很快，各路好消息纷纷传来，这里要100箱，那里要500箱，还有订购1000箱的。销售量在大家的推广中直线上升，临近春节，"爪爪花"辣酱厂还在加班加点地赶制订单。张恢展着开心的笑容说："昨天我们接到了14万的订单，今天又接到17万多元钱。"

目前，群潮村的"爪爪花"辣椒产品已经找到了市场的立足点，就是通过市场需求来设计开发品种。张恢说："没有好的产品基础，销售能力再强也会是昙花一现。"这话说得透彻，只有好的产品，才能发挥"酒好不怕巷子深"的效应。

办企业容易，但是要让企业真正的生存下来很不容易，"爪爪花"

风味食品厂目前虽然是小作坊，但从一开始就是冲着做大做强这个发展目标来做的。能否达到这个目标，张满怀信心地说，第一，要实现规模化生产，目前已经划出 10 多亩地，争取了 600 万元，春节过后建一个标准化的生产厂房。第二，就是把市场打开，组建专业的销售团队，形成有效的销售渠道，从资源型入手，然后走市场，发挥多元化销售优势。目前，他们已经与一些大型超市及商场的经销商签订了协议，电商平台、直播带货等也细化成熟。

驻村扶贫到今天，脱贫攻坚已经告一段落，但是张恢认为，群潮村抓产业发展必须坚持不懈，并通过建立良性的生产营销模式，逐步提升产业的可持续性发展，扶贫成果才能坚如磐石。

带动群众：授人以渔奔小康

"授人以鱼，不如授人以渔。"如何让致富成为一种能力，进一步巩固脱贫成果，这是各级党委、政府和驻村第一书记等需要认真思考的问题。"对于扶贫来说，给扶贫对象送物资、送钱，不如改变他们的观念，这样才能事半功倍达到长久的脱贫。"通过实践，张恢发现，过去的时段里，经过不断的扶贫，群潮村的贫困状况虽然得到非常大的改善，但一些村民便不思进取了，安于现状，聊天、喝酒、打牌成了这些人的常态。这样的常态是有返贫风险的，这让张恢十分揪心，他决定改变这一现象。

于是，充分激活村民内在的原生动力，把他们被动的被扶贫转变成主动的去脱贫去致富，成为张恢发动群众、带动群众的主要目标。他与村两委一班人经过构思和讨论，建立了利益联结机制，就是采取群众入股创办企业的模式，充分体现群众的主体地位，通过劳动创造价值，获得丰厚的红利分配。这样运作，打破了加入村合作社只分红不参与劳动的尴尬局面，实现了以前看着别人干，现在自己当股东，带着别人干的重大转变。村民成了企业的主人，干起来才有劲。以油辣椒厂为例，厂里有 20 位工人采取的是岗位股，就是根据他们在这个岗位工作的时间长短进行分红。

人不怕没有技术，就怕没有追求。张恢说："帮钱帮物不如思想帮扶、智慧帮扶，让村民发展有方向，思想有追求，创业有勇气，工作有干劲，只有这样，扶贫才算做到位，脱贫才能够彻底。"

目前，群潮村全村已整体脱贫，产业覆盖全村贫困户 91 户 348 人，带动周边 3 个村贫困户 58 户 232 人。困难群众获得了丰厚的红利分配，产业活了、老百姓笑了，村子里充满了欢声笑语。张恢也获得了贵州省授予的全省脱贫攻坚优秀村第一书记光荣称号。

"脱贫摘帽不是终点，而是新生活、新奋斗的起点。"张恢深知，在乡村振兴的新征程上，还有很多未完成的任务等着他和许许多多跟他一样的驻村第一书记去完成。他坚信，群潮村将用产业开发的新思路，续写脱贫致富的新篇章，将用村民们的激情和汗水描绘出乡村振兴的秀美画卷。

（中共贵州省委党史研究室 2021 年 8 月采访）

脱贫攻坚带头人

——记贵州省安顺市平坝区高田村党总支书记朱高学

2014年，贵州省安顺市平坝区天龙镇高田村还属于省级一类贫困村，曾是远近出名的落后村，共有17个自然村寨，20个村民小组，全村1648户6468人，建档立卡贫困户307户1086人。全村面积14.48平方公里，耕地面积9645亩，2017年脱贫出列，全村人均纯收入从2014年的3000元增加到2019年的8500元，2019年实现剩余贫困户全部脱贫，成为远近闻名的小康村。

高田村怎样从一个贫困村发展成一个小康村，这必须从高田村脱贫攻坚的带头人——朱高学说起。火车跑得快，全靠车头带。作为高田村党总支书记，朱高学深知自己肩上重任，从有想法到有做法、从有做法到见成效，带领群众走出了一条改善环境，发展产业的高田村脱贫攻坚同步小康致富路。

朱高学在深入了解掌握本村气候环境、土地资源、自然条件、交通状况基础上，切实开展入户调查，逐一了解掌握村情民意，做到心中有底、胸中有数。高田村农田水利设施简陋、老化和失修，相应造成了农田缺水、干旱，甚至荒芜。即使农民付出了艰辛劳动，发展了一定的产业，但是由于缺乏对市场的了解，种出来的农产品也难以有稳定的销路。例如，高田村传统蔬菜的销售，主要靠农户自己在县内市场零星销售，流通方式简单，效益不明显，缺乏竞争力，农产品价格就不可能提高，农民发展农业的积极性就必然受到影响。如何摆脱传统种植模式，在现有土地上要效益，提高农民收入，带领群众释放土地潜能发展高效农业，是朱高学多年来带领乡亲们一直在探索的事情。

通过努力，在朱高学的带领下，高田村农户逐步改变传统种植习惯，全面开展产业结构调整，大力发展村集体经济。到 2016 年，全村已发展了蔬菜、茶叶、食用菌、中药材等产业，全村经济取得一定成效。2018 年 11 月，平坝区规划建设了以天龙镇为核心区的安顺高标准蔬菜示范区，蔬菜示范区的核心区就建在高田村，这给高田村发展现代高效农业带来了重要的政策契机。朱高学还深知，高田村要大幅度增加收入，必须抓住机遇，努力改变单家独户土地经营既小又散、生产缺技术、销售无渠道、收入没保障的现象，切实推动土地流转，将耕地集中连片，实现"田成方、土成块、沟相通、路相连"，推动蔬菜规模化生产，推动高田村由传统农业向现代农业跨越。朱高学说干就干，在动员百姓流转土地前，他先带领高田村村民到塘约村、大坝村考察学习，通过学习先进村发展集体经济的成功经验，从思想上改变村民陈旧观念、提振村民发展信心、鼓足村民致富干劲。

要能富，必须加强党建抓支部。农村富不富，关键看支部。朱高学深知，要带领村民脱贫致富，必须加强村党支部建设。党的基层组织是党的全部工作和战斗力的基础，是落实党的路线方针政策和各项工作任务的战斗堡垒，来一场振兴农村经济的深刻的产业革命，就要坚持把党建工作延伸到产业发展第一线，充分发挥各级党组织"一线指挥部"的战斗堡垒作用，发挥基层党员干部的先锋队作用，调动群众调整农业产业结构的积极性。一个村发展好不好，关键在于村干部的组织力强不强，因此，抓党建是推动高田村发展的关键。朱高学带领村支两委，通过开展"两学一做"、"不忘初心、牢记使命"主题教育，认真抓好"三会一课"，组织学习"淬火升华"六项行动和学习"塘约经验"等，不断加强党员干部管理。他还注重培养发展讲政治、有拼劲，讲奉献、有责任感的优秀村民进入党组织，吸纳农村优秀青年、返乡大学生参选村干部，多渠道选好配强村支两委班子，提升党员干部队伍的素质，厘清党员干部的责任清单和要务，逐步在高田村建立起了一支朝气蓬勃、富有战斗力的党员队伍，为该村的发展奠定坚实的基础。脱贫攻坚期间，高田村共发展预备党员 6 名，积极分子 5 名，培养后备干部 8 名，培育致富带头人 15 名，不断探索出加强基层党组织凝聚力、战斗力的新途径、新办法，以及新的工作目标、内容、方式和机制。

为了更好地发挥党员带头示范作用，高田村根据征地拆迁、土地平整、设施建设、种植布局等工作，形成了以党员干部任组长的不同工作小组，全力推进高标准蔬菜基地的建设发展。朱高学自告奋勇，主动联系八个最为贫困的村民组，积极探索党建结对帮扶制度，实行"1 对N"模式。除朱高学之外，村其他两名党支部委员各联系六个村民组和八个党小组，分别联系到户，负责宣传各项政策、调整发展产业、协调实施扶贫项目、切实解决群众的一些烦心事、揪心事。

高田村土地整合后机耕道、喷灌管道和大型沟渠得以修建，基地里交通便利，农耕设施进一步完善，实现了全村"一块地"的集中化、规模化利用，为高田村农业产业高质量发展打下了坚实基础。在朱高学的带领下，从流转土地到采摘蔬菜的每一个环节，高田村党支部始终发挥着"党带群、富带穷、强带弱、先带后"的带动作用。村里还找准制约经济发展的症结，结合脱贫政策，因地制宜，制定了产业调整规划，大力发展村级集体经济，切实推进高标准蔬菜基地建设，并将产业发展成果纳入考核，不断提升群众脱贫致富的内生动力。高田村这块连片地也真正创造出了更大的价值，真正帮助群众打通发展产业的最后一道壁垒，走上了产业致富之路。

要致富，必须多措并举有思路。通过多年的学习实践，朱高学带领村支两委干部结合本村的实际情况，将农村产业革命作为巩固脱贫成果、推进乡村振兴战略的重要举措，扎实用好"五步工作法"，围绕产业革命"八要素"，找准产业发展的"发力点"，及时召开党员大会、村民代表大会，帮助农民算好收入、支出、风险三本账，制定了高田村的一二三产业融合发展近期、中期、远期规划。

在产业革命中，如何让农产品生产端与市场端有效黏合，既解决科学生产又解决农产品销售难的问题？高田村通过进一步创新组织形式给出了答案。按照标准化、规模化、机械化要求，高田村采取农户主体、合作社主推、公司主导的运作方式，成立了村社一体合作社，采取"龙头企业＋合作社＋农户"的产业发展方式，坚持龙头企业为引领，加强产业科学管理，切实发展了食用菌、高山云雾茶、生态鱼庄、水产养殖、林下养鸡、二七种植、高标准蔬菜种植、生猪养殖八大产业，融合了加工业、农业、服务业"三产体系"。在分工上，合作社负责流转土地和组织工人，间接监督与推动基地建设；公司负责产业的科学种植与市场销售，坚持以市场为导向，选派专业的农技员负责蔬菜种植，在销售环节则有专门的营销团队负责市场拓展；农户作为劳动主体，负责在基地学习先进种植技术，参与务工与收益分红。

过去的高田，农村群众外出务工，在家的劳动力多是老弱，劳动力短缺、成本高，不专业的作业让劳动所得并不理想，劳力的输出和收入不成正比。如今的高田村，机械化、规模化、技术化的农业产业基地平均每天用工200余人，村民们靠观念更新、靠技术傍身、靠科技种地，成为新时代农民，可以在家门口就业，农民不仅懂技术"种得下"，而且有市场有收成"卖得出""卖得好"，日子有盼头了，全村不断实现产业兴村民富的目标。

高田村通过引进龙头企业，流转土地，建产业基地，真正把村集体、企业和农民三者串起来，激活了各种生产要素，拓宽了农民增收渠道。同时，高田村还成功探索出"反租倒包"新模式，村民把土地流转给龙头企业统一改造，等建好后，再原价还给村民种植。其间，企业全程提供技术、管理、销售服务，降低种植风险，确保农民收益最大化。村民不仅可以打工赚钱，还能以土地入股分红，农民增收渠道比以前明显增多了。目前，全村已引进贵州云雾茶有限公司、德康集团、天地和生态农业公司等多家龙头企业。

自2018年底高田村高标准蔬菜基地启动建设以来，积极创新农产品产销对接机制，在农业生产与农产品市场需求之间构建便捷、畅通、高效、稳定的产销流通渠道，助推农业产业出效益，促进农民增收。基地种植的蔬菜根据季节和市场需求进行调节，先后种植了甘蓝、西蓝花、生菜、香芋、南瓜、豇豆、豌豆、莴笋、黄瓜、大蒜等十多种时令性蔬菜，主要销往大湾区、昆明、贵阳等地，产销两旺不断鼓起群众的钱袋子。

　　回望高田村发展的 25 年，也是朱高学坚持为村民做实事、办好事的 25 年，村民哪里有需要，哪里就有他的身影。2019 年 12 月 12 日，易地扶贫搬迁户黄平说起朱高学送他到医院的情况时充满感激。2019 年 9 月，黄平因为肺结核复发导致了急性呼吸困难。那天朱高学刚好在村里办公，得知情况后，朱高学开着自己的车载上黄平前往平坝，第一时间让黄平得到了救治，并垫付了住院及手术的所有费用，还花了 2000 元给黄平找了护工。同样的事情还发生在患有白血病的贫困户杨成龙身上。2019 年杨成龙两次发病，朱高学先后为杨成龙垫付了医疗费用达 7000 元。村委委员陈兴斗对朱高学多年来主动帮助村民的行为充分肯定，他说："支书就是这样的人，只要哪家有困难，他都会主动伸手，能帮多少就帮多少。"据了解，十余年来，每逢春节，朱高学都坚持把村里的孤寡老人请到家里，亲自为老人们做一顿饭，并自己出钱为老人们准备糖果、大米、猪肉及棉衣等年货。

　　朱高学出生在一个普通的农民家庭，自己 15 岁就到了当时的县办煤矿挖煤，吃尽苦头。他说："我们这辈人小的时候家里穷，没有像现在这些娃娃们可以多读书的条件，多年来也吃尽了没有文化的亏。"为了做好村里的工作，他经常看书到深夜，自学"充电"。从 2000 年开始，朱高学便开始关注村里的贫困学生，并尽自己的努力和能力为他们圆大学梦。"再穷不能穷教育，再苦不能苦孩子。"这是朱高学时常挂在嘴边的话。为了让每个贫困家庭的孩子有学上、有书读，树立鸿鹄之志，2014 年初，朱高学找到从高田村走出去参加工作的陈浩、朱高贵和陈钊等八人商量自己的想法，决定成立高田村"鸿鹄励志"助学会，为成绩优异的贫困学生发放奖学金，资助学费。"鸿鹄励志"捐资助学活动一经开启，便得到了村民的交口称赞和鼎力支持。在朱高学的带动下，但凡有贫困学子考上大学，村民们你 100 元，我 200 元，都纷纷加入了捐资助学的行列。近年来，朱高学充分利用希望工程、"雨露计划"、对口帮扶等各种途径，长期资助村里甚至周边村寨的贫困少年儿童。十余年间，他倾尽全力帮助村里的孩子成长成才，累计捐款捐物达数十万元。2019 年 8 月底，高田村 18 名应届考上大学的学生、3 名高中生和 21 名小学生领到了 2019 年高田村第六届"鸿鹄励志"助学会颁发的奖励金。高田村"鸿鹄励志"助学会助学活动开展的六年间，募得的资金已达21万余元，资助的学生达200余人，其中本科生以上达92人。高田村也从曾经没有一个大学生的穷村寨，成为平坝区80多个村中考上大学人数最多的村寨。朱高学说，相信得到帮助的孩子们长大成才后，一定能带动村里的发展，继续帮助他人，将村里的这份爱心传承下去。

脱贫攻坚战场上，高田村一路高歌猛进，势如破竹。几年时间，高田村布局发展了800亩高山云雾茶、400亩水产、6万羽林下养鸡、230亩三七中药材、1500亩高标准蔬菜、年出栏6000头的生猪养殖等八大产业，总产值达6870万元。2019年，高田村荣获全国"一村一品"示范村，成为"山上有茶、林下有鸡、水里有鱼、地头有菜、腰包有钱"的"五有"小康村，全村村集体资产达到1200万元，村集体纯收入30.38万元，全村建档立卡贫困户307户1086人全部实现脱贫。

朱高学用自己的辛苦指数换来了高田村村民的幸福指数，高田村现在已经全部脱贫出列，但是高田村不断发展的脚步永不停歇，朱高学继续拼搏奉献的脚步永不停歇。

（中共安顺市委党史研究室供稿）

端好非遗"饭碗"，甩掉贫穷帽子

——记贵州省遵义市赤水市大同镇共产党员杨昌芹

杨昌芹，苗族，中共党员，1990年6月出生。当选第十三届全国人大代表、贵州省第十二届党员代表大会代表，遵义市第三届青联委员、赤水市第七届政协委员，赤水市牵手竹艺发展有限公司创始人、首席工艺设计师，贵州省非物质文化遗产"赤水竹编"传承人。

"结"下竹编不解缘

杨昌芹出生在贵州省铜仁市印江土家族苗族自治县的一户苗族人家。她的父亲是很有天赋的木匠，开了一家小型家具厂，厂里的生意蒸蒸日上。然而，父亲因患病不幸去世，刚上小学四年级的杨昌芹感觉生活从天上一下子跌到了地上。

初中毕业后，成绩优异的她被一所重点高中录取了。当她兴高采烈拿着录取通知书飞奔回家时，推开房门，却看见母亲在悄悄搽肩伤的药。杨昌芹悄悄把录取通知书藏在身后，退出了房间。父亲去世后，母亲一个人扛起家庭重担，抚养三个孩子，拼命干活，累出了一身的病。杨昌芹在家里排行老二，她想，是该给母亲分担忧愁了，因此她决定不再读书，要出去打工挣钱。

杨昌芹先是到一家餐馆打工，扫地，当过传菜师、收银员，甚至还炒过菜。小小的杨昌芹吃苦耐劳，深得老板赏识，一年里不停地给她涨工资。但是一年后，她总觉得自己知识不够用，还是想继续学习，她怀揣着打工时攒下的部分工资，找到当年的恩师，告诉老师自己还想读书的梦想。在老师的多方奔走下，杨昌芹顺利进入印江民族职业技术学校幼师专业学习。

2007 年，印江县经贸局联系了赤水，给杨昌芹所在学校留了 10个到赤水学习竹编的机会，杨昌芹作为首批推荐对象来到了赤水。就这样，她和同学们跟随大同镇孔滩桥竹编工艺师陈文兰学习竹编工艺。

竹编工艺需要经历 20 多道工序，刮青、破竹、起篾、染色、煮篾、拉丝、编制，过程烦琐又枯燥。杨昌芹从最基本的选竹、刮青、破竹开始学。轻了削不下去，重了又会割到手。刚开始学习的时候，杨昌芹总是掌握不好刀的力度，每天手上都会添新伤，新伤旧伤不断，做工的时候手都在流血。和她一起学习过的人很多，来了一批又一批，但因为各种原因没有坚持下去的，也是一批又一批。杨昌芹从未想过放弃，她越编越起劲，常常一编就是一天。"经历过这些疼痛，才会有所成长。"谁也没想到，她这一学竟学了十年。勤奋好学加上自幼的美术功底，她编出来的东西自是比常人不同一些，这引起了身为赤水竹编传承人陈文兰的关注，在教授技艺的过程中，对她自然多了一份格外的关心，也多倾注了心血。

在赤水的学习期结束后，杨昌芹开始自己在家练习竹编，然而问题也随之而来。"之前学习的是基本的东西，很多深层的技艺还是似懂非懂。"她决定重返赤水，继续跟随陈文兰深入学习竹编技艺。那个时候，竹编是个很冷门的行业，家里人觉得看不到未来，纷纷劝道："一个女孩子家，还是要有一份稳定的工作才好。"但从选择做竹编那天开始，这个内心沉稳坚定的女孩，就下定决心把它当成自己一辈子的事业。

"编"出摆脱贫困的芳华

凭着对竹编工艺的执着热爱，杨昌芹努力钻研，技艺日渐成熟，随着时间的推移，她的竹编技艺不知不觉达到了大师级别，同时也对竹编艺术有了更深入的思考。

杨昌芹认为，有很多传下来的老手艺的确很好，但也存在一定的局限性。样式老土、实用性差，而且大多是农耕用具，缺乏现代生活审美和实用价值，很多年轻人不太能接受这种产品。怀着让传统工艺回归现代生活的理念和想法，杨昌芹针对竹编产品的性能进行技术改进，给竹编产品赋予新的生命。

于是，杨昌芹开始了大胆的研发，从生活实用器具到家庭装饰，在原有的平面竹编基础上，探索创新出一系列立体精细竹编工艺。杨昌芹的竹编作品一次次刷新大众对竹编工艺的认识，也让赤水的竹子经过华丽变身进入市场，身价翻倍。

2012 年，在赤水市政府的资金扶持下，杨昌芹成立了牵手竹艺发展有限公司，带领乡亲们加工、销售竹编工艺品。"希望有更多的人一起牵起手来，发展赤水的竹编工艺。"这是杨昌芹为公司命名的初衷。

公司固定员工中有 80% 都是当地的留守妇女。她们不用坐班，把公司提供的原材料带到家里，工作时间完全可以由自己调控。这种来料加工的方式解决了留守妇女照顾家庭和外出工作的矛盾，不用外出打工，坐在家里就能挣钱。"我自己是农村出来的，特别能理解农村的生活。"这是杨昌芹真实朴素的想法。

公司刚开张时，有时订单没落实下来，工资发不出。杨昌芹四处筹钱，按时足额把工资发了。刚学竹编的人，常有产品不合格的情况，杨昌芹亏钱也会原价回收，保证他们的收入。杨昌芹对所有客户承诺，七天无条件退换货、按时交货、不合格产品坚决不流进市场。她说："不合格就是不合格，不能以次充好，做人做生意都得讲良心守信用！"

在政府和行业内朋友的推荐下，她带着各式精美的竹编产品参与国内外比赛，开始了不断获大奖的人生历程。2014年，她的作品在"多彩贵州城杯"多彩贵州旅游商品两赛一会能工巧匠选拔大赛中荣获二等奖，同年，她被评为省级非物质文化遗产传承人；2015年，她的作品在中国（贵州）第一届国际民族民间工艺品文化产品博览会能工巧匠选拔大赛中荣获青年组一等奖；2016年，她获得由国家林业局国际竹藤中心颁发的竹编高级工艺美术师证书。近年来，她荣获的数十块奖牌已经摆满了工作室。

随着知名度的不断提升，公司的作品开始受到游客和爱好者们的青睐，销路也越来越好，在2016年销售额突破了300万元，自己的生活也开始富足起来。"如果没有十年坚持，没有靠自己的双手辛勤劳动，我可能还是同十年前一样贫穷。"她这样感慨。

做脱贫路上的带头人

杨昌芹竹编技艺声名远播后，很多人开出优厚的条件，让她去外地开厂或办培训班。但她没有忘记，能有这样的成就，离不开赤水各级党委政府的帮助，离不开鼓励支持自己的父老乡亲。

"作为一名党员，就是要技不深藏，喝水不忘挖井人，我要通过自己的努力，让更多的贫困群众加入竹编行业，通过竹编勤劳致富。"她是这样说的，也是这样做的。她积极发动当地贫困群众加入竹编行业，越来越多的人被竹编所吸引。例如，大同镇贫困群众唐小蓉学了竹编后，每月挣3000多元，比原来专门种地收入高了不少。除了大同镇本地，还有旺隆镇、宝源乡以及四川省的一些群众也前来学艺。对于前来学习竹编的人，她都是来者不拒，耐心细致地教。通过一段时间的学习，大家就学会了竹编基本技巧，能够编一般的工艺品。她就通过电商平台或者人脉资源，将大家编的产品销售出去，增加大家的收入。通过这种方式，有效带动了当地60余名贫困群众就业。

除了直接带动群众就业，她还和市人社局合作，举办近 10 期竹编工艺技术培训班，免费为全市竹编爱好者提供技术指导和培训，毫不保留地将竹编工艺传授给近千名群众，让赤水 80 万亩杂竹有了更好的用武之地。杨昌芹还积极发扬赤水竹编文化，成功将赤水竹编申报为贵州省非物质文化遗产。"赤水是全国十大竹乡之一，我相信随着越来越多的游客来到赤水，我们的竹工艺品会卖得越来越好，竹编文化能影响更多的人，同时能够带动更多的乡亲致富。"对于带领更多的乡亲致富，她充满信心。

由于竹编技艺高超及带领乡亲们脱贫致富的先进事迹，她先后成长为"黔北工匠"，被选为省第十二次党代会代表，2018 年 2 月当选为第十三届全国人大代表，成为最年轻的"90 后"代表之一。杨昌芹的人生迎来了新的起点，成为走向人民大会堂的时代参与者和见证者。2018年全国两会期间，在首场代表通道上，身着苗族服装的杨昌芹，用一个竹编工艺杯，讲述了贵州赤水农民通过竹编工艺品过上好日子的故事。"我年龄虽小，但是我经历了我们赤水的脱贫攻坚，也是新时代的受益者"，"大家请看我喝水的杯子，在大家看来可能是一个很普通的杯子，但它是我和农民走向脱贫攻坚的一个工具。这个竹编套是用我们赤水当地的慈竹经过 20 多道手工加工制作完成的"。她自信满满地向国内外的记者展示赤水竹编的特有魅力，展示赤水脱贫攻坚的成果，让国内外更多的人关注到赤水，关注到贵州的脱贫攻坚。

2019 年，杨昌芹在政府大力支持下，在大同镇成立了以生产、加工、销售、展示、培训、研发设计、研学及体验为一体的竹编基地。杨昌芹还通过线上培训活动，传播竹编技艺，推广非遗文化，扩宽销售渠道。她认为，赤水竹编是一种精神文化财富，不仅属于赤水，更应属于全国乃至世界。因此，她还到厄瓜多尔、几内亚等竹资源丰富的非洲国家传播竹编工艺，开展技术扶贫。

一路走来，杨昌芹深知手艺人的艰辛。作为这一群体的代言人，杨昌芹建议国家设立非遗发展基金，尤其是给予非遗人在技艺传承方面更多的资金支持，助推非遗产业的发展。她还认为："发展是最好的传承，但是创新才能有发展。现在的非遗人不仅应懂技艺，也应该成为能设计、会创新、懂营销的复合型人才。"她希望国家在非遗传承人的培养方面下更大功夫。

2020 年全国两会召开前，杨昌芹奔波于基层，广泛征集村民的意见建议。通过调研，杨昌芹进行了认真思考研究，她关注的是"传统产业和乡村振兴的融合发展"这一话题。她指出："要帮扶农村脱贫致富，就要深入挖掘当地的传统文化，当地的特色资源，这样远比直接用金钱帮助农民更有意义。比如竹编，在赤水不仅是脱贫攻坚的产业，还必定成为支撑乡村振兴的产业。"让革命老区群众通过传统产业和乡村振兴融合发展走上富裕之路，巩固赤水脱贫攻坚成果。

新冠肺炎疫情发生后，杨昌芹的公司主打的外贸生意受到很大影响，但她坚持没有让一个人失业，并且一直在研发新产品。为此，她千方百计联络、拓展国内市场，先后对接到浙江、上海两张"大单"。同时，她还积极探索和学习网络直播带货，让更多人了解竹编技艺，为竹编产品打开更广的销路。

十余年的坚持，杨昌芹编出了自己的精彩人生，编出了实现自己梦想的舞台。她知足，但并不满足，她的下一个梦想就是进一步做大竹编产业，在三年内实现产值突破 1000 万元，让当地的贫困群众都能一起脱贫致富，迈入小康社会。

（中共赤水市委党史研究室供稿）

脱贫攻坚战场上的优秀"兵支书"

——记贵州省安顺市普定县韭黄村党委书记杨守亮

杨守亮，男，汉族，1964 年 8 月出生，中共党员，普定县白岩镇韭黄村人，高中文化，现任中共普定县白岩镇韭黄村党委书记。先后荣获全省脱贫攻坚优秀共产党员、全市脱贫攻坚优秀党务工作者、全市脱贫攻坚优秀共产党员等称号。2019 年 7 月 26 日，杨守亮被表彰为全国模范退役军人。

韭黄村是原白旗、新寨、打油、田坝四个小村合并而成的大村，属三类贫困村。全村辖 13 个自然村寨，有汉、苗、白三种民族，位于白岩镇西南面，距安顺 15 公里、普定县城 8 公里、镇政府 2 公里，安（顺）普（定）同城大道穿境而过，交通便利。2014 年，韭黄村建档立卡贫困户 398 户 1646 人。通过发展韭黄产业，2017 年摘掉了贫困村帽子，2019 年底，建档立卡贫困户全部实现脱贫。2019 年底，全村 1546 户 6373 人，党员 150 名，村支两委成员 11 人，退役军人 73 人。

部队服役强素质，复员回乡建新功

1982 年 11 月，杨守亮怀揣报效祖国的梦想参军入伍，上了战场，参加了对越自卫反击战。几年的军旅生涯，锤炼了他过硬的政治素养和身体素质。1986年1月，杨守亮从部队退伍后，一直在昆明、贵阳、水城等地做韭黄生意，平均月收入4000元。20年在生意场上的打拼，让他看到韭黄市场需求越来越大，而家乡村民还局限于小打小闹，零星种植，每年人均收入不足3000元，家乡的面貌还是没有彻底变好。作为一名党员退伍军人，看到家乡贫穷的面貌，他看在眼里，急在心里，暗下决心，要为家乡村民做点事。

2008年10月，杨守亮回乡向镇党委提出担任村干部的意愿，经组织慎重考虑，同意他担任原白旗村会计，并先后担任村计生专干、副主任、支部副书记、主任等职。2016年，在脱贫攻坚的关键时期，杨守亮被选举为普定县白岩镇韭黄村党委书记。

当选村党委书记后，杨守亮向全村党员和群众作出了承诺："一个人富不算富，全村人富起来才是真正的富，我希望能带领大家一起脱贫致富奔小康。"承诺已出，重在落实。他将军人对党绝对忠诚的红色基因，敢打必胜的军人血性、军人本色等优良品质带到基层，带到脱贫攻坚的主战场。在他的带动下，全村党员群众埋头苦干、攻坚克难，通过发展韭黄产业，村集体经济从2010年的2万元壮大到2019年的10万元，农民人均可支配年收入由2010年的6800元增长到2019年的15890元。昔日贫穷落后的小乡村旧貌换新颜，成为脱贫攻坚、全面建成小康社会的排头兵。

在韭黄村脱贫攻坚战场上，杨守亮充分发挥基层党组织书记"领头雁"作用，通过抓队伍建设、筑牢基层党组织这个脱贫攻坚的战斗堡垒，号召村民摒弃等靠要的思想，带领村民群众实干，大力发展韭黄产业促脱贫。

抓队伍建设，激发组织活力强堡垒

在2016年的村党支部换届中，杨守亮被选举为韭黄村党委书记。

他深知，队伍建设是做好一切工作的基础，一个村发展得好不好、快不快，村班子队伍建设很关键。因此，他决定先从抓队伍建设开始，建强脱贫攻坚战斗堡垒，并分三步进行。

一是坚持"走出去学、请进来讲"。通过组织全村党员、村干部、致富带头人到普定秀水村、平坝塘约村、西秀大坝村等脱贫攻坚先进村参观学习，同时把上级领导、农业专家请到村里为大家讲课，先后组织开展集中学习、观摩50多次，村班子队伍不断开阔了眼界、增长了见识，进一步增强了村班子队伍带领村民群众决战脱贫攻坚的意识和能力。

二是坚持"能力分工、新老结合"。根据年龄、学历、特长，村党委对全村12名无职党员进行设岗定责，给党员分配工作，搭建平台，为全村办理疑难事项120余项；充分发挥部队"召之即来"的优势，将全村73名退役军人组织起来，以1个老班长带领9个新兵的模式组建"1+9战斗班组"，年龄偏大的，安排他们负责调解矛盾纠纷、宣传脱贫攻坚政策等；年轻的则安排他们到土地流转、村级公司产业发展、基础设施建设等工作岗位上。

三是坚持"培养力量、储备干部"。任何事业要想后继有人，不断发扬光大，都需要大力培养人才，尤其是要大力培养接班人。近年来，杨守亮先后发展了12名优秀青年入党，为村班子队伍建设积蓄了力量。在他的积极动员下，3名能力素质高、群众基础好的致富能人参加了选举，进入村班子队伍。

扶贫先扶志，摒弃陈旧观念促脱贫

开展脱贫攻坚工作之初，村两委走访时发现有一种苗头正在蔓延，即个别贫困户不思进取，整天想着怎样享受国家优惠政策、获取更多财物上的帮助，不想脱贫，也不愿改变现状的等靠要的思想严重，从根子上丧失了与命运抗争的勇气，也失去了改变生活的信心。杨守亮看在眼里，急在心里，他下定决心改变现状，扶贫先扶志。

于是，他带领村两委，通过"农民夜校"、上门走访、集体座谈等形式开展贫困户思想教育。"坐在门口晒太阳，等着政府送小康"，这曾是韭黄村贫困户杨守顺的真实写照，自从当上贫困户，杨守顺整天想着的就是怎样享受国家优惠政策、获取更多财物上的帮助。这种等靠要的思想直接导致杨守顺家生活水平毫无起色。杨守亮在进行脱贫攻坚摸排时，对杨守顺生产生活情况进行充分了解，找准其发展动力不足的自身原因，利用工作之外的时间和杨守顺攀谈，苦口婆心地劝说道，"人要富，只有做"，要靠自己的双手辛勤劳动才可以脱贫致富。经过一番思想动员，杨守顺自走出自己的一亩三分地，到附近的合作社和劳务公司去应聘，用自己付出的劳动汗水获得相应报酬。

杨守亮还充分利用韭黄村深厚的传统文化底子，以部分党员、退役军人为骨干组建起100余人的高台地戏队、40余人的花灯队、20余人的芦笙队。通过多姿多彩的民俗文化表演，宣传好政策、念好致富经，引导群众摒弃等靠要思想，逐渐化"要我脱贫"为"我要脱贫"。通过多种形式的引导宣传教育，村两委带领群众克服了落后陈旧观念，抢抓农村产业革命机遇，成立村级公司，进行农业产业结构调整，结合种植韭黄的优势，大力发展韭黄产业。村两委还为贫困户制订脱贫计划，申请政策覆盖、项目扶持，介绍到村级公司进行务工，培养成为韭黄种植户等，走出了一条村党组织引路，党员带头发展，贫困户广泛参与的脱贫发展路径。

扩大种植面，擦亮金字招牌稳增收

韭黄村种植韭黄由来已久，尤以"白旗韭黄"最有名气，但种植分散零落，形不成规模，生产技术也很落后，经济效益低下。经过长时间多次走村串户与普通农户、困难群众、韭黄种植户交谈，杨守亮组织村两委开会，决定在扩大种植规模的基础上，擦亮"白旗韭黄"金字招牌，树立商品观念，以韭黄产业作为壮大村集体经济和带动农户脱贫致富的主导产业。

目标已定，剩下的便是全力以赴。面对韭黄村种植韭黄不具规模的现状，杨守亮带领村两委、"1+9战斗班组"流转农户土地来种植韭黄，扩大种植面积。为了使韭黄产业能稳增收，杨守亮积极组建技术队，利用自己多年积攒的人脉和技术，积极联系村内的种植能手和大户，带领韭黄村发展韭黄种植；组建党员技术队，深入田间地头，为群众提供技术支持，定期开展韭黄种植技术交流会，不断更新全村韭黄种植技术，提高种植水平，为脱贫攻坚打牢基础。为了打开销路，他带头组建销售队，为村里的高质量高产量的无公害韭黄寻找市场，解决种植户及务工村民的后顾之忧，带动村民增收致富。

2015年，"白旗韭黄"获批国家地理标志保护产品，远近闻名。有了知名度后，他开始精心谋划，扩大产业，做强品牌，2017年，杨守亮抓住县里对各村发展"一村一公司"的优惠政策，迅速成立村级公司，带领韭黄村率先实行"支部+合作社+村级公司+农户"的经营模式，将原本独立发展的小农产业变成了整村推进的集体产业，以此壮大村集体经济，带领村民致富。

在所有村干部和村民群众的共同努力下，韭黄村实现了韭黄种植全覆盖，擦亮了"白旗韭黄"这块金字招牌。2019年，全村韭黄种植面积已达6000亩，产量达到4200吨、产值1680万元。2019年，全村贫困人口398户1646人全部实现脱贫，人均可支配收入达到15890元。

改善基础设施，夯实产业发展基础

要扩大和升级以韭黄为龙头的特色产业，机耕道、沟渠和清洗韭黄用的大池成为韭黄村经济发展面临的三大急需解决的事项。于是，杨守亮带领村支两委成员积极争取上级项目资金200多万元，并自筹一定的资金，动员村民投工投劳，不断完善村里的基础设施。

近年来，通过大家的努力，全村共修建机耕道15条总长8000余米，修建沟渠 12 条总长 1.2 万余米，修建清洗池 8 个总体积约 1500 立方米，硬化串户路 18560 平方米，实现组组通公路、户户庭院硬化，为全村发展韭黄种植奠定了良好基础。此外，村里还新建了村级办公楼，新修了村民集体活动场所，硬化了休闲广场，老百姓农忙之余有了休闲之处，精神文化生活得到极大满足。

引领乡风文明，创乡村治理模范

如今的韭黄村，已不再是过去垃圾随处可见、路面坑坑洼洼、经济贫穷落后的后进村。现在，走进韭黄村的大门，就能清晰地看到鳞次栉比的小楼房，酒店、超市、餐饮、娱乐在这个小村庄里应有尽有，入村公路硬化全覆盖，笔直整洁的街道、来来往往的小车无不展现着这个小康村欣欣向荣的风貌，生态宜居的生活环境大大提高了村民们的幸福感。杨守亮在全县带头制定了村民"红灯条款"和"绿灯条款"，并常常说："我们村民大会不是告诉村民村委要做什么，而是村民给村干部提要求提问题，我们去给群众落实。"不仅如此，他还组织带领全村推举群众公认的文明家庭、好公婆、好媳妇等，为群众宣讲仁义礼智信、尊老爱幼等优良传统美德，弘扬社会正能量，对老百姓有问必答、有求必应，村民们都亲切地称呼他为"杨哥哥"，为村民办实事、办好事的他，用自己的行动成为乡村振兴战略中引领乡风文明的示范者。2019年，韭黄村被评为全国乡村治理示范村、省级文明村寨、省级民主法治示范村。

疫情阻击前线，为民筑起防护墙

在决战脱贫攻坚、决胜全面小康的关键时刻，新冠肺炎疫情突发。

疫情就是命令，防控就是责任。在各级党委政府的领导、部署下，各地各级基层党组织发挥战斗堡垒作用和党员先锋模范作用，同时间赛跑、与病魔较量，广大党员率先垂范、勇当先锋，在疫情防控一线，联系群众、组织群众、发动群众、宣传群众、团结群众，织密织牢疫情防控网、筑起一条条疫情防控的人民防线。处在边远山区的韭黄村，虽然没有疫情发生，但却有疫情输入引发疫情的风险。在疫情防控阻击战中，作为"兵支书"的杨守亮组建了一支退役军人突击队，他们用职责和使命为全村人的生命健康筑起了一道坚不可摧的防护墙，用自己充满力量的肩膀为村民们撑起了遮蔽风雨的港湾。在这场看不见硝烟的战役中，杨守亮带领突击队，坚持"人民至上，生命至上"的理念，始终站在疫情防控的最前线，生动诠释了新时代退役军人"退役不退志、退伍不褪色、换装不换心"的军人本色。

怀着对这方土地的深厚感情，杨守亮用全部的心血践行着一名共产党员的入党初心，诠释了一名村党支部书记一心为民的朴实情怀，带领全村党员群众埋头苦干、攻坚克难，让昔日贫穷落后的小乡村旧貌换新颜，成为脱贫攻坚、全面建成小康社会的排头兵。

（中共安顺市委党史研究室供稿）

一个乡村校长的大爱情怀

——记贵州省贵阳市林海中学校长胡定霞

"我此生的使命，就是要办好一所中学，让农村的孩子也能有城市孩子一样的读书条件。"这是贵州双龙航空港经济区小碧乡林海中学胡定霞校长的承诺。为了这个承诺，她硬是在一片荒芜中修建起一所现代化中学，创造了乡村民办中学的教育奇迹。

饱受清苦，用行动感恩社会

出生在贵州省松桃县的胡定霞，生活在拥有七个孩子的贫困家庭里。她说："我很幸运能跟男孩子一起上学，所以我更懂得珍惜学习的机会。"她一边帮父母做农活，一边读书，由于学校没有固定的教室，只能在露天上课，每次碰到打雷下雨，学生们只能背着书包东躲西躲。条件虽然很艰苦，胡定霞都坚持不放松，她立志要走出这穷山村。

1990年，胡定霞考上了贵州民族大学，成为村里唯一的一名大学生。然而，学费却成了大难题，父母将家中的牛卖了还差一大笔钱，最后她是通过贷款才跨进大学的门，生活费让她满脸愁苦。学校领导得知情况后，为其免了住宿费。为了能够继续学习，她就到学校食堂打杂以换来免费的饭菜。胡定霞说："大学四年，让我体验到了一个山沟里的孩子上学的不易，也让我领悟到学校和老师给我的爱，我要将这份爱传递下去。"她暗下决心，毕业后一定要到农村去办学校，让和她一样的孩子们有读书的机会。

1994年，大学毕业的胡定霞，毅然加入下乡支教的行列，到荔波县瑶山乡做乡村老师。由于收入太低，无法偿还读大学用的贷款，她被推荐到贵州民族大学中专部当老师，后受聘到省电视大学教书。还完贷款后，带着山沟里的孩子走出大山的梦想再次触动了她的神经。

艰苦创业，用信念创办学校

2000年，胡定霞与贵州民族大学的邰昌培老书记到贵阳小碧乡搞民族调研时，了解到地处龙里县、花溪区、南明区交界处的猫洞、谷远、大地、马寨等7个村寨，离小碧乡约12公里，离花溪13—15公里，离龙里约12公里。这里的孩子每天都得5点左右起床，来回走十几公里读书。孩子们打着火把走山路的情景定格在她的脑海里，看着孩子们求学的艰辛，想到自己以前求学的困难，她内心很不平静。

2003年，怀揣教育改变命运的理想，胡定霞与从部队转业的丈夫秦明毅然辞职，拿着秦明3万多元的转业费和20余万元的借款，背起未满4岁的女儿，来到小碧乡猫洞村修建林海中学，开始了自己艰苦办学的生涯。

为了节约费用，她自己当泥水工；为了降低成本，她跟民工讨价还价。有一次，她一个人走十几里的泥巴路到龙里请民工，穿着鞋不好走，就脱鞋光着脚继续走，走错了路，就爬到山顶看方向，此时天上突降暴雨，把已经精疲力尽的她淋成了落汤鸡，那一刻她哭了，但想到这里的孩子需要上学，需要知识来改变命运，她用手抹了一把脸上的雨水和泪水，继续赶路。

历经3个月，学校一栋教学楼，一栋宿舍楼和其他附属设施全部完工，总共花去48万元，严重的透支让胡定霞负债累累。但是，附近村寨的孩子们不用行走十多公里路，不用跋山涉水就能读上中学，住得远的孩子还可以住校了，孩子们奔走相告，争相报名。

含辛茹苦，用爱心实现承诺

随着学校的开办，学生逐渐增多，达到 300 余人，其中 15% 是农民工子女，85% 是当地的农民子弟，70% 是留守孩子。为保证教学，胡定霞招聘了几位老师，但是没有钱发工资，无奈，丈夫秦明只得去开公交车将每月加班加点挣来的工资分发给三位老师，自己一家却节衣缩食，过着艰苦的生活，甚至连女儿喝牛奶、吃零食的钱都用来投入到改变小学条件的经费中去。

2004 年，因长期劳累，胡定霞急性阑尾炎发病。老师、家长和学生们抬着她走山路、赶马车，辗转把她送到省医。但是，胡定霞家已经负债累累，拿不出 3000 元的手术费。丈夫秦明不得不拿出所有证件押在医院，恳求医院先为其治疗。最后，还是闻讯赶来的大学的老师们帮她垫付了医疗费。

胡定霞住院时，十多名学生代表从猫洞村步行 12 公里到 244 路公交车终点站乘车，只为到医院看一眼生病的校长。出院后，学生家长们问寒问暖，杀老母鸡给她改善生活。胡定霞感动万分，她知道林海中学和她这个校长在这些学生和家长心目中有多重要。她坚定，要一辈子扎根在这里。

奋力探索，用智慧开创新路

孩子们一批一批毕业出去，虽有少数成绩拔尖的孩子的考分达到重点高中的录取线，可是因家庭贫困他们不能继续读书，大多数读完初三后就选择外出打工或在家务农。对此，胡定霞十分揪心，但又束手无策，压力和困惑不断撞击着她的心灵。"乡村教育是立国的根本大计。办得好，能叫农民上天堂；办得不好，能叫农民下地狱。"陶行知这句话一直是留在她心里的警句。如何改变这种状况，如何走出困境？胡定霞苦苦思考。

"培养一个农民孩子、改变一个家庭、影响整个社会。"这是林海中学的办学宗旨，更是农村教育一个非常艰苦的目标。2009 年 5 月，一次偶然的机会，贵州省人大常委会副主任、民盟省委主委了解到胡定霞办学的困境，立即给予学校帮助和关怀，欣然应任林海中学名誉校长，并建议林海中学走贫困教育这条路。于是，胡定霞就把"让学生们在学习中掌握一门技术"定位为学校的发展方向，把基础教育与生活教育并轨施教作为教学路线，开设了科技养殖、经济农作物种植、木梗插花、缝纫、手工丝袜等教学课目。

这样灵活实用的教育，使林海中学的各方面都发生了巨大的变化，开设的竹鼠养殖、七彩山鸡养殖、新西兰肉兔养殖以及改良土鸡的养殖均逐步由学校的教学基地转入到农户的圈舍之中，成为致富的摇钱树。学生们劳技课生产的产品还与多家单位和公司签订了产品供销协议。学生积极性和学习兴趣大增，他们看到了希望，看到了前途。

义无反顾，用坚持再创奇迹

2013 年，双龙航空港经济区的开发，使林海中学及周围一些村镇遭遇大面积拆迁，林海中学被拆迁后，获得 1000 万元的补偿费。拿着这笔钱，胡定霞毫无迟疑，决定全部投资重建林海中学。在时任贵州省委书记栗战书和贵州省人大常委会副主任的关心下，林海中学得到了划地安置。

经过一年的努力，一座崭新的林海中学新建成功。教室、办公室、教师宿舍、食堂、操场、多功能区、幼儿园、果蔬试验区等一应俱全。

三楼的多功能区，独特新颖。生活教育室是学生们学习技能的地方；文化兴趣室是学生们学习才艺的地方；理化实验室是学生们进行学习实验的地方；电教室是学生们学习电脑的地方；亲情聊天室是孩子们释放心情，安抚心灵的地方。胡定霞说："我们准备把学校办成幼教、青少年教育、失地农民培训班、养老院等综合基地，尽量填补这里农村的空白，让农民得到实惠。"

经过十多年艰苦的探索和实践，如今的林海中学，已经建立起一套独立、先进、完整、实用的办学模式，成为民办中学的一个标杆和典型。2011 年 5 月，林海中学被贵阳市南明区教育局评为先进民办学校；同年 10 月，被中国陶行知研究会批准为实验学校；2012 年，在贵州省人大、省教育厅、省电视台联合举办的《义教立法，我有话说》电视访谈节目中，把林海中学的教学模式作为典型向全省推广。

近年来，随着双龙镇的拆迁，很多学生家庭暂时搬离，林海中学陷入困难处境。一位来自广东的老板找到胡定霞，要花 7000 万元买下林海中学办医院，她不假思索断然拒绝。她认为，双龙镇建设好后，很多拆迁户又会再搬回来，孩子们依然要读书，决不能让自己辛苦建立起来的学校就这样消失，更不希望孩子们又面临读书的困难。

胡定霞的事迹引起了社会各界的关注。许许多多爱心人士前来帮助支持，和她站在一起资助贫困学生，帮助林海中学走出困境。

农村是一块广阔的天地，胡定霞用她的大爱真情大笔作画，豪情书写，为农村的孩子带来了新的希望。在不久的将来，这片山沟的农民子弟将会成为新时代的新型农民，林海中学的办学方式将会得到普及和推广，教学成果将会惠及更多的农民家庭。

（中共贵州省委党史研究室 2020 年 8 月采访）

月亮山上洒青春

——记全省脱贫攻坚优秀村第一书记杨雪园

"我将把这次表彰的荣誉化为更强的动力，进一步担负好第一书记的光荣职责，按照省委、省政府的部署要求，牢记嘱托、感恩奋进，坚决按时完成脱贫攻坚清零任务，团结带领党翁村父老乡亲坚决把幸福奋斗出来，向党和人民交付一份合格答卷！"这是江县党翁村第一书记杨雪园在贵州省"七一"表彰大会上发言中对党翁村群众的再承诺、对省委立的"军令状"。

杨雪园所驻的党翁村，素有"九山半水半分田"之称，地处偏僻、交通闭塞的月亮山腹地，2014年全村建档立卡贫困户110户414人，贫困发生率高达57%。2018年4月，28岁的杨雪园来到这个贫瘠且闭塞的山中村寨，并把本该属于自己最珍贵的青春年华挥洒在了月亮山上。

满怀真情访农家

党翁村是苗族村寨，杨雪园首先面对的就是语言不通以及大部分群众等靠要思想严重的实际。在上门走访的过程中，他就强烈感觉到同群众沟通困难。但他并没有因此而泄气，而是继续鼓足干劲，敲开了乡亲们的一扇扇大门。

平时，杨雪园随身备有糖果之类的小食品，哪家小孩哭闹了，就去哄哄抱抱；看到村里孤寡老人、留守家庭无人照看时，就帮助他们插插秧、扫扫地……

2018年6月12日，大雨倾盆，杨雪园仍然按走访计划来到43岁的贫困户梁老民家中，梁老民看到满身湿透的他，赶紧在地堂火上烧了热开水给他，还一直叫他好好烤烤火，此刻，他感到心头一阵暖意。当他看到梁老民家跑风漏雨的墙壁后，便立即向加勉乡领导和省交通厅帮扶领导作了汇报。经过多方协调，为梁老民家筹集到2万元的房屋整修资金。房屋透风漏雨整治好后，梁老民经常说，这个第一书记给我送来了党的好政策，这个小杨就像咱们苗家人！

2018年这个夏天，杨雪园先后召开了50多次院坝会，一有空就和乡亲们摆"龙门阵"，面对面去了解大家的所想所盼。不到3个月，他对全村187户每一个人的实际情况都逐一摸清，拉近了与群众心与心之间的距离。

依山就势抓产业

党翁村山大田少，发展规模农业施展不开，村民一直过的都是"养猪为过年、养鸡换油盐"的生活，谈起发展产业，大家都是眉头紧皱、顾虑重重。

杨雪园深知，发展产业是撬动乡亲们脱贫致富、过上美好生活的硬杠杆。他多次与村支两委讨论，请来帮扶单位专家把脉，决定利用优质山林资源发展林下养殖贵妃蛋鸡。之前多次搞养殖失败、一直心有余悸的村支书，在他的激励劝说下，主动拿出自家3亩林地作为试验养殖场，并带领15户贫困户以土地、饲料、劳力等多种方式入股。杨雪园向大伙作出承诺："资金我负责，八个月内实现第一次保底分红。"这让大家吃下了定心丸。

资金从哪里来？杨雪园向省交通厅争取到 37 万元帮扶款，2018 年 6 月施工、9 月投产。技术从哪里来？除了请农技专家指导，他努力学习养殖知识，当起日常管护工。销路怎么保？他自掏腰包购买鸡蛋送给身边好友同事，以及前来加勉乡观光旅游的游客，请大家品尝评价、帮助推广，销路逐渐打开了，终于在 2019 年 3 月盈利 2.25 万元，实现了第一次分红。

群众看在眼里、记在心头，纷纷申请加入合作社，产业渐渐做大起来。到目前已累计养殖蛋鸡 8000 羽，分红 10 万元，惠及 74 户。此外，杨雪园还协调推动贵州交建集团与党翁村签订收购协议，利用有限的旱地种植辣椒 21 亩，产值 3.5 万元；他还通过制定实施旅游发展规划，向省交通运输厅申请援建乡村民宿，运营一年盈利 14 万元。目前，村集体经济已经积累到 23 万元，服务乡村振兴的实力和动力不断提升。

背靠交通促就业

"就业一人，脱贫一户。"党翁村有青壮年劳动力 300 多人，但大多没有出过远门，祖祖辈辈都是守着贫穷的大山过日子，能出去的就是到县城打打零工，干一天吃几天，一年下来，"荷包里也存不下几分钱"。贫穷，像大山一样压在村民头上。

其实，村民也知道外面的世界很精彩，很多人也很想出去闯闯，但是就业门路不熟，也害怕工资不保障。了解到乡亲们的想法后，杨雪园决定先找一个务工就业的"领头羊"来打开局面。

曾经跑过好几个省打工、在村里有一定威望的梁小代就是很好的人选。杨雪园多次上门动员，最终达成约定：他负责搞好联络，梁小代负责带领乡亲务工，于是 4 个施工班组 54 人的村劳务合作社成立了。成立村劳务合作社后，依托省交通运输厅在从江县实施的 672 公里公路建设项目，先后承接县乡公路改造工程项目 2 个，260 位村民脱下了农装换上了工装，从闲在家里变身工薪族，月收入达到 3000 元至 6000 元，整个班组年收入近 150 万元。

作为交通系统的一名干部，杨雪园深深为交通系统的帮扶成效而自豪。自从 2016 年省交通运输厅定点帮扶加勉乡以来，相继派出 60 多名干部常驻，投入 6.21 亿元，建成加勉乡开山外联的两大通道，建成包含通村路在内的 53 条公路共 252 公里，帮助加勉乡在全省率先实现了"组组通"；同时，在教育、医疗、住房、饮水安全等方面倾力帮扶，加快补齐各块"短板"。杨雪园所驻的党翁村有劳动力的家庭全部实现了一人以上就业，2019 年底以来剩余的 13 户 19 人贫困户已全部达到脱贫标准。

咬定目标不松劲，脱贫胜利已见曙光。在谈到下步工作时，杨雪园表示："当前，脱贫攻坚已进入查缺补漏、抛光打磨、提高成色阶段，我将认真贯彻落实各级脱贫攻坚决策部署，深入推进农村产业革命，持续巩固脱贫成果，帮助党翁村群众撕掉绝对贫困的标签而贡献最大力量。"

（中共黔东南州委党史研究室供稿）

"驻"下心来干实事

——记全省脱贫攻坚优秀村第一书记陈炜

从泥水路到硬化路，从土木房到各家各户小平房，从空壳村社到产业遍地开花……三年来，他守初心践使命、扛责任抓落实，他走访入户听民意、找准思路谋发展，把村民的期望变为现实，将玉龙村一点一滴的变化都映在眼里、刻在心上，他就是贵州警察学院驻独山县玉水镇玉龙村第一书记陈炜。

"纪"好干部队伍作风

"无规不成圆，无矩不成方。"陈炜说，想要把玉龙村建设成生态宜居的美丽新农村，干部就是大家的领路人，干部管理的规矩得定好、用好，大家才会觉得前景有望头，干活有劲头。

如何把干部的劲拧成一股绳？陈炜有着最简单直接的法子。那就是从纪律上出手：严格管控"尖刀排"队员驻村天数、请销假审批手续和上下班时间，要求每人月驻村工作天数不少于 25 天。特殊情况，坚持加班加点、事不过夜；重大情况，坚持公假不休、及时处置。

"一切都要严格化、正规化，以规矩行事，将事办好、办实，群众才能早日走上幸福路。"陈炜说，除了常态化的管理要求，该村还采取日常考核、半年考核、年底考核相结合的考核制度，充分发挥考核指挥棒作用，制定《玉龙村"尖刀排"工作管理制度》，明确各驻村干部工作职责，对无故缺岗、失职渎职、弄虚作假等影响脱贫攻坚工作的队员，一律取消年度目标考核奖励。

"陈书记这样规定大家，也是这样规定自己的！"玉龙村支书白廷高说，三年来，陈炜从没请过一天事假，一门心思全扑在了扶贫工作上。驻村期间，陈炜的父亲不幸离世，他在夜里送了父亲最后一程后，就立马赶回了工作岗位，看着陈炜这样拼，干部们也纷纷拿出了"看家本领"，全员无休往扶贫工作上扑。

"这辈子我最对不起的人就是父亲，很多事情真的很难两全。"说起父亲的不幸离世，陈炜倍感遗憾。一边是父亲的离世悲戚，一边是工作的责任要求，这对陈炜来说是一个艰难的抉择。但最终，陈炜还是遵从父亲生前对他好好工作的叮嘱，毅然决然赶回了工作岗位，与村里全体"尖刀排"成员并肩作战。

"绘"好人居环境画卷

"干部牵头做，村民跟着富。""环境整治靠大家！"在玉龙村，陈炜不仅成功建起了村里的干部纪律，还根据村里的村民情况，有效实施了人居环境网格化管理。

走进玉龙村香科组，一排排整齐的篱笆似绸带般装扮着村寨一角，一幅幅文化气息浓郁且富有浓厚水乡特色的主题彩绘扮靓墙壁，村容村貌焕然一新。

"乡村环境整治工作，我们干部就是'牵头羊'，但后期的维护和优化还是得靠群众自己。"陈炜说，2019年2月，他一边运用村里各方资源和力量，充分激活基层党建活力，让群众由"观众"变成"演员"，发挥村民自治作用；一边依托党小组成立组务管理委员会，利用网格员人熟、地熟、情况熟的优势，实施"组管委＋网格化"管理模式,发动群众、依靠群众,引导村民自己制定了"组规民约""寨训""环境卫生公约"等,实现环境卫生、公共设施管护等"共商、共建、共管、共享"。

为把香科组建成人居环境整治优秀示范点,陈炜自己带头掏了3000元,又带动干群筹资5000元,干部、群众同心协力,先后编制了1700多米竹篱笆、绘制了一批批以社会主义核心价值观为主题的文化墙。同时,他还制定卫生值日表、设置卫生评比公开栏、落实门前三包责任制,带领干部、群众把香科组建设成了一个活力四射、富有内涵、文明和谐、充满希望的诗意家园。

"多亏了陈书记的带领,我们村真是越来越干净、越来越漂亮了。"玉龙村香科组村民梁国政高兴地说。如今的玉龙村,到处是美丽新农村的和谐景象,香科组也成了全镇人居环境整治观摩学习的热门地,周边的中苔、塘明等一个个文明村寨也在香科组的影响下脱颖而出。

"写"好群众就业新章

走进玉水镇欣怡水族马尾绣工艺厂,两台自动化的绣花机器正在嗡嗡作响,操作人员一会操作控制台,一会将绣好的布料调换位置,"嘀嘀嗒嗒"声一停,漂亮的绣花模样就"出炉"了。

该厂于2016年由玉龙村招商引资而来,让村里不少群众实现了家门口就业。"我在厂里工作三年了,在这里离家近、活轻松,可以照顾年迈的奶奶和年幼的妹妹,每个月还能拿到4000元左右的工资,日子过得舒心又开心。"贫困户梁红莲说。

玉龙村属于典型的喀斯特地形地貌区,产业发展基础差,全村一度处于区域发展不平衡、内生动力不足的状态,严重制约了全面小康建设的步伐。"产业发展难,何不把目光放向就业呢?"陈炜心想,为帮助玉龙村村民早日脱贫致富,喜欢"折腾"的陈炜,又把精力放在了村里拉企业、增就业上。

"依样画葫芦，找些'大路货'企业项目，不看村民意愿能力，不合天时地利，不对市场路子，这样的企业，我们宁愿不要。"陈炜认为，这样千篇一律的企业，不是就业的长久之路，只有结合玉龙村的实际和市场需求，整合农村剩余劳动力、创业园开发等资源，才能将龙头企业在资金、技术、品牌、市场等方面的优势充分发挥起来，为村民找准、找稳发展致富路。

为此，陈炜和同壕战友们经过多方调研摸索本地特色、群众能力，招引了欣怡水族马尾绣工艺厂，让水乡群众发挥民族特长，以水族刺绣技巧就业。同时，他们还以群众会、院坝会和入户走访的方式，对村民们做宣传、谈未来，动员大伙到企业就业，增加家庭收入。

在陈炜和战友们的共同努力下，近年来，玉龙村通过"村引导＋龙头企业"联合发展，充分发挥龙头企业在资金、技术、品牌、市场等方面优势，借助创业园为纽带，推行财政专项扶贫资金、龙头企业、小额信贷、合作社、贫困户"五位一体"金融扶贫模式，实现了龙头企业获得融资、创业发展后劲十足、贫困户实现就近就业的共赢目标。截至目前，该村引进龙头企业2家，在建项目6个，带动就业1000余人次，全村592户贫困户同比增收1200元以上。

脱贫有尽时，为民无穷期。一直以来，陈炜把自己当作一名村里人，和村民思想同心、目标同向、感情同步、事业同干，和同事情系群众、同舟共济、攻坚克难、激情干事。在他的带领下，村里各项事业遍地开花，发展茶叶、蔬菜等种植业2140余亩，黑毛猪、土黄牛等养殖业900余头，覆盖贫困户2000余户；完成通村组公路建设31公里；实施易地移民搬迁215户981人、危房改造183户……脱贫攻坚工作取得决定性成效。

2018年，陈炜获得了全省脱贫攻坚优秀村第一书记、全州脱贫攻坚优秀党务工作者的荣誉。正值风雨共担时，陈炜用他的务实和无私，赢得了村民的一次次认可，不负重托、不辱使命，向党和人民交上了一份满意的答卷。

（贵州警察学院供稿）

坚持"凿崖"打通出路

——记贵州省遵义市道真仡佬族苗族自治县上坝乡双河村村民组长赵碧文

"柏杨坪要脱贫致富，路是最大困难。"

"修这条路，花了 20 多年时间，先后三次投工投劳。"

"那种艰辛，我终生难忘。"

"现在党的政策好，我相信只要努力奋斗，柏杨坪就一定能实现小康。"

站在梁梯湾坳口向下俯望，凉天沟沟谷里乱石狰狞，一条硬化公路挂在崖壁间，蜿蜒而下；举目远眺，道真县城的高楼隐约可见。50 岁的赵碧文没有太多的话，说起担任村民组长近 30 年的感受，辛酸中更透着刚毅与坚强。

道真仡佬族苗族自治县上坝乡双河村柏杨坪，坐落在距道真县城 7 公里的一个山顶上。70 多户人家 300 余人守着贫瘠的土地，过着日出而作、日落而息的传统农耕生活。村民外出，有两条通道：一条至上坝土家族乡政府，翻山越岭近 4 小时可到达；另一条要穿越耸峙的凉天沟，沿沟底艰难蛇行 1 公里多，至道真县城共需 2 小时，但山涧常常涨水，只有半年可通行。"凉天沟加梁梯湾，村民进城要一天；吃饭多靠返销粮，养只母鸡当银行。"在当地流传的这句顺口溜，贴切地描绘了柏杨坪的闭塞与贫穷。

修一条公路，让柏杨坪走出大山！这是赵碧文当上组长就立下的誓言。

立誓修路：卖鸡鸭蛋筹钱

穿越凉天沟，昔日的艰难在赵碧文的记忆里十分清晰：过去，一包只需 15 元的水泥，人工背要收 60 元运费，一台打砂机要几十人花两天时间才能抬进山；村民王国选之妻被落石重伤，张国志之子掉进水潭险些丧命；建材背进来成本要翻 4 倍。

20 世纪 80 年代，随着打工潮兴起，柏杨坪村民纷纷外出务工。1984 年，退伍回乡的赵碧文当选村民组长，那时起，让村民走出大山的念头就埋进他心底。1994 年，赵碧文把修路的想法拿到群众会上。村民质疑：怎么修？钱哪里来？为此，他从山顶到沟底，不知爬了多少回。白天，实地查看；晚上，走家串户开会，做通群众工作成了赵碧文修路的第一道坎。

"宣传动员搞了三个月才说通。"赵碧文说，第一次筹集资金，包括周边部分村民组在内，共 900 多人背鸡鸭蛋、苞谷籽下山去卖，凑足每人 36 元，用于购买炸材。

"哪里是在修路，简直是在'啃'啊！"村民们感言。那一年，设计路线以玉溪潭村为起点，沿凉天沟小路上至新场。村民们锄挖手抠，刨开了一段 700 多米长的断头公路。

旧事重提：再战那壁悬崖

10 年过去，每当村民们扛着行李走在山间，总要感叹，要是有条路就好喽！

2004 年新春，赵碧文旧事重提，30 多位村民代表举手赞成。公路从半山腰下山，由赵碧文牵头，大家投工投劳，再向那壁悬崖宣战。

打工的留下来了。村民们再次扛起钢钎、抡起铁锤，苦干一个多月，把悬崖从山顶凿下 100 余米，形成了 500 米长 3 米多宽的平台。于是，柏杨坪有了两段前不接头、后不接尾的断头路。村民们依旧穿越凉天沟下山，但总算看到了一点希望。"那个时候，资金不足、难度太大，修一段得一段。"赵碧文回忆说。

脱贫攻坚：合力决战凉天沟

又是 10 年，脱贫攻坚战役打响。2014 年，柏杨坪人饮工程开建，村民在凉天沟里运送建材，背弯了腰、扛破了肩、伤透了心。赵碧文下定决心，一定拿下凉天沟！他再任总指挥，选出 14 位村民成立指挥部，负责协调各方。群众会上，村民一致决定集资，每户 5000 元，投劳一户一人，占地内部调整。那天，赵碧文收到 40 户村民 20 万元筹资款。同年，上坝乡政府争取一事一议项目资金 18 万元，以奖代补白杨坪用于公路建设。

经 3 个月奋战，凉天沟悬崖路搭上玉溪上乌村进组路，三截断头连接，4 公里长 5 米宽的公路全线贯通。2015 年 1 月 5 日，柏杨坪隆重举行通车典礼，全村沸腾。那天，村民家中没留一人，全部走上新路，凑足份子，杀猪宰羊庆贺。

初心不改带领村民走新路

路修通了，赵碧文没有满足。他带头种植钩藤 50 亩，带动 25 户农户共种植 100 亩。2017 年首批采收 2500 多斤，累计收入 1 万多元。他还四处奔走，多方动员，鼓励村民或发展产业，或进城创业，谋求好路、新路。

没有"高大上"的思想信念，只是不甘贫穷落后。30 年来，赵碧文无数次放弃外出打工的念头，默默奋斗，把青春和热血抛洒在家乡这片贫瘠的土地上，带来了一个边远落后山区农村的新变化。在赵碧文的带领和带动下，如今柏杨坪越来越多的村民返乡创业，他们买起了汽车、摩托车，建起了新房子，搞起种养业。村民赵小峰申请扶贫贷款 5 万元，兴建了豪猪养殖场；赵庆华兴办壕钦养殖场，养鸡存栏 3000 只；赵庆旭种植烤烟 80 亩。目前，当地已有养牛、养兔、养蛇等养殖大户十多个。在赵碧文带动下，赵建红、赵庆贤、周登勤等十余人到县城开办了饮食店，走上适合自己的致富新路子。

谈及今后，赵碧文语气坚定："不服输，不愿低头；柏杨坪不小康，我就不退休。"

（中共道真县委党史研究室供稿）

三宝彝族乡的脱贫故事

新塘社区　杨情芬

　　我叫杨情芬，今年 30 岁，现在家中有五个人，住在晴隆县阿妹戚托小镇新塘社区。我家 2013 年底进入贫困系统，2018 年脱贫。说实话，作为三宝的人民，我们是很幸福的。我很幸运自己能赶上党的好政策，让我有机会住上这个美丽的阿妹戚托小镇的房子。这里环境优美，广场上每天有很多娱乐活动，比如看表演，参加彝族火把节等，我在这里过得很开心，因为这里比起老家是完全不同的一番天地。

　　未搬迁之前，我家住在三宝彝族乡干塘村和平组。那是一个比较偏远的地方，离县城很远，交通不便，孩子上下学要走很长很长的路，就学、就医、就业都有很大的困难。以前在老家，家里会养上一两头牛，两三头猪，家里弟兄多，所以分得的土地少，老爹老妈年纪大了不能外出挣钱，就只能在家点养牲口，种点地，偶尔有人找的话就去帮别人做天把小工，就这样维持生活。我和我老公背井离乡外出打工，老人就在家帮忙我们带娃娃。

　　直到 2018 年，村干部、乡干部陆续到我们家去动员搬迁，说要搬到晴隆新建的一个漂亮地方，叫阿妹戚托小镇，说是房子修得很好，我们搬去那里房子免费给我们住，暂时还不收水电费，政府还负责给我们找工作。刚开始的时候，听到有这么好的事，我是答应搬迁了。可仔细想想，有这么好的事，怎么可能会落到我的头上，我又不是什么干部。不干，咋个都不搬。

总要有人先尝试，寨子里有的人一开始就搬上去了。听他们说小镇里面环境很漂亮，一排排的房子错落有致，一条条柏油马路直通家门口，还有新建的医院、教育园区、工业园区等等，应有尽有，生活很方便。看到了先搬去的那些人，哪家的日子都越过越好，家家都住新房子，在城里想吃什么就买什么，多方便啊！我动摇了，我试着说服我丈夫。在我多次的劝说下，丈夫也说，搬吧，反正你们有吃的，我也不会饿着。就这样，我们一家在 2018 年 3 月就搬上来了，我们的奶奶由我们夫妻二人照料，所以和我们一起选了 100 平米的 5 人户。

刚搬迁上来的时候，我和老公还外出打工，因为在外面习惯了，家头始终待不住，后来娃娃开始上小学了，小孩也调皮，成绩一天比一天差，甚至出现了厌学情绪，不想到学校里面去读书了。他老祖年纪大了又照顾不过来，没办法，我只好回家来照顾孩子，丈夫继续在外面打工。

从外省回家后，我们家刚好换了包保责任人，就是晴隆六小的黄林老师。孩子不想去读书，黄林老师亲自来到我家给孩子做思想工作，孩子最终回到了学校继续上学。我回来没有工作了，黄林老师就到处给我找工作，还带着我去面试，最终我找到了一份称心如意的工作。每个月都有可观的收入，日子越过越好，越过越开心。

自从黄林老师帮扶我们家后，我们家的日子就过得更和谐了。他经常到我们家宣传各种政策，教我们家小孩读书，教我们打扫卫生、叠被子等，还经常给我们家小孩带来文具、水果，所以小孩见到他就特别亲热。久而久之，感觉他就像我们的家人一样。

在我们最困难的时候，黄林老师给我们家重新申请了低保，现在我和我老公的工资，加上低保、奶奶的养老金和高龄补贴，有时候还有一些杂七杂八的项目分红，我们家平均每个月的收入可能也有个 7000 多元了。现在生活规律了，除了上班就是照顾娃娃、照顾老人。住在这么漂亮的花园别墅里面，天气好的时候，晚上带着一家人到下面广场上跳跳舞、锻炼锻炼身体，还有很多像黄林这样的好干部全心全意地为我们服务，这是我们之前想都不敢想的事情。

虽然我们家住在新市民居住地，但以前很多不好的生活习惯仍然存在。不过在黄林老师的引导和帮助下，我们家无论在生活上还是思想上都已经跟上了城市的节奏，就像黄林老师说的那样，我们不再是农村人了，而是新市民了！

2018年8月的时候，社区的领导来我们家走访，看到了我们家的环境卫生搞得非常好，我们家对帮扶责任人及政府的工作非常支持，看到了我们家庭一片和谐，最终，社区还给我们家文明家庭的荣誉称号。在各级领导帮助下，搬迁到阿妹戚托后生活发生了翻天覆地的变化，就医就业就学都方便了，日子过得越来越红火了，大伙心里都乐了。

我们幸福美好的新生活，离不开党的好政策，离不开好的人民政府，离不开每一位辛勤付出的工作者。我们要心存感恩，要记住帮助过我们的人，现在我们能住上这么好的房子，娃娃能进入这么好的学校读书，人们出门就能走上宽阔的柏油马路，这些都是我们伟大的国家给我们带来的福利。所以，我们非常感谢中国共产党的领导，感谢习近平总书记的关怀，感谢政府的英明决策，感谢每一位像黄林老师这样真正为人民服务的人。

新塘社区　杨佩林

我叫杨佩林，三宝乡干塘村青龙组农民，今年37岁，家庭人口四人，我和妻子四处打零工，由于自身没有什么技术，即使常年辛勤劳作，得到的报酬却很微薄，一直没能改变家里贫困的境况。

2013年，精准扶贫的春风吹到了我家。在村民代表大会的评议下，我家被定为贫困户，当时村干部主动找到我，询问我的想法，并给我提出了一些可行性很高的建议。我思前想后，只要有了一定的技术，有一技之长，出外打工才能获得更高的报酬。后来，我参加了政府部门组织的砖砌工培训，在不断摸索实践后，我的砖砌技术逐渐变得熟练起来，干起承包小工程，一年可以获取两三万元的报酬。这可真是让我振奋不已，小康的日子已经触手可及了！同时，乡党委、乡人民政府实行结对帮扶措施，给我安排了专门的帮扶联系人，我也暗下决心，有了自己的一技之长，在国家一切利好的政策下，只要勤劳苦干，生活就一定可以好起来，一定能摘下贫困的帽子。与此同时，国家一系列的帮扶措施也落地开花，产业的分红、教育扶贫、健康扶贫方方面面保障了我们的生活。我仔细核算了2014年一年的人均纯收入，达到了4000多元。于是我主动提出了脱贫申请，在2014年底光荣脱贫。

2018年在政府的帮助下，我家完成了易地扶贫搬迁，从偏僻、交通条件不方便，生存环境脆弱的三宝乡搬迁到美丽的阿妹戚托小镇居住，我们一家住上了宽敞明亮的新房子，整洁平坦的水泥路就在门口，学校、医院就在家门口，住房、教育、医疗、出行问题得到了根本的解决。我又在安谷乡承包两栋房屋进行装修，预计可得到7万元的收入，人均纯收入达到了9000多元，脱贫成效得到明显的巩固。我明白，这些成果里既有我自己的辛勤汗水，也饱含政府部门、村上能人和帮扶干部对我的支持和鼓励。要在致富路上走得更远更好，还得继续加油，我也要像别人帮助我一样，帮助还没有脱贫的人。

新塘社区　杨武

我叫杨武，今年32岁，全家五口人，家里有两个上学的孩子，家庭生活贫困，2013年底我家被评为建档立卡贫困户。

早年，我父亲杨顺云患有慢性风湿病，需要常年吃药，腿脚行走不方便，又无固定经济收入，家庭因此陷入贫困境地。前些年过年的时候，都没有钱买东西过年，成天光为钱发愁。2013年，县、乡扶贫工作队进驻村里，开展结对帮扶。自从开展精准扶贫以来，政府给了我两头"扶贫牛"，我父亲决定从养牛发展。经过与县房管局、镇财政所扶贫工作队商议，我家决定发展生牛养殖。为了让贫困户真正实现自我"造血"，三宝彝族乡采取对有发展能力、有产业发展意愿、有贷款需求的建档立卡贫困户给予一到三年期限，无抵押、无担保、全贴息的贷款扶持。在金融贷款政策的支持下，我家贷了特惠贷5万元，建起了小规模养牛场。

更让我家开心的是，县里采用"金融+合作社+贫困户"模式，引导贫困户加入专业合作社。按照"量化到户、股份合作、入股分红、滚动发展"的方式，与合作社建立利益联结机制，把扶贫贷款向合作社集中，实现合作社与贫困户双赢。目前三宝彝族乡贫困户加入养牛合作社，他们可以在合作社打工，年底还可获得分红。有了产业，脱贫更有保障；有了工作，生活更加幸福；有了希望，日子更有奔头了。

2019年3月23日，我家和其他村民从三宝彝族乡搬迁到阿妹戚托小镇居住。国家给了这么好的政策，给我们盖了这么漂亮的房子，我们自己也得努力找条生活门路。我和爱人是2019年5月来到贵州省新能源汽车责任有限公司上班的，现在每个月有2500元的固定工资，还有护林员800元/月的工资，养鸡分红1176元，天麻种植分红1200元，养牛项目分红650元，商铺购置项目分红221.48元。在这上班离家近，既能照顾小孩，又有工资拿，加入合作社，还可以参与各项分红，我家的年收入达4万多元，人均纯收入超过当年脱贫线，于2019年脱贫。我会继续努力工作，努力靠勤劳的双手过上好日子。

新坪社区　杨明富

我每次从外面打工坐班车回家时，双手都要紧紧抓住安全扶手，一路颠簸。蜿蜒崎岖的爬山公路只有4米宽，下班车后，还要走一段坑坑洼洼的泥泞山路，才到我的家——三宝彝族乡干塘村岔沟组。一栋栋矮小的房屋、破旧开裂的土墙，这就是我家乡的面貌。

我叫杨明富，今年47岁，干塘村岔沟组居民，家有四口人。我一年中的大部分时间都在外打工，家里有两个读书的孩子。女儿比较有出息，考上了云南的大学，这是我最欣慰的，无论我怎样辛苦，我都会打工让她把书念完，以后争取走出这座大山。

2013年，我家被评为了贫困户。从此，我家的基本生活多了一层保障。

2017年，当我回家过完年准备外出打工时，突然有一群人来到了我家，其中一个人介绍说，他是我家的帮扶责任人，给我讲了好多政策，并告诉我，以后有什么困难可以找他。在帮扶联系人和驻村干部的热心帮助下，我用政府贴息贷款，贷了4万元用于发展养牛。同时，其他产业也来到了我们三宝乡发展，有林下生态土鸡养殖项目，他们经过公司的专业培训和技术指导，在三宝乡搭起了一个又一个鸡舍。公司还会每在卖完一批鸡以后，给我们村民分红，这可真是让我们三宝乡的老百姓振奋不已，期盼已久小康的日子，已经触手可及了！

除了养鸡项目，还有肉牛养殖项目，公司也是有标准化的牛圈。更好的政策是我们老百姓可以去里面打工，这样离家比较近，既可以照顾家人，又可以有务工收入。

由于县委组织部进行了结对帮扶措施，安排了专门的帮扶责任人，我也暗下决心，在国家一切利好的政策下，只要勤劳苦干，生活就一定可以好起来，一定能摘下贫困的帽子，与此同时，教育扶贫也使我的女儿读高中、大学时得到了补助，还有健康扶贫全方位保障了我们的生活。

在政府的帮助下，我家完成了异地扶贫搬迁，搬到了美丽的阿妹戚托小镇，从此，我们一家住上了宽敞明亮的新房子，整洁平坦的柏油路就在门口，住房、出行问题得到了根本的解决。2019年底，我主动提出了脱贫申请，光荣脱贫。

新坪社区　李昌国

我家位于晴隆县三宝乡的一个小山村。前些年，家中经济困难，入不敷出。父母外出务工，我和弟弟都在读书，我读大学费用高，弟弟因为没人照顾，也只能上封闭学校。父亲文化程度不高，母亲甚至没有受过文化教育，所以他们只能靠干低工资的苦力活来承担一家人的生活和支付我们读书的费用。正当父母一筹莫展时，党和政府实施脱贫攻坚政策，我家迎来了曙光，享受到了一系列优待政策。我在外上大学，可以拿到助学金，每学期还办理了助学贷款，这样就减轻了家中的经济负担。

与此同时，我的家乡也发生了翻天覆地的变化。水泥路面一直通到了我家，门口安装了路灯，走路再也不用担心泥泞路滑，也不会被坑坑洼洼绊倒了，夜间出去散步也不再担惊受怕。2019年，我们享受到了异地搬迁的好政策，在县里有了新家。在这里，教育、文化、就业等政策都得到了很好的落实。扶贫干部待我们如亲人，经常上门帮助我们解决一些困难，总是嘘寒问暖，还不忘关心我的学习。这里的乡土人情也越来越浓厚，一到晚上，村部的文化广场热闹非凡，那儿建起了乡村大舞台，阿姨们随着音乐的节奏，跳起欢快的阿妹戚托舞蹈；老人们在广场悠闲地散步聊天，一起谈论家乡的变化；孩子们快乐地玩耍，闲适而惬意。

不忘初心，方得始终。我身处这么好的时代，正享受着父母和老师们的培育，更享受党和国家的亲切关怀，那么我有什么理由不努力呢？我要努力学习，奋发图强，立志成才，为中华民族的伟大复兴贡献自己应有的力量。

作为一名大学生，一名将要入党的发展对象，我会坚定理想信念，站稳政治立场，做政治上的明白人，自觉做到在思想上政治上行动上同党中央保持高度一致，始终做到政治上讲忠诚、组织上讲服从、行动上讲规矩，努力奋斗，为家乡贡献一份自己的力量！

新宝社区　车光权

我是来自贵州省贫困乡镇之一——三宝彝族乡三宝村三宝组的一名农户。在国家还没实施扶贫政策之前，我家主要靠种地、养点畜牧来维持生活，加上多个子女读书，家里生活条件比较困难，各种开销比较大，很多时候连温饱都成问题。

2013年，国家实施了精准扶贫政策，年底我家被纳入了贫困户，在各级政府领导及帮扶责任人的帮助下，我家的生活焕然一新。

我的子女在学校读书的同时，每年都能得到国家的教育扶贫资助，在教育这块给予了我很大的帮助，减轻了很多的压力。长女车王燕大专毕业，车燕鹏高中毕业，车燕敏本科毕业。国家的好政策，让我的子女顺利地完成了他们的学业。

我申请了最低生活保障，从开始的农村低保每月几百元到搬进阿妹戚托小镇转成城镇低保1000多元，还享受到了村里的各项集体分红项目，不管在生活上还是其他各方面我都得到了实实在在的好处。

2018年，三宝乡整乡搬进阿妹戚托小镇，这是我家迈进小康的开始，也改变了我的一切生活。政府安排我做护林员，我媳妇柳发美做保洁员，我儿子车燕鹏在公共服务岗位，解决了我们家的所有就业问题。我们住进了小别墅，也喝上了集体供水，在三宝老家经常看天吃水的顾虑也解除了，生活水平得到很大的改善。

我家从人均不足2000元的年收入，到现在人均年收入已超过万元，这一切都来自中国共产党的正确领导，国家的好政策。我坚信只要我们跟着党走，在不久的将来，我们的生活会越过越好，越过越美满，人民会全部过上小康生活。

现在阿妹戚托小镇热闹非凡，小镇的三宝人民白天上班，晚上在小镇跳着传统民间舞蹈阿妹戚托。每天都有来自全国各地的游客来旅游，我们也相信通过发展我们的民族民间传统文化，能够带动我们的旅游业，将给三宝人民带更多的经济收入。

新宝社区　王德明

我叫王德明，是三宝彝族乡三宝村岭岗组村民，2019年4月搬迁至三宝街道新坪社区。提到三宝彝族乡，可能很多人想到的是贫困。的确，三宝彝族乡是贵州省20个极贫乡镇之一，人口不足6000人。三宝彝族乡只有一条沥青路，还比较窄，离县城不足50公里，但是每次坐车都差不多要两个多小时。山高、坡陡、谷深、水低，土地破碎分散，人均耕地不足一亩，尤其是15度以下的优质耕地更少。我家祖祖辈辈就住在这么个地方。

2013年，因我有视力残疾，加上老伴柳国珍长期生病，儿媳妇要带出生不久的孙子和孙女，一家的生活经济来源就落在了儿子王根国肩上。万般无奈下，本人写了申请书，经村里面村支两委的入户调查，村民代表大会同意，2013年底将我家纳入建档立卡贫困户。享受了低保、健康扶贫、大病补充医疗保险等扶贫政策。

2015年，在三宝彝族乡各位领导的帮助下，我家发生了翻天覆地的变化。我家的收入远远高于了当年国家规定的脱贫标准，摘掉了贫困帽子。虽然脱贫了，但是我们乡政府仍然给予我帮助，2016年，我加入了中药材合作社，到银行申请了5万元的特惠贷，用于在家发展养牛。我还享受到了三宝大寨养牛项目、三宝林下养鸡项目、三宝村异地购置商铺项目的分红。

让我最开心的事就是三宝乡整乡搬迁至晴隆县阿妹戚托小镇。2017年，当时听到整乡搬迁的时候，我很高兴，因为可以离开这个"一方水土养不起一方人"的地方。2019年，我们全家搬迁到小镇入住，从此过上了幸福的生活。党和政府规划整乡搬迁是对我们最有利的一个帮扶政策。在这里，孩子上学很方便，不用再像以前那样走很远的路去上学。街道办卫生院条件也好了，想去县医院也是很快的事。

搬迁后，街道办还给我安排了一个街长的工作，每个月还有600元的收入。在家安心照顾孙子孙女们上学，让儿子儿媳们安心外出务工，提高家里的收入。每天晚上吃完饭后，还可以到小镇广场去走动。我从农村到县城，居家环境改变了，也换了一种崭新的方式享受生活。

新箐社区 龙洪现

自从脱贫攻坚工作开展以来，我家的境况有了翻天覆地的变化，逐步迈向小康生活，而这全得益于国家的脱贫政策。

我叫龙洪现，家住晴隆县长流乡凤凰村洼子组，家中九口人。原来家中主要收入来源于大儿子在外务工和妻子在家务农、养猪。因为人口多，日常生活非常拮据，后来子女相继读书，家庭经济压力变得更大，生活愈发困难。

正当全家生活陷入困顿，一筹莫展之际，社区两委成员找到了我们。2013 年底我家被确定为建档立卡贫困户，并于 2016 年 5 月享受了国家的特惠贷政策，无息贷款 5 万元发展种植业。后来，我们搬迁到晴隆县小露安置点，全家得了两套房子，共 200 平方米，住房条件得到大大的改善。脱贫攻坚搬迁帮扶政策真的给我们送来了实惠。

成为建档立卡贫困户后，帮扶责任人及村委干部帮我家制订了脱贫计划，并落实了多项帮扶措施。首先，帮助我家成功申请到了最低生活保障，2019 年 10 月至 2020 年 5 月，4 人享受低保，每月领取低保金 1692 元；2020 年 6 月 6 人享受低保，每月领取低保金 2787 元；2019 年 10 月至 2020 年 9 月共领取低保金 24684 元，解决了我家基本生活问题。其次，免掉了全家医疗保险参保费用，生病到医院看病还有专门的绿色通道，享受了一站式结算服务，真的是快捷方便，国家的医疗扶贫政策使我们全家的健康都有了保障。最后，教育是拔穷根，摆脱贫困和阻止贫困代际传递的重要方式。帮扶责任人每到我家走访，都会语重心长地对三个孩子说，你们要好好学习，只有学好文化知识，将来长大才能真正有出息。孩子们的学杂费也免掉了，每人每学期还领取困难生活补助 250 元，三人每学期能领取 750 元困难生活补助。此外，我的帮扶责任人龙玉琼为了减轻我家的负担，提高收入，还将我妻子聘请到他们单位当保洁员，每月工资有 800 元。

在扶贫的路上，不落下一个贫困家庭，不丢下一个贫困群众。这是党中央对人民的庄严承诺，而这一庄严承诺也正一步步实现。自从脱贫攻坚的好政策来到我家，我家慢慢在脱离贫困，变得越来越好。我的家庭无论在生活上还是在精神上，都发生了积极转变，呈现出了新的面貌。

（中共晴隆县委党史研究室供稿）

后 记

　　为总结脱贫攻坚的历史和实践经验，推进中国特色社会主义新时代口述史资料征集研究工作，2021年中央党史和文献研究院第七研究部组织全国各省区市党史和文献部门，对征集到的一些领导同志、亲历者的口述史料进行整理，选取反映党和国家脱贫攻坚重大决策在地方贯彻执行情况、本地区具有全国意义或地方特色的重大事件、帮扶对口支援地区合作中的重大事件等史料，编辑了脱贫攻坚口述史丛书。

　　本丛书在策划、选稿、编辑、出版过程中，得到地方党史和文献部门以及各位作者的大力支持。中央党史和文献研究院院长曲青山和副院长、中央编译局局长柴方国给予了精心指导，中央党史和文献研究院第七研究部刘荣刚、李树泉、徐鹏堂、谢文雄、宿凌、刘一丁、孙迪、张晓飞等同志承担了具体选编工作。中共党史出版社领导和编辑为本丛书的编辑、出版付出了辛勤劳动。中共贵州省委党史研究室李朝贵等同志承担了本书大量编务工作。在此表示衷心感谢。

　　由于编辑时间紧迫，编者水平有限，书中难免存在不当之处，欢迎广大读者提出宝贵意见。

编　者

2023 年 10 月